遠山 純弘

請求権から考える民法 3
― 債権担保 ―

信山社

はしがき

　本書は,『請求権から考える民法』シリーズの第3巻である。『請求権から考える民法』というシリーズのコンセプトは,すでに第2巻の「はしがき」において述べたところであるが,単に民法が規定している各制度を学ぶだけでなく,実際の紛争や試験における事例問題の解決を考える際に,その問題を考える順序に従って,各制度を学ぶという,問題の考え方もともに学ぶということにある。

　本書は,シリーズの第3巻である。内容的には,債権担保に関する問題,すなわち,責任財産の保全,人的担保,物的担保に関する問題を取り扱う。第1巻(未刊),第2巻では,主として,請求者とその相手方の間の請求の可否や債権の存在それ自体が問題であったが,債権担保では,債権者が債務者にすでに債権(通常の場合,金銭債権)を有しており,その結果として,債権者がどういう手段を講ずることができるか,あるいは,どのような主張ができるかということが問題とされる。もちろん,問題が請求権にかかわる問題である場合には,問題は,常に請求権から検討していくべきである。このことは債権担保でも変わらない。本書では,第3巻から読み始める読者のために,問題の考え方を知ってもらうために,「序」として,問題の考え方についての説明を付け加えた。内容を読む前に,ぜひ「序」を読んで理解してもらいたい(問題の検討方法につき,さらに詳しいことを知りたい人は,ぜひ第2巻の「序」を読んでもらいたい。)。

　なお,債権担保,とりわけ物的担保においては,たしかに,請求権にかかわる問題もないわけではないが,直接請求権にかかわらない問題も多い。他方,物的担保は,担保権の実行手続とつながりが強い。そのため,物的担保に関しては,そうした担保権の実行手続とのつながりを意識して学習してもらうために,特に,抵当権が叙述の多くの部分を占めることから,抵当権に関して,担保不動産競売手続を前提として,その手続の進行にあわせて各段階で起こる問題について叙述するという形をとった。

　本シリーズは,もともと私が法政大学法学部・法科大学院の授業で使用していた教材を書籍化したものである。もっとも,書籍化するにあたり,授業では時間の関係等で取り上げることができないため,これまで授業では取り上げていなかった問題や説明などもかなり追加した。しかし,その結果,問題の考え方の大きな筋がかえって見にくくなったのではないかということを危惧している。その

ため，本シリーズを読む際には，なぜそうした叙述の順序になっているのかということをできるかぎり意識して読み進めてもらいたい。

　最後に，本書の執筆中，世間的にも，個人的にもたいへんな出来事が多かった。そのため，妻麻子にはたいへん苦労をかけた。このように，本書が刊行されるにあたって，妻に心より感謝したい。また，このたびもたいへん忙しい中，本書の編集にご尽力をいただいた編集部稲葉文子氏にも心からお礼を申し上げたい。

　　2020 年 6 月

遠山　純弘

目　次

目　次

請求権から考える民法3

—— 債 権 担 保 ——

序

1　請求権から問題を考える

　問題がある請求にかかわる場合には，請求権から問題を検討していくべきである（これを**請求権構成**と称することとする）。たとえば，物の引渡請求，返還請求，損害賠償請求などがそれにあたる。なぜ請求権から問題を検討するかといえば，**請求権から問題を考えることで，その問題で何を検討しなければならないかがわかるからである**[1]。このことは，債権担保の分野においても変わらない。以下では，本書から読み始める人のために，問題の考え方のポイントだけを簡単に説明しておこう。なお，請求権構成に基づく問題の考え方について，より詳しく知りたい人は，『請求権から考える民法2』をぜひ読んでもらいたい。

【設例1－1】
　Aは，Xから10万円を借りるに際して，保証人を立てるよう指示された。そこで，Aは，知人Yに保証人になってもらうよう依頼し，Yは，それを了承した。後日，XとYが居酒屋で酒を飲みながら，お互いかなり酔った状況で，YがAのXに対する貸金の返還債務を保証する旨が合意された。しかし，Yは，かなり酔っていたため，そのことを覚えていない。その後，Aが貸金の返還をしないため，Xが，Yに対して，保証債務の履行を請求してきた。XのYに対する請求は認められるか。

　【設例1－1】では，XのYに対する保証債務の履行請求の可否が問題となっている。

【注意】
　試験問題の中には，「A・B間の法律関係を論じなさい。」といった問題もみられる。この場合，一見すると，請求権とは関係ないように見えるが，こうした問題では，AのBに対する請求およびBのAに対する請求が問題と

---

[1] 以下では，もっぱら事例問題における問題検討の進め方を念頭に置いて話を進めていくこととするが，本書の考え方は，実際の紛争の解決を考える際にもあてはまることはいうまでもない。

なっており，こうした問題も請求権にかかわる問題である。

2 請求権にかかる問題の検討の進め方

2.1 常に請求権規範の検討から出発しよう！

　請求権から問題を考えていくためには，**解答は，常に請求権規範**[2]（条文）の**検討から始めなければならない**。なぜなら，**問題となる請求権規範（条文）の要件から，当該問題を解決するために何を検討すべきかが明らかとなり，さらに事例における諸事情のうち，解答にとって何が決定的に重要な事情であるかが決まるからである。

【思い付きで検討をするのはやめよう！】
　もしかすると，【設例 1 - 1】で，いきなり Y の保証契約の締結の意思を考えた者もいるのではなかろうか。X も Y もかなり酔っていたので，Y にきちんとした保証契約の締結意思があったのかということである。
　しかし，問題の検討に際して，当事者の保証契約の締結意思をはじめに問題とすることは誤りである。なぜなら，まず，契約が成立していないことには，当事者の意思の問題は出てこないからである。かりに【設例 1 - 1】で，X と Y が口頭で保証契約を締結した場合には，保証契約は有効に成立しない（446 条 2 項）。そのため，【設例 1 - 1】で，まず検討されるべきは，保証契約が締結されたか否か，あるいは，それが書面でなされたか否かであって，保証契約の締結の際に，当事者に意思があったか否かではない。X と Y が口頭で保証契約を締結した場合には，X の Y に対する保証債務の履行請求が認められるかという問題の検討にあたって，X も Y も保証契約締結の際にかなり酔っていたという事実は，何ら意味を持たない。
　このように，きちんとした検討方法に基づいて検討することで，問題検討にとって何が重要な事実であるかが決まるのである。

---

[2] 規範とは，判断や行為などの拠るべき準則をいう。イメージができない者は，さしあたり条文と考えて読み進めてもらいたい。

2.2　請求権規範の発見

　請求権にかかる問題では，通常，最終的な問題は，この請求が認められるか否かである。

　ところで，この請求が認められるか否かは，結局のところ，めざされている効果を規定している請求権規範（条文）の効果が発生しているか否かが問われている。

　そうすると，請求内容が決まれば，次にその請求内容を規定している請求権規範（条文）を探すこととなる。

【ポイント】

　請求・主張ができるか否かという問題では，請求内容や主張内容に関する効果を伴う規範（条文）の効果が発生しているか否かが問われている。

> 請求や主張ができるか否か＝請求権規範（条文）の効果が発生しているか否か

請求や主張ができる＝規範の効果が発生している
請求や主張ができない＝規範の効果が発生していない

　それでは，請求権規範（条文）はどのように探すか。

2.2.1　法律効果からの検討

　個々の事案において，いかなる規範（条文）が請求権の基礎として適当であるかは，第一に，その事例問題で問題とされている法律効果によって決まる。たとえば，保証債務の履行が問題となっているときは，保証債務に関して規定している規範（条文）のみが考慮される。つまり，検討すべき規範（条文）は，まず法律要件からではなく，法律効果の面から選び出さなければならない。

　【設例1－1】では，XがYに対して保証債務の履行を請求することができるか否かが問われている。言い換えれば，【設例1－1】では，保証債務を発生させる請求権規範（条文）の効果が発生しているか否かが問われていることになる。

　そこで，保証債務を発生させる請求権規範（条文）は何か，ということが問題

序

となる。

2.2.2 法律要件からの検討

それによって，いくつかの請求権規範（条文）が見つけられたならば，次に，**法律要件から規範（条文）を選び出さなければならない**。その際，法律要件の要素が事例中に見られないような規範（条文）は調べなくてもよい。

> **【請求権規範を探すプロセス】**
> ①効果（請求内容の効果を伴う
> 　　　　規範〔条文〕は何か？）
> 　　　　　　⇩
> ②要件（要件にあたる事実が事例
> 　　　　中にある規範〔条文〕は
> 　　　　何か？）

3　要件の列挙・解釈・あてはめ

3.1　要件の列挙

検討すべき請求権規範（条文）が決まったら，次に**当該請求権規範（条文）の要件を考えなければならない**。なぜなら，法律効果は，当該事案において，その効果を発生させる規範（条文）の要件にあたる事実がすべて存在する場合にだけ発生するからである。

> **【ポイント】**要件効果論
> 　条文は，基本的に要件と効果の形で規定されている。法律効果は，その条文が規定している要件にあたる事実がすべて存在する場合にだけ発生する。

たとえば，【設例1−1】において，XがYに保証債務の履行を請求する場合，保証債務の発生に関する請求権規範（条文）は，446条である。そうすると，すでに述べたように，XのYに対する保証債務の履行請求が認められるか，という問題は，結局，同条の効果が発生するか否かが問われているということになる。同条の効果は，その規定が定めている要件にかかる事実が当該事案におい

4

て存在する場合にだけ発生するから，まずは，446条の要件は何か，ということが問題となる。

【保証債務の履行請求の要件】
（1） X・A間で金銭消費貸借契約が締結されたこと
（2） X・Y間で（1）のAの債務をYが保証する旨の保証契約が締結されたこと
（3） （2）の保証契約の締結が書面または電磁的記録によってなされたこと
（4） （1）の弁済期が到来したこと

3.2 要件の解釈

要件がすべて列挙されれば，次に，問題の事実関係において，要件にあたる事実が問題文中にあるかを検討することとなる（あてはめ）。

もっとも，法律要件は，一般的・抽象的に規定されているため，通常，ある事実が要件にあてはまるかどうかわからない場合が多い。たとえば，446条2項は，保証契約の効力発生要件として，保証契約が「書面」でなされることを要求しているが，「書面」といったところで，どのようなものが同項にいう「書面」として認められるかは，同項からはただちにはわからない。保証契約書といったものにサインをしたのであればまだしも，何も書いていないただの紙を用いた場合はどうなのか，さらには，割りばしのはいっていた紙の袋に保証する旨を記載した場合にも，それは446条2項にいう書面といえるのか。

そこで，**事実が法律要件にあてはまるか否かを検討するために，法律要件を具体化（解釈）する必要が出てくる。**

この解釈で重要なのが判例・学説である。もちろん，書面の定義が法律にあれば，それに従うことになるが，そうした定義や判断基準（しばしば**抽象規範**といわれる。）がない場合には，判例や学説がそれをどう定義し，あるいは，どういう判断基準を定立しているかを参照することとなる。この点，446条2項において，保証契約の締結に書面を要求する趣旨は，片面的に義務を負うこととなる保証人を保護するため，保証意思が外部的に明らかになっている場合に限り，契約の拘束力を認めることにあり，そのため，同項にいう書面は，契約書のように，債権者，保証人双方の意思が示されているものだけでなく，保証人の保証意思がその書面上に示されていればよいとされている。

そうすると，【設例 1 - 1】で，保証契約が締結されたか否かを考えるために
は，その事案において，保証人の保証意思が示された書面が存在するか，という
ことを検討することになる。

3.3　思考過程——ここまでのまとめ

上記の問題の考え方をまとめると，以下のとおりである。

ある請求が認められるか？ある主張が認められるか？

⇩

当該効果が発生しているか？

⇩

その効果を発生させる規範（条文）は何か？

⇩

その効果を発生させる規範（条文）が複数存在
する場合には，いずれの規範（条文）から検討すべきか？

⇩

（検討すべき規範〔条文〕が見つかったら）その規範（条文）の要件は何か？

⇩

事実が法律要件にあてはまるかを検討する段階において，事実が法律
要件にあてはまるかわからない，あるいは，直接あてはまらないという
状況が生ずることがある。
たとえば，「書面」（446 条 2 項）というだけでは，何が書面かわから
ない。
そこで，解釈を通して，法律要件を具体化することが必要になる。

⇩

事実関係の中に規範（条文）が定める要件にかかる事実が存在するか？

4　なぜ債権担保は難しいか

4.1　イメージのしにくさ

民法の授業をしていると，学生から，債権担保は，民法の他の分野，たとえ

ば，契約法や物権法などと比較して難しいという声をよく聞く。そこで，債権担保の説明に入る前に，なぜ債権担保が民法の他の分野よりも難しいのかについて，あらかじめ触れておくことが有益であろう。

4.1.1　制度自体のイメージのしにくさ

債権担保が民法の他の分野よりも難しい理由としては，まず，制度それ自体のイメージがしにくいということが挙げられるだろう。たとえば，売買契約や賃貸借契約において，トラブルが発生したとか，誰かに物を盗まれたとか，あるいは，交通事故に巻き込まれてけがをしたなど，契約法，物権法，不法行為法，不当利得法にかかる問題については，実際にそういったトラブルに巻き込まれたことがなくても，学習をする際，ある程度状況をイメージできると思われるが，債権担保にかかる問題では，そもそも制度自体の具体的なイメージを持ちにくいということが言えるだろう。たとえば，債権が譲渡されたとか，抵当権や譲渡担保が設定されたといっても，なかなか具体的な状況をイメージできないという者も多いだろう。

こうした問題に対しては，近時では，金融をテーマとした小説や漫画も出版されているので，そうしたものを読んで，ある程度イメージをつかむようにしてもらいたい。

4.1.2　複数当事者の登場

債権担保が民法の他の分野よりも難しい理由の第二としては，債権担保に関する問題では，複数の当事者が登場する問題が多いということも挙げられるだろう。たとえば，保証を取り上げてみても，最低でも，保証人，債権者および債務者が登場し，債権者と保証人との法律関係が直接的には問題となっていても，そこに債務者と債権者との法律関係がかかわってくることも少なくない。たとえば，保証人の時効の援用という問題があるが，直接的な問題は，保証人と債権者との関係，すなわち，保証債務の履行請求が問題となっているが，援用されるべき時効の対象となっている債権は，債権者の債務者に対する債権である。また，担保物権の問題を考えるに際しても，単に債権者と債務者との法律関係だけを想定すれば足りるわけではなく，他の債権者との関係も想定しなければならないことも少なくない。

もちろん，複数当事者が登場する問題は，債権担保に特有の問題ではないが，

債権担保を学習する際には，よりいっそう問題となっている法律関係を明確に意識することが要求される。

4.2 他の法制度との関連性の強さ

　上記のイメージの問題と異なるが，債権担保は，他の法制度との関連が強いということも債権担保を難しくしている理由の1つであると思われる。たとえば，債権担保では，差押えという用語がたびたび登場する。もっとも，この差押えの手続は，民法には規定されておらず，民事執行法に規定されている。そのため，不動産が差し押さえられたとか，動産が差し押さえられたという場合に，どのように差押えが行われるかを知ろうと思うと，民事執行法を学習しなければならない。また，担保権の実行は，民事執行法が定める手続に従って進められるため，民事執行法を学習していないと，どのように各担保権の実行が行われるかもわからない。さらに，債権担保が問題となる事案では，債務者に資力がないという場合も多い。そうすると，債務者に破産手続や民事再生手続が開始された場合に，そういった手続の中で担保権がどのように扱われるかといった問題も出てくる。そのため，破産法や民事再生法といった倒産法関連の法律も視野に入れて学習する必要がある。

　こうした点から，債権担保の学習を進めるうえでは，最低限，民事執行法の学習は，並行して進める必要があり，それ以外にも倒産法関連の法律もできる限り並行して学習を進めることが必要になろう。

第1編　責任財産の保全

1　責任財産の保全の必要性

【到達目標】
○責任財産の保全がなぜ必要になるのかについて，説明することができる。
○債権者代位権とは，どのような制度であり，その要件および効果について，説明することができる。
○債権者代位権の転用とは，どのようなものであって，どのような場合に認められるかについて，説明することができる。

1.1　金銭債権の回収

1.1.1　強制執行

　Aが，Bに対して，貸金債権や代金債権など，金銭の支払を目的とする債権（これを金銭債権という。）を有している場合に，Bが任意に債務の履行をしてくれないとき，Aは，国家権力の助けを借りて，その内容の実現を図ることとなる。この手続を**強制執行**という。

　強制執行の手続は，民事執行法に規定されている。

【図1】

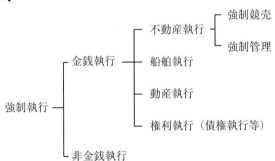

　強制執行には，売買代金の支払や貸金の返還を請求する権利のように，金銭債権，つまり，金銭の支払を目的とする請求権を実現するための**金銭執行**と，物の

引渡しやある行為を請求する権利のように，金銭の支払を目的としない請求権（たとえば，買主の売買目的物の引渡請求権や請負人に家を建築してもらうという行為請求権など）を実現するための**非金銭執行**がある（【図1】参照）。

　なお，本書では，金銭債権の回収が主たるテーマとなるため，以下では，金銭執行について触れる（非金銭執行については，『請求権から考える民法1』を参照）。

1.1.2　金銭債権の具体的な回収方法

（1）不動産執行

　金銭執行は，さらに，執行対象となる財産の種類（不動産か，動産か，債権その他の財産権か）に応じて，**不動産執行**，**船舶執行**，**動産執行**，**権利執行**にわけることができる[1]。また，不動産執行は，さらに**強制競売**と**強制管理**にわけることができる。

（a）強 制 競 売

　強制競売とは，金銭債権を内容とする債務名義[2]に基づき，執行の目的物である不動産を差し押さえ[3]換価（金銭に換えること）して，その売得金をもって債権の弁済にあてる方法である（民執43条以下）。

（b）強 制 管 理

　強制管理とは，執行の対象である不動産について，裁判所が管理人を任命し，

---

[1] **不動産**とは，土地およびその定着物をいう（86条1項）。土地の定着物とは，土地の上に定着した物をいう。土地上の建物，土地に生育している樹木，移動困難な石などがそれにあたる。なお，建物は，法律上，土地とは独立の不動産である。動産とは，それ以外のすべての物をいう（同条2項）。

[2] **債務名義**とは，強制執行によって実現される請求権の存在および範囲を公に証明する文書のことである。たとえば，確定判決などがそれにあたる（民執22条参照）。執行機関は，迅速な執行のため，自ら請求権の存在や範囲についての判断をすることはない。そのため，強制執行によって実現される請求権の存在や範囲を証明するものが必要となる。これが債務名義である。

[3] **差押え**，特に，民事執行法上の差押えは，債権者の権利の実現のために，国が債務者に財産（不動産，動産，債権）の処分を禁止することをいう。原則として強制執行に入る前段階の措置として行われる（民執45条・93条・122条・143条）。このような処分禁止措置が講じられるのは，開始決定があったにもかかわらず，いつまでも債務者が自己の財産を自由に処分できる状態にしておくと，債務者は執行を免れようと財産を譲渡したり，隠蔽を行ったりする可能性があるからである。

不動産を管理させ，その収益（賃料など）を債権の弁済にあてる方法である（民執 93 条以下）。

（2）動 産 執 行

動産執行とは，執行の目的物である動産を差し押さえ換価して，その売得金をもって債権の弁済にあてる方法である（民執 122 条以下）。

（3）債 権 執 行

債権執行は，債務者の有する債権を差し押さえて行う強制執行で，債務者が第三債務者に対して有する債権を直接取り立てたり，転付命令[4]を受けたりすることによって，債権の満足を受ける方法である（民執 143 条以下）（【図 2】参照）。

【図 2】

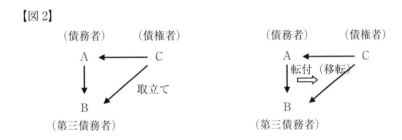

1.2　責任財産保全制度の必要性

このように，金銭債権の債権者は，強制執行によって，債務者の財産から債権の回収を図ることになる。**強制執行の対象となる債務者の財産を責任財産**という。金銭債権の債権者は，強制執行によって債権の回収を図るから，債務者が責任財産を有するか否か，また，どのくらいの責任財産を有するかは，金銭債権の債権者にとって重要な問題となる。

ところで，私的自治の原則を基礎におく近代私法のもとでは，債務者が自己の財産をどのように利用しようと債務者の自由である。つまり，債務者が自己の財

---

[4] **転付命令**とは，差し押さえられた債権を支払に代えて差押債権者に移転する命令をいう（民執 159 条 1 項）。転付命令は，債務者および第三債務者に送達され（同法同条 2 項），これが確定すると，差押債権者の債権および執行費用は，転付の対象となった金銭債権が存在するかぎり，その券面額で，転付命令が第三債務者に送達された時に弁済されたものとみなされる（同法 160 条）。

産を誰かに処分するのも債務者の自由であり，さらに，ある者に対する債権を行使しないということも債務者の自由である。

　もっとも，たとえば，債務者が**無資力**（債務者の財産では全債務を弁済することができない状態）の場合などに，この原則を貫徹し，債務者の財産の自由な処分を認めていると，債務者に対して債権を有する者が不当に害されることがある。そこで，法律は，一定の場合に，債権者に債務者の財産の管理に対する介入を認めることとした。それが**債権者代位権**と**詐害行為取消権**である。

2　債権者代位権

2.1　意　義

　債務者が第三債務者に債権を有するにもかかわらず，それを行使しないとき，一定の要件のもとで，債権者は，債務者に代わってその債権を行使することができる（423条以下）。これを**債権者代位権**という。

【設例2－1】

　Xは，Aに対し，100万円の売掛代金債権（弁済期は到来している。）を有しており，Aは，Yに100万円の貸金債権を有している。Aは，右債権以外特にみるべき財産がないにもかかわらず，Yに対する債権を行使しない。この場合，Xは，Aに対する債権を回収するために，どのような手段を用いることができるか。

　　　　　【図1】

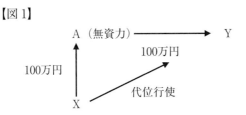

　【設例2－1】では，AがYから貸金債権を回収してくれれば，Xは，いくらかでもAに対する金銭債権を回収することができる（【図1】参照）。そこで，民法は，このような場合に，XがAのYに対する債権をAに代わって行使することを認めている（423条）。

2.2　要　件

　債権者代位権を行使するための要件は，以下のとおりである。
（1）　被保全債権が存在すること
（2）　債権保全の必要性があること
（3）　被保全債権の履行期が到来していること
（4）　被代位権利が存在すること

（5）　債務者が被代位権利を行使しないこと

（6）　被代位権利が，債務者の一身に専属する権利でなく，また，差押えを禁じられた権利でもないこと

2.2.1　被保全債権の存在

債権者代位権を行使するためには，**被保全債権が存在しなければならない**。債権者代位権を行使する債権者が債務者に対して有する債権を**被保全債権**という（【設例2−1】では，XのAに対する債権）。被保全債権は，**債権者代位権を行使する時点で存在すればよく**，被代位権利（代位される権利。【設例2−1】では，AのYに対する債権）の成立前に存在している必要はない（最判昭33・7・15新聞111号9頁）。債権の具体的な内容が不確定であるときは，債権者代位権を行使することができない。離婚によって生ずる財産分与請求権は，協議あるいは審判等によって具体的内容が形成されるまでは，その範囲および内容が不確定・不明確であるから，かかる財産分与請求権を保全するために債権者代位権を行使することはできない（最判昭55・7・11民集34巻4号628頁）。

また，**保存行為である場合を除いて，被保全債権の履行期が到来していることを要する**（423条2項）。被保全債権の保全が目的だからである。保存行為とは，債務者の財産の現状を維持する行為である。時効の完成を阻止する行為などがこれにあたる。

さらに，債権者代位権は，強制執行のための責任財産を保全することが目的であるから，債権者は，その**債権が強制執行により実現することのできないものであるときは，被代位権利を行使することができない**（同条3項）。

2.2.2　債権保全の必要性があること

債権者が債務者に代わって権利を行使するためには，**自己の債権を保全する必要があること**を要する（423条1項本文）。判例・通説は，これを債務者が**無資力**であることと解している（大判明39・11・21民録12輯1537頁，最判昭49・11・29民集28巻8号1670頁）。無資力とは，**債務者の財産では，債権者に対する債務を弁済できない状態（債務超過）**にあることをいう。

2.2.3　被代位権利が存在すること

債権者代位権は，債権者が，債務者が第三債務者に対して有する権利（これを

被代位権利という。）を債務者に代わって行使するのであるから，債権者代位権
を行使するためには，**被代位権利が存在しなければならない**。

　しかし，被代位権利が存在する場合であっても，それが債務者の一身に専属す
る権利や差押えを禁じられた権利（民執 152 条，恩給 11 条 3 項本文，労基 83 条
2 項など）である場合には，債権者代位権の客体とはならない（423 条 1 項ただ
し書）。また，行使される前の慰謝料請求権や遺留分減殺請求権も債権者代位権
の対象とはならない（最判平 13・11・22 民集 55 巻 6 号 1033 頁）[5]。

2.2.4　債務者が被代位権利を行使しないこと

　債権者代位権は，債権者が不利益を被るにもかかわらず，債務者が自己の債権
を行使しないことから債権者を保護するための制度であるから，**債務者が権利を
行使しないことが要件**となる。そのため，債務者の権利行使が債権者にとって不
利益であっても，債権者は，債権者代位権を行使することができない（最判昭
28・12・14 民集 7 巻 12 号 1386 頁）。

【A の Y に対する金銭消費貸借契約に基づく貸金返還請求】

【請求原因】
　（1）　AX 間で売買契約が締結されたこと
　（2）　（1）の債権の保全の必要があること（A 無資力）
　（3）　A が，Y に対し，○○円を，弁済期を○○年○月○日として貸し
　　　　付けたこと
　（4）　（3）の債権の弁済期が到来したこと

（期限）
【抗弁 I】
　売買代金請求権が期限付であること

（期限の到来）
【再抗弁 I】
　期限が到来したこと

---

[5] これに対して，慰謝料請求権や遺留分減殺請求権が行使され，請求権が現実化した場合に
は，債権者代位権の対象となる。

（保存行為）
【再抗弁Ⅱ】
　【請求原因】（1）の行為が保存行為であること（時効の完成の阻止など）

（債務者の権利行使）
【抗弁Ⅱ】
　【請求原因】（3）の債権を A が自ら行使したこと

（第三債務者の債務者に対する抗弁）
【抗弁Ⅲ】
　Y が A に対して主張できる抗弁（弁済，相殺など）があること

2.3　債権者代位権の行使

2.3.1　債権者代位権の行使方法

　債権者代位権は，**裁判外で行使する**ことができる。被保全債権の履行期が未到来の場合には，保存行為を除き，債権者代位権の行使が否定される（423 条 2項）。

　債権者は，**自己の名で債務者の権利を行使する**ことができ，債務者の代理人として行使するわけではない。

　債権者は，被代位権利の行使にかかる訴えを提起したときは，遅滞なく，債務者に対し，**訴訟告知**をしなければならない（423 条の 6）。

2.3.2　債権者代位権の行使の範囲

　債権者は，被代位権利を行使する場合において，被代位権利の目的が可分であるときは，**自己の債権の額の限度においてのみ**，被代位権利を行使することができる（423 条の 2。最判昭 44・6・24 民集 23 巻 7 号 1079 頁）。たとえば，被保全債権が 50 万円の金銭債権であり，被代位権利が 100 万円の金銭債権であるときは，代位債権者は，50 万円の範囲で債権者代位権を行使することができる。

2.3.3　代位債権者の相手方に対する直接請求権

　債権者が債権者代位権の行使として相手方に金銭の支払または動産の引渡しを求める場合には，債権者は，直接自分に支払うこと，または，引き渡すことを請

求することができる（423 条の 3 前段。金銭の支払について，大判昭 10・3・12 民集 14 巻 482 頁）。この場合に，相手方が債権者に対してその支払または引渡しをしたときは，被代位権利は，これによって消滅する（同条後段）。

2.3.4　第三債務者の抗弁

弁済や相殺の抗弁など，第三債務者は，債務者に対する抗弁を債権者に対しても主張することができる（423 条の 4。最判昭 33・6・14 民集 12 巻 9 号 1449 頁〔合意解除〕）。これに対して，第三債務者が提出した抗弁に対し，代位債権者独自の事情に基づく抗弁を提出することはできない（最判昭 54・3・16 民集 33 巻 2 号 270 頁）。

2.3.5　債務者・第三債務者の処分権限

債権者が被代位権利を行使した場合であっても，債務者は，被代位権利について，自ら取立てその他の処分をすることを妨げられない（423 条の 5 前段）。この場合には，相手方も，被代位権利について，債務者に対して履行をすることを妨げられない（同条後段）。

2.4　債権者代位権の効果

2.4.1　効果の帰属

債権者代位権の行使によって，代位債権者は，債務者の第三債務者に対する権利を行使したのであるから，債権者代位権行使の効果は，すべて債務者に帰属する。第三債務者が直接債権者に金銭を支払いまたは動産を引き渡したときも同様である。

それゆえ，債権者が受領したものは債務者に返還しなければならない。ただし，金銭の場合には，相殺によって事実上優先弁済を受けたのと同じ効果（**事実上の優先弁済効**）を生じさせることができる。

【事実上の優先弁済効】

債権者は，債権者代位権の行使と相殺によって優先弁済を受けたのと同じ効果を生じさせることができるとはどういうことか。

【図2】

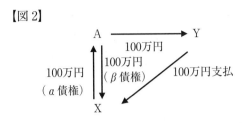

　【設例2－1】で，XがAのYに対する貸金債権を代位行使した場合，Xは，Yから直接100万円の支払を受けることができる（423条の3前段）。もっとも，債権者代位権の行使の効果は，債務者であるAに帰属する（Yは，法律上Aに支払ったこととなる）。その結果，Xは，Aの金銭を受け取ったこととなるから，それをAに返還しなければならない（Aは，Xに対して，受け取った金銭の返還請求権を取得する〔β債権〕）。そうすると，XA間には，もともとXがAに対して有していた売掛代金債権（α債権）とAがXに受け取った金銭を返還請求するβ債権との対立が発生する。そこで，Xは，このα債権とβ債権を相殺することによって，α債権を消滅させることができる。また，相殺によって，β債権は消滅するから，Yから受け取った100万円は，Xのもとにとどまることとなる。

2.4.2　判決の効果

　債権者代位権が訴訟において行使された場合には，判例・通説は，判決の既判力は，法定訴訟担当（民訴115条1項2号）として債務者に及ぶとしている（大判昭15・3・15民集19巻586頁）。

2.4.3　費用償還請求権

　債権者代位権の行使は，総債権者の利益となるので，その行使に要した費用は，債務者に対し，償還することができる（委任の規定によるというのが通説である。650条1項・649条参照）。この費用は，共益費として，一般の先取特権の対象となる（306条1号）。また，費用償還請求権について，債権者は，第三者から受け取った物につき留置権を有する（295条）。

2.5　債権者代位権の転用

　債権者代位権は，本来，債務者の責任財産の保全を目的とするものであるが，

それ以外の場合にも債権者代位権の行使が認められている。これを**債権者代位権の転用**という。

2.5.1 登記請求権の代位行使

【設例2−2】
　Yは，Aに土地を売却し，Aは，さらにXに右土地を転売した。ところが，土地の登記は，まだY名義のままだった。そこで，Xは，AがYに対して有する移転登記請求権を代位行使して登記の移転を求めた。Xの請求は認められるか。

【図3】

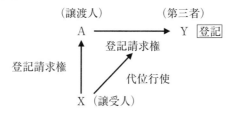

　Xは，Aから土地を購入しており，そのため，Aに対して，売買契約に基づく所有権移転登記手続請求権を有する（560条）。しかし，Yとの関係では，何らの契約関係もない。そこで，Xとしては，AがYに対して有している所有権移転登記手続請求権を代位行使することができないかが問題となる。

　この問題について，民法は，登記または登録をしなければ権利の得喪および変更を第三者に対抗することができない財産を譲り受けた者は，その譲渡人が第三者に対して有する登記手続または登録手続をすべきことを請求する権利を行使しないときは，その権利を行使することができるとしている（423条の7。【図3】参照）。

　なお，XがAのYに対する権利を行使するにあたっては，Aが無資力であることを要しない（大判明43・7・6民録16輯537頁）。

【参考判例】大判明43・7・6民録16輯537頁

「然レトモ同条ニハ単ニ債権者ハ自己ノ債権ヲ保全スル為メ云云トアルノミニシテ其債権ニ付キ別ニ制限ヲ設ケサルヲ以テ同条ノ適用ヲ受クヘキ債権ハ債務者

ノ権利行使ニ依リテ保全セラルヘキ性質ヲ有スレハ足ルモノニシテ第一点所論ノ如キ債務者ノ資力ノ有無ニ関係ヲ有スルト否トハ必スシモ之ヲ問ウヲ要セス又債権者カ行使シ得ヘキ債務者ノ権利ニ付テハ同条但書ヲ以テ債務者ノ一身ニ専属スル権利ヲ除外シタルニ止マリ其他ニ制限ヲ設ケサルヲ以テ第二点所論ノ如キ制限アルモノト謂ウヲ得ス又保全セントスル債権ノ目的カ債務者ノ資力ノ有無ニ関係ヲ有スル場合ニ於テハ所論ノ如ク債務者ノ無資力ナルトキニ非サレハ同条ノ適用ヲ必要トセサルヘシト雖モ債務者ノ資力ノ有無ニ関係ヲ有セサル債権ヲ保全セントスル場合ニ於テモ苟モ債務者ノ権利行使カ債権ノ保全ニ適切ニシテ且必要ナル限リハ同条ノ適用ヲ妨ケサルモノト解スルヲ相当トスルヲ以テ第三点所論ノ如キ債務者ノ無資力ナルコトハ必スシモ同条適用ノ要件ニアラス上告人ノ援用スル本院ノ判例ハ保全セントスル債権ノ目的カ債務者ノ資力ノ有無ニ関係ヲ有スル場合ニ関スルモノナルヲ以テ本件ニ適切ナラス」

【AのYに対する売買契約に基づく所有権移転登記請求】

【請求原因】
   （1）　YA間で本件土地の売買契約が締結されたこと
   （2）　AX間で本件土地の売買契約が締結されたこと

【考えてみよう！】
  なぜYは，土地を売却したにもかかわらず，登記の移転手続請求に応じないのだろうか。

【登記請求権の代位行使と登記名義の移転】
  XがAのYに対する登記請求権を代位行使したとしても，YからXに対する直接の登記名義の移転が認められるわけではない。登記名義は，YからA，AからXへと移転することとなる。

2.5.2　妨害排除請求権の代位行使
（1）賃借人による妨害排除請求権の代位行使

【設例2−3】
  Xは，Aから土地を賃借したが，右土地にはYが勝手に小屋を建てて住んでおり，Xは，右土地を利用することができない。そこで，Xは，Aが

Yに対して有する所有権に基づく妨害排除請求権を代位行使してYを排除したい。Xの請求は認められるか。

【図4】

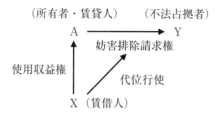

　Xは，Aから土地を賃借したが，Yが不法占拠しているため，土地を利用することができない。この場合に，Xの賃借権が対抗力を有しているならば，土地の賃借人は，その土地の占有を第三者が妨害しているときは，その妨害の停止を，また，第三者がその土地を占有しているときは，第三者に対して，その返還を請求することができる（605条の4）。また，賃借人がすでに賃貸不動産を占有している場合には，占有保持の訴えを用いることもできる（198条）。

【賃借権に基づく妨害停止請求権】

【請求原因】
（1）　Aは，Xとの間で，本件土地を期間○○年，賃料月額○○万円で賃貸する契約を締結したこと
（2）　Aは，Xとの間で，（1）の賃借権設定登記をする旨を合意したこと
（3）　（2）の合意に基づく賃借権設定登記がなされたこと
（4）　Yが本件土地を占有していること

　問題となるのは，Xの賃借権が対抗力を有していない場合である。この場合，Aは，本件土地の所有者であるから，その土地を不法占拠しているYに対して，所有権に基づく妨害排除請求権を有する。そこで，Xは，AがYに対して有する所有権に基づく妨害排除請求権を代位行使することができないかどうかが問題となる。
　判例は，土地賃借権が第三者によって妨害されたときは，賃借人は，賃貸人の

資力の有無を問わずに，賃貸人の有する妨害排除請求権を代位行使することができるとしている（大判昭4・12・16民集8巻944頁）。

【参考判例】 大判昭4・12・16民集8巻944頁

「按スルニ債権者カ自己ノ債権ヲ保全スル為債務者ニ属スル権利ヲ行フコトヲ得ルハ民法第四百二十三条ノ規定スル所ナリ同条ハ債務者カ自己ノ有スル権利ヲ行使セサル為債権者ヲシテ其ノ債務者ニ対スル債権ノ十分ナル満足ヲ得サラシメタル場合ニ於ケル救済方法ヲ定メタルモノニシテ債権者ノ行フヘキ債務者ノ権利ニ付其ノ一身ニ専属スルモノノ外ハ何等ノ制限ヲ設ケス又債務者ノ無資力タルコトヲ必要トセサルヲ以テ同条ニ所謂債権ハ必スシモ金銭上ノ債権タルコトヲ要セス又所謂債務者ノ権利ハ一般債権者ノ共同担保トナルヘキモノタルニ限ラス或債権者ノ特定債権ヲ保全スル必要アル場合ニ於テモ同条ノ適用アルモノト解スルヲ相当トス…故ニ土地ノ賃借人カ賃貸人ニ対シ該土地ノ使用収益ヲ為サシムヘキ債権ヲ有スル場合ニ於テ第三者カ其ノ土地ヲ不法ニ占拠シ使用収益ヲ妨クルトキハ土地ノ賃借人ハ右ノ債権ヲ保全スル為第四百二十三条ニ依リ右賃貸人ノ有スル土地妨害排除ノ請求権ヲ行使スルコトヲ得ヘキモノトス」

【AのYに対する土地明渡請求】

【請求原因】
（1）　AX間で本件土地の賃貸借契約が締結されたこと
（2）　Aが本件土地を所有していること
（3）　Yが本件土地を占有（妨害）していること

【考えてみよう！】
なぜAは，自己所有の土地が不法占拠されているにもかかわらず，妨害排除請求権を行使しないのだろうか。

（2）　抵当権者による妨害排除請求権の代位行使

【設例2−4】
Aは，債権者Xのために，自己所有の土地に抵当権を設定した。ところが，右土地に第三者Yがバラックを建てて居住し始めた。この場合に，Xは，AがYに対して有する所有権に基づく妨害排除請求権を代位行使して，

不法占拠者 Y に土地の明渡しを請求することができるか。

【図5】

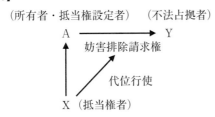

（所有者・抵当権設定者）　（不法占拠者）

A ────────→ Y

妨害排除請求権

代位行使

X （抵当権者）

　抵当権とは，住宅ローンなど，お金を借りた際に，借りた人（債務者）が返済できない場合に備えて土地や建物を担保とする権利である（369条。詳しくは，抵当権の箇所を参照）。債務者が借りたお金の返済ができない場合，抵当権者は，抵当権の設定を受けた不動産を競売し，他の債権者に優先して債権の弁済を受けることができる。

　抵当権は，担保物権であり，物権の一種であるから，抵当権者は，抵当権の侵害者に対して，物権的請求権，ここでは抵当権に基づく妨害排除請求ができそうである（物権的請求権については，『請求権から考える民法2』を参照。）。

　しかし，従来，抵当権は，使用収益を抵当権設定者に委ねるものであるが故に，抵当権者には物権的請求権は認められないと考えられてきた。最判平3・3・22民集45巻3号268頁も，抵当権が価値権であること，執行手続または手続終了後に占有者を排除することができる等の理由から，抵当権に基づく明渡請求や抵当不動産の所有者が有する明渡請求権を代位行使することは許されないとした。

　しかし，この判決は，学説および金融実務の激しい批判にさらされた。そこで，最高裁は，判例を変更し，抵当権者に不動産の所有者が有する明渡請求権の代位行使を認めた（最大判平11・11・24民集53巻8号1899頁）。

【参考判例】最大判平11・11・24民集53巻8号1899頁

　「第三者が抵当不動産を不法占有することにより，競売手続の進行が害され適正な価額よりも売却価額が下落するおそれがあるなど，抵当不動産の交換価値の実現が妨げられ抵当権者の優先弁済請求権の行使が困難となるような状態があるときは，これを抵当権に対する侵害と評価することを妨げるものではない。そし

て，抵当不動産の所有者は，抵当権に対する侵害が生じないよう抵当不動産を適切に維持管理することが予定されているものということができる。したがって，右状態があるときは，抵当権の効力として，抵当権者は，抵当不動産の所有者に対し，その有する権利を適切に行使するなどして右状態を是正し抵当不動産を適切に維持又は保存するよう求める請求権を有するというべきである。そうすると，抵当権者は，右請求権を保全する必要があるときは，民法423条の法意に従い，所有者の不法占有者に対する妨害排除請求権を代位行使することができると解するのが相当である。」[6]

　もっとも，その後，最高裁は，抵当権に基づく妨害排除請求を肯定したため（最判平17・3・10民集59巻2号356頁），抵当権者としては，所有者の有する妨害排除請求権を代位行使しなくても，抵当権に基づいて妨害排除請求をすることが可能となった。

2.5.3　金銭債権の転用事例

　このように，判例によって，特定債権の保全について債権者代位権の転用事例が形成されてきたが，判例は，さらに被保全債権が金銭債権である場合にも債権者代位権が転用されることを認めている。

【設例2－5】
　Aは，自己所有の土地をBに売却する旨の契約を締結した。その後，Aは死亡し，XおよびYが共同相続した。Xは，Bに売買代金の支払を求めたが，Yが売買契約の存在を争い移転登記に協力しないため，Bは，代金の支払に応じない。Bは，あえて裁判をしてまでYに移転登記請求をしようとは考えていない。そこで，Xは，BがYに対して有する移転登記請求権を代位行使したいと考えている。これは認められるか。

---

[6] なお，本判決は，傍論ではあるが，「第三者が抵当不動産を不法占有することにより抵当不動産の交換価値の実現が妨げられ抵当権者の優先弁済請求権の行使が困難となるような状態があるときは，抵当権に基づく妨害排除請求として，抵当権者が右状態の排除を求めることも許される」としている。

【図6】

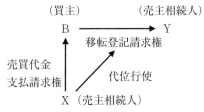

 判例は，この場合に，相続人は，同時履行の抗弁権を失わせて買主に対する自己の代金債権を保全するため，債務者たる買主の資力の有無を問わず，買主に代位して，登記に応じない相続人に対する買主の所有権移転登記請求権を行使することができるとしている（最判昭50・3・6民集29巻3号203頁）。

【参考判例】最判昭50・3・6民集29巻3号203頁

 「被相続人が生前に土地を売却し，買主に対する所有権移転登記義務を負担していた場合に，数人の共同相続人がその義務を相続したときは，買主は，共同相続人の全員が登記義務の履行を提供しないかぎり，代金全額の支払を拒絶することができるものと解すべく，したがって，共同相続人の1人が右登記義務の履行を拒絶しているときは，買主は，登記義務の履行を提供して自己の相続した代金債権の弁済を求める他の相続人に対しても代金支払を拒絶することができるものと解すべきである。そして，この場合，相続人は，右同時履行の抗弁権を失わせて買主に対する自己の代金債権を保全するため，債務者たる買主の資力の有無を問わず，民法423条1項本文により，買主に代位して，登記に応じない相続人に対する買主の所有権移転登記手続請求権を行使することができるものと解するのが相当である。」

3　詐害行為取消権

3.1　意義等

3.1.1　意　義

【設例3－1】
　Xは，Aに対して，400万円の貸金債権を有しているが，Aのもとには唯一の財産として時価500万円の甲土地しかない。それにもかかわらず，Aは，唯一の財産である甲土地をYに贈与した。この場合に，Xにはどのような救済手段が与えられるか。

【図1】

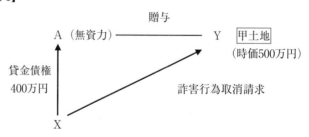

　私的自治を原則とするわが民法のもとでは，債務者が自己の財産や権利をどのように使用・収益・処分しようと本来自由である。

　もっとも，それを無制限に認めると，場合によっては，債権者の利益が不当に害されるおそれがある。たとえば，【設例3－1】で，Aの唯一の財産である甲土地が贈与されると，債権者Xは，Aの責任財産がなくなるから，自己の債権の回収ができなくなる。

　そこで，民法は，一定の場合に，債権者 X に A の行った行為の取消しを認めている（424 条以下）。これが**詐害行為取消権**である。

3.1.2　詐害行為取消権の法的性質
　詐害行為取消権が法的にいかなる性質を有するかについては，議論がある。

A 説：形成権説
　詐害行為取消権は，詐害行為を取り消し，その行為を絶対的に無効とする形成権であり，詐害行為取消訴訟は，形成訴訟である。
　この説によれば，債務者と受益者（債務者から直接利益を受ける者をいう。【設例 3 - 1】の Y）との間の行為を取り消すから，受益者のほか，債務者を常に被告としなければならない。

B 説：請求権説
　詐害行為取消権は，逸出財産の取戻請求権であり，詐害行為取消訴訟は，給付訴訟である。
　この説によれば，財産の返還を命ずるだけであるから，被告は，受益者または転得者（受益者から財産を取得した者をいう。）を相手とすればよい。

C：折衷説
　詐害行為取消権を，取消権と取戻請求権をあわせたものであるとする。つまり，債権者が裁判上債務者の行った行為を取り消して逸出財産を返還させるものであるとする（424 条の 6 参照）。判例は，この考え方をとる（大連判明 44・3・24 民録 17 輯 117 頁）。
　この説によれば，債務者を被告とする必要はなく，受益者または転得者のみを被告とすればよい（424 条の 7 第 1 項参照）。

> 【折衷説と改正法】
> 　改正法のもとでも，詐害行為取消権は，折衷説を前提としている。なお，改正前民法において，折衷説の立場から，受益者または転得者を被告とすればよいとされていたのは，取消しの効果が相対的であるということを前提としていた（大連判明 44・3・24 民録 17 輯 117 頁）。しかし，改正法のもとでは，債務者に取消しの効果が及ぶことになったため（425 条），この点につ

いては，改正法では，改められた。

D説：責任説

　詐害行為取消権を，責任的無効という効果を伴う形成権の一種であるとする。責任的無効とは，たとえば，不動産贈与行為を取り消した場合，その行為が物権的に無効となるのではなく，財産の逸出が同時に責任の消失となるという効果のみを無効とする。

　この説によれば，逸出財産の取戻しを必要とせず，責任関係の実現は，取消しの相手方の名義になっている財産へ直接強制執行をしていくことによってなされる。その手続は，責任訴訟（強制執行認容訴訟）によってなされる。

E説：訴権説

　詐害行為取消権を，債権者の受益者または転得者に対する訴権とみて，債権者は，取消判決を債務名義として受益者または転得者の手許にある財産をあたかも債務者の一般財産に属するかのようにみなして強制執行ができるとする。

【表1】

	本質	被告	訴訟の性質
形成権説	詐害行為の取消し	受益者（転得者）＋債務者	形成訴訟
請求権説	逸出財産の取戻し	受益者（転得者）	給付訴訟
折衷説（判例）	詐害行為の取消し＋逸出財産の取戻し	受益者（転得者）	形成訴訟＋給付訴訟
責任説	責任的無効（受益者に帰属したまま債務者の責任財産となる）	受益者（転得者）	責任訴訟

3.1.3　詐害行為取消権と否認権

　詐害行為取消権とその趣旨を同じくする制度として，破産法などに否認権という制度がある（破160条以下。民再127条以下，会更86条以下も参照。）。破産者の破産財団に属する財産に関して破産宣告前に行なわれた行為が破産債権者の利益を害する場合に，その行為を失効させ，逸出した財産を破産財団に回復する

ことを目的とする権利である。

もっとも、詐害行為取消権が、破産前の段階において、債権者の債権を保全することを目的とするのに対して、否認権は、破産に至った債務者の財産の処分行為を否定して債権者間の平等を図ることを目的とする制度であり、破産管財人によってのみ行使される（破173条1項。民再135条1項、会更95条1項も参照。）。

3.2 要 件

3.2.1 受益者に対する詐害行為取消請求

民法は、受益者に対する詐害行為取消請求（【設例3−1】【図1】参照）と転得者に対する詐害行為取消請求の要件をわけて規定している。

受益者に対して、詐害行為取消請求をするための要件は、下記のとおりである。

（1） 被保全債権が存在すること
（2） 債務者が債権者を害する行為をしたこと（詐害行為）
（3） （2）の行為が債権者を害することを債務者が知っていたこと（債務者の詐害意思）
（4） 受益者が、受益の当時、（2）の行為が債権者を害するものであることを知っていたこと（受益者の悪意）

3.2.2 被保全債権が存在すること

詐害行為取消権を行使するためには、**被保全債権が存在する**ことを要する。被保全債権とは、詐害行為取消権を行使する債権者が債務者に対して有する債権をいう。

（1）被保全債権の存在時期など

詐害行為取消権を行使する際に、**被保全債権の履行期が到来している必要はない**（大判大9・12・27民録26輯2096頁）。ただし、**被保全債権の発生原因が詐害行為前に生じたものであることを要する**（424条3項。最判昭55・1・24民集34巻1号110頁）。判例は、被保全債権の遅延損害金は、詐害行為後に発生したものも被保全債権額に含まれるとしている（最判平8・2・8判時1563号112

29

頁）。また，将来の婚姻費用の支払に関する債権も，詐害行為取消権の被保全債権となるとしている（最判昭 46・9・21 民集 25 巻 6 号 823 頁）。

（2）特定物債権

特定物引渡請求権も，究極において損害賠償債権に変じうるものであり，債務者の一般財産により担保されなければならない点は金銭債権と同様だから，特定物債権の債権者は，債務者の詐害行為を取り消すことができる（最大判昭 36・7・19 民集 15 巻 7 号 1875 頁）。

もっとも，詐害行為取消権行使時に特定物債権が金銭債権に転化している必要があるか否かについては，争いがある。

A 説：

特定物債権のままでも詐害行為取消権の行使が認められる。

B 説：

特定物債権が履行不能によって金銭債権に転化している必要がある。

もっとも，この説では，何時までに金銭債権に転化する必要があるかについて，さらに見解がわかれている。

B1 説：

詐害行為時までに金銭債権に転化することが必要である（昭和 36 年判決補足意見）。

B2 説：

詐害行為取消権行使時までに金銭債権に転化することが必要である（通説）。

（3）強制執行による実現可能性

また，被保全債権が強制執行によって実現することができないものであるときは，詐害行為の取消しを請求することができない（424 条 4 項）。判例は，破産手続において免責決定を受けた債権は，詐害行為取消権の被保全債権とはならないとしている（最判平 9・2・25 判時 1607 号 51 頁）。

3.2.3　詐 害 行 為

詐害行為取消権を行使するためには，客観的要件として**債務者が債権者を害す**

る行為（これを**詐害行為**という。）をしたことが必要である。

（1）債務者が財産権を目的とする行為をしたこと

（a）行　　為

　詐害行為取消権の対象となる行為は，厳密な意味での法律行為には限られない。弁済，時効の更新事由としての債務承認（152条），法定追認の効果を生ずる行為（125条）も含む。

　それでは，対抗要件の具備行為は，詐害行為取消権の対象となるだろうか。

【設例3－2】

　Aは，Yに甲土地を売却した。しかし，その際，Y名義の所有権移転登記はまだなされていなかった。その後，Aは，Xから500万円を借りた。ところが，Aは無資力となったため，借入金の返済ができなくなった。そのような状況においてAは，Yに甲土地の所有権移転登記手続を行った。Xは，Yへの所有権移転登記手続（行為）を詐害行為であるとして取り消すことができるか。

　【図2】

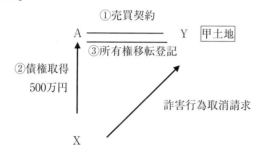

（ア）前　　提

　詐害行為取消権を行使するためには，被保全債権が詐害行為の前の原因に基づいて生じたものであることを要する（424条3項）。【設例3－2】では，XがAに貸金債権を取得したのは，AY間の売買契約締結の後であるから，Xは，AY間の売買契約それ自体を詐害行為として取り消すことはできない。

　そこで，被保全債権の取得後の行為である所有権移転登記手続（行為）を詐害行為として取り消すことができないかが問題となる。

（イ）詐害行為取消権と対抗要件具備行為

判例は，**物権の譲渡行為とこれについての登記は，別個の行為であって，後者は単にその時からはじめて物権の移転を第三者に対抗しうる効果を生じさせるにすぎず，登記の時に右物権移転行為がされたこととなったり，物権移転の効果が生じたりするわけではないし，また，物権移転行為自体が詐害行為を構成しない以上，これについてされた登記のみを切り離して詐害行為として取り扱い，これに対する詐害行為取消権の行使を認めることは相当でない**として，所有権移転登記手続（行為）を詐害行為として取り消すことはできないとしている（最判昭55・1・24民集34巻1号110頁）。

同様に，判例は，債権譲渡の対抗要件具備行為（467条）についても詐害行為取消権行使の対象とはならないとしている（最判平10・6・12民集52巻4号1121頁）。

なお，破産法では，支払停止または破産手続開始の申立てがなされた後に対抗要件具備行為がなされた場合に，それが権利の設定・移転・変更の15日経過後に悪意でしたものであるときは，否認権の対象となるとされている（破164条）。

【参考判例】最判昭55・1・24民集34巻1号110頁

「債務者の行為が詐害行為として債権者による取消の対象となるためには，その行為が右債権者の債権の発生後にされたものであることを必要とするから，詐害行為と主張される不動産物権の譲渡行為が債権者の債権成立前にされたものである場合には，たといその登記が右債権成立後にされたときであっても，債権者において取消権を行使するに由はない…。けだし，物権の譲渡行為とこれについての登記とはもとより別個の行為であって，後者は単にその時からはじめて物権の移転を第三者に対抗しうる効果を生ぜしめるにすぎず，登記の時に右物権移転行為がされたこととなったり，物権移転の効果が生じたりするわけのものではないし，また，物権移転行為自体が詐害行為を構成しない以上，これについてされた登記のみを切り離して詐害行為として取り扱い，これに対する詐害行為取消権の行使を認めることも，相当とはいい難いからである…。」

（b）財産権を目的とする行為

財産権を目的としない行為は詐害行為取消権の対象とならない（424条2項）。そのため，詐害行為取消権の行使が認められるのは，財産権を目的とする行為で

あるということになる。たとえば，婚姻，離婚，養子縁組などの身分行為は，詐害行為取消権の対象とはならない。

（ア）離婚による財産分与

それでは，身分関係の設定・廃止そのものと直接に関係のない行為である離婚による財産分与（離婚した当事者の一方が他方に対して財産を分与する〔分け与える〕ことをいう〔768条・771条〕。）は，詐害行為取消権行使の対象となるだろうか。

【設例3－3】
　　A男とY女は夫婦である。Aは，Xからお金を借りた。その後，AとYは離婚した。離婚に際して，Aは，Yに全財産を分与した。Xは，この財産分与を詐害行為として取り消すことができるか。

【図3】

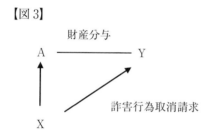

判例は，まず，離婚における財産分与について，「夫婦が婚姻中に有していた実質上の共同財産を清算分配するとともに，離婚後における相手方の生活の維持に資することにあるが，分与者の有責行為によって離婚をやむなくされたことに対する精神的損害を賠償するための給付の要素をも含めて分与することを妨げられない」としたうえで，「財産分与の額及び方法を定めるについては，当事者双方がその協力によって得た財産の額その他一切の事情を考慮すべきものであ」り，「分与者が，離婚の際既に債務超過の状態にあることあるいはある財産を分与すれば無資力になるということも考慮すべき右事情のひとつにほかならず，分与者が負担する債務額及びそれが共同財産の形成にどの程度寄与しているかどうかも含めて財産分与の額及び方法を定めることができるものと解すべきである」とした。そして，「分与者が債務超過であるという一事によって，相手方に対する財産分与をすべて否定するのは相当でなく，相手方は，右のような場合であっ

てもなお，相当な財産分与を受けることを妨げられない」とした。

　以上を前提として，判例は，「分与者が既に債務超過の状態にあって当該財産分与によって一般債権者に対する共同担保を減少させる結果になるとしても，それが民法768条3項の規定の趣旨に反して不相当に過大であり，財産分与に仮託してされた財産処分であると認めるに足りるような特段の事情のない限り，詐害行為として，債権者による取消の対象となりえないものと解するのが相当である」とした（最判昭58・12・19民集37巻10号1532頁）。そして，「離婚に伴う財産分与として金銭の給付をする旨の合意がされた場合において，右特段の事情があるときは，不相当に過大な部分について，その限度において詐害行為として取り消されるべきものと解するのが相当である」として，相当な範囲を超える財産分与のみが詐害行為取消権行使の対象となるとしている（最判平12・3・9民集54巻3号1013頁）。

【参考判例】最判平12・3・9民集54巻3号1013頁
　「離婚に伴う財産分与として金銭の給付をする旨の合意がされた場合において，右特段の事情があるときは，不相当に過大な部分について，その限度において詐害行為として取り消されるべきものと解するのが相当である。

　離婚に伴う慰謝料を支払う旨の合意は，配偶者の一方が，その有責行為及びこれによって離婚のやむなきに至ったことを理由として発生した損害賠償債務の存在を確認し，賠償額を確定してその支払を約する行為であって，新たに創設的に債務を負担するものとはいえないから，詐害行為とはならない。しかしながら，当該配偶者が負担すべき損害賠償債務の額を超えた金額の慰謝料を支払う旨の合意がされたときは，その合意のうち右損害賠償債務の額を超えた部分については，慰謝料支払の名を借りた金銭の贈与契約ないし対価を欠いた新たな債務負担行為というべきであるから，詐害行為取消権行使の対象となり得るものと解するのが相当である。」

（イ）相　続　放　棄

【設例3－4】
　Yは，Aの子である。Xは，Aに貸金債権を有している。その後，Aが死亡し，YがAを相続するはずであったが，Yは，相続を放棄した。Xは，Yがした相続放棄を詐害行為として取り消すことができるか。

【図4】

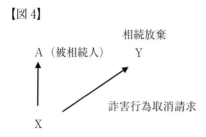

（ⅰ）前提－相続放棄とは？

　被相続人が死亡すると，相続人は，被相続人の財産（権利義務）を承継（相続）する（896条）。もっとも，被相続人の財産は，積極財産よりも消極財産（負債など）のほうが多い場合もある。そのため，消極財産が多い場合，相続人は不利益を被る。そこで，民法は，相続人保護のために，限定承認（922条以下）と相続放棄（938条以下）の制度を認めている。

　限定承認とは，相続財産を責任の限度として相続することをいう（922条）。相続財産をもって負債を弁済した後，余りが出ればそれを相続できる。なお，限定承認は，共同相続人の全員が共同してのみこれをすることができる（923条）。

　他方，**相続放棄**とは，相続人が相続財産の相続を放棄することをいう（938条）。相続放棄がされると，初めから相続人にならなかったものとみなされる（939条）

　相続人が相続開始があったことを知った時から3か月以内に限定承認または相続放棄のどちらかを選択しなかった場合は，単純承認をしたものとみなされる（915条1項・921条2号）[1]。

1　被相続人の相続財産の中に不動産が含まれていて相続登記をする場合でも，相続放棄をした者は，相続人ではないので，登記手続の際に提出することになる遺産分割協議書に署名・捺印する必要はなく，印鑑証明書を提出する必要もない。ただし，登記官が審査をする場合，相続放棄をした者がその手続をしたということがわからないため，それを証明するために「相続放棄申述受理証明書」を提出することになる。

　法定相続分での相続登記は，共同相続人の1人からでき，また，共同相続人の債権者が債権者代位として法定相続分での相続登記を行う場合があり，相続放棄をした者の相続分が登記されることがある。この場合には，相続登記前に相続放棄がされていた場合には，登記は間違っていることになるため，更正登記を申請することになる。他方，相続登記後に相続放棄がされ

（ⅱ）詐害行為取消権と相続放棄

　判例は，詐害行為取消権行使の対象となる行為は，積極的に債務者の財産を減少させる行為であることを要し，消極的にその増加を妨げるにすぎないものを包含しないということを前提として，**相続の放棄は，既得財産を積極的に減少させる行為というより，むしろ消極的にその増加を妨げる行為にすぎず，また，相続の放棄のような身分行為は，他人の意思によってこれを強制すべきでないから，相続放棄は，詐害行為取消権行使の対象とはならない**としている（最判昭49・9・20民集28巻6号1202頁）。

【参考判例】最判昭49・9・20民集28巻6号1202頁

　「相続の放棄のような身分行為については，民法424条の詐害行為取消権行使の対象とならないと解するのが相当である。なんとなれば，右取消権行使の対象となる行為は，積極的に債務者の財産を減少させる行為であることを要し，消極的にその増加を妨げるにすぎないものを包含しないものと解するところ，相続の放棄は，相続人の意思からいっても，また法律上の効果からいっても，これを既得財産を積極的に減少させる行為というよりはむしろ消極的にその増加を妨げる行為にすぎないとみるのが，妥当である。また，相続の放棄のような身分行為については，他人の意思によってこれを強制すべきでないと解するところ，もし相続の放棄を詐害行為として取り消しうるものとすれば，相続人に対し相続の承認を強制することと同じ結果となり，その不当であることは明らかである。」

（ウ）遺産分割協議

【設例3－5】

　Ａ男とＢ女は夫婦であり，子Ｙがいる。Ｂは，Ｘに100万円の借金があった。Ａが死亡し，ＢおよびＹがＡを共同相続した。ところが，Ｂは，他に財産がないにもかかわらず，相続によって取得した財産全部をＹに与える旨（遺産分割）の合意をした。Ｘは，この遺産分割協議を詐害行為として取り消すことができるか。

た場合には，更生登記ではなく，「相続の放棄」を登記原因として相続放棄をした者から相続放棄をしていない者への持分全部移転登記を行うことになる。

【図5】

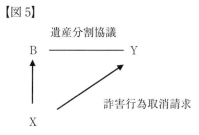

（ⅰ）前提－遺産分割協議とは？

　相続財産は，共同相続人の共有に属する（898条）。そこで，相続財産中に含まれている財産を共同相続人の協議によって各相続人に帰属させることが行われる。これが**遺産分割協議**である（906条以下）[2]。

　遺産分割は，遡及効を有し，相続開始時にさかのぼってその効力を生ずる（909条本文）。

（ⅱ）詐害行為取消権と遺産分割協議

　判例は，**遺産分割協議は，相続の開始によって共同相続人の共有となった相続財産について，その全部または一部を，各相続人の単独所有とし，または新たな共有関係に移行させることによって，相続財産の帰属を確定させるものであり，その性質上，財産権を目的とする法律行為であるということができるから，遺産分割協議は，詐害行為取消権行使の対象となる**としている（最判平11・6・11民集53巻5号898頁）。

【**参考判例**】最判平11・6・11民集53巻5号898頁

　「共同相続人の間で成立した遺産分割協議は，詐害行為取消権行使の対象となり得るものと解するのが相当である。けだし，遺産分割協議は，相続の開始によって共同相続人の共有となった相続財産について，その全部又は一部を，各相続人の単独所有とし，又は新たな共有関係に移行させることによって，相続財産の帰属を確定させるものであり，その性質上，財産権を目的とする法律行為であるということができるからである。」

2　遺産分割により不動産を取得した相続人は，当該不動産にかかる相続登記を単独で申請することになる。

【より深く理解するために】

　詐害行為取消権と相続放棄・遺産分割協議の問題を適切に理解するために
は，物権変動と登記に関する判例の考え方を合わせて理解しておくことが必
要である。

　判例によれば，相続放棄には遡及効があり，その効力は，絶対的で，何人
に対しても，登記なくしてその効力を生ずる（最判昭 42・1・20 民集 21 巻
1 号 16 頁）。つまり，相続人には，一度も財産は帰属しなかったことにな
る。これに対して，遺産分割協議は，いったん共同相続人に帰属した財産を
遺産分割協議で移転するものである（最判昭 46・1・26 民集 25 巻 1 号 90
頁）。以上につき詳しくは，『請求権から考える民法 2』を参照。

　詐害行為取消権の目的は，債務者がその責任財産を減少させることから，
債権者を保護することであるから，責任財産の減少が認められない相続放棄
は，詐害行為取消権行使の対象とはならず，他方，遺産分割協議は，相続人
にいったん帰属した財産を移転するものであるから，そこに責任財産の減少
が認められ，それゆえ，詐害行為取消権行使の対象となるということにな
る。

（2）債権者を害する行為であること

（a）詐　害　性

　債務者の行為が債権者を害するとは，**当該行為によって債務者の総財産が減少
して，債権者が十分な満足を得られなくなること**をいう。つまり，**債務者が無資
力になること**である。

　債務者の無資力は，詐害行為時と詐害行為取消権行使の時のいずれの時におい
ても必要である。財産処分を行った当時に資力があれば，その後に無資力になっ
ても，その財産処分は詐害行為とならない（大判大 10・3・24 民録 27 輯 657
頁）。また，財産処分時には無資力だったが，その後に資力を回復したような場
合にも，詐害行為取消権の行使は認められない（大判昭 12・2・18 民集 16 巻
120 頁）。

【無資力との関係】

　教科書などでは，債権者代位権と異なり，詐害行為取消権では，債務者の
無資力が要件として挙げられていないことがある。もっとも，それは，詐害
行為取消権の行使においては，無資力は要件とならないということではな
い。むしろ，事柄の性質上，債権者を「害する」ということに債務者の無資

力が含まれている。

　なお，債権者を害するということには，行為の結果，債務者が無資力にな
る場合と債務者が無資力の状態で行為をする場合の両方を含む。

（b）行為の詐害性に関する一般的な判断枠組み

　改正前の判例は，行為の詐害性と債務者の詐害意思（や受益者の悪意）を相関
的に把握して，行為の詐害性を判断してきた。すなわち，贈与などそれ自体で詐
害性を有することが明らかな場合には，債務者の主観的要素は，債権者が害され
ることを認識していることで足り（最判昭 35・4・26 民集 14 巻 6 号 1046 頁参
照），他方，行為の詐害性が微妙な場合には，債務者の主観的要素について，債
務者と一部債権者との通謀的害意を要求していた（最判昭 33・9・26 民集 12 巻
13 号 3022 頁参照）。

　改正法では，責任財産を減少させる行為については，従来通り，債務者の主観
的要素は，債権者が害されることの認識で足り，詐害性の弱い行為については，
行為類型ごとに特則が置かれている。

（c）詐害行為判断の特則

（ア）不動産の相当価格での売却

【設例 3 － 6】

　X は，A に対し，貸金債権を有している。その後，A は，無資力である
にもかかわらず，甲土地（時価 1,000 万円）を Y に 900 万円で売却し，所有
権移転登記を済ませた。この場合に，X は，AY 間でなされた甲土地の売買
契約を詐害行為として取り消すことができるか。

【図 6】

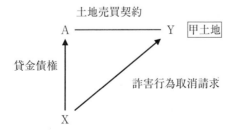

　改正前民法のもとでは，判例は，相当価格による不動産の売却は，債務者の資

産が消費されやすい金銭に変ずるから，原則として詐害行為となるとしていた（大判明39・2・5民録12輯136頁）。もっとも，抵当権者に弁済するために，債務者が抵当不動産を債権者以外の者に相当価格で売却した場合は，詐害行為とならないとする判例もあった（最判昭41・5・27民集20巻5号1004頁）。

　改正法では，**債務者が，その有する財産を処分する行為をした場合において，受益者から相当の対価を取得しているときは，原則として，詐害行為性は否定される**（424条の2柱書）。

　しかし，**次に掲げる場合のいずれにも該当する場合に限り，その行為について，詐害行為取消請求をすることができる**（同条）。

① 　その行為が，不動産の金銭への換価その他の当該処分による財産の種類の変更により，債務者において隠匿，無償の供与その他の債権者を害することとなる処分をするおそれを現に生じさせるものであること。

② 　債務者が，その行為の当時，対価として取得した金銭その他の財産について，隠匿等の処分をする意思を有していたこと。

③ 　受益者が，その行為の当時，債務者が隠匿等の処分をする意思を有していたことを知っていたこと。

　なお，破産法も，相当の対価を得てした財産の処分について，当該処分行為が，不動産の金銭への換価その他の当該処分による財産の種類の変更により，破産者において隠匿，無償の供与その他の破産債権者を害する処分をするおそれを現に生じさせるものであり，破産者が，当該行為の当時，対価として取得した金銭その他の財産について，隠匿等の処分をする意思を有し，かつ，相手方が，当該行為の当時，破産者が隠匿等の処分をする意思を有していたことを知っていた場合に限り，否認の対象としている（破161条1項）。

【XのYに対する詐害行為取消権としての処分行為取消請求】

【請求原因】
（1）　XのAに対する債権の発生原因
（2）　Aが，（3）の当時，本件土地を所有していたこと
（3）　Aが，Yに対し，（1）の後，本件土地を900万円で売却したこと
（4）　Aが，Yに対し，本件土地につき，（3）の売買契約に基づき，所有権移転登記手続をしたこと

（5）　（3）により，AがYから相当な対価を取得したこと

（6）　（3）のAの行為が，Xを害する処分（隠匿等の処分）をするおそれを現に生じさせるものであること

（7）　Aが，（3）の行為の当時，対価として取得した金銭その他の財産について，隠匿等の処分をする意思を有していたこと

（8）　Yが，（3）の行為の当時，（7）を知っていたこと

（イ）　一部債権者に対する弁済その他の債務消滅行為（偏頗行為³）

【設例3－7】

　Xは，Aに対し，100万円の貸金債権を有している。他方，Yも，Aに対し，100万円の貸金債権を有している。Aは，無資力であるにもかかわらず，Yに100万円を弁済した。この場合に，Xは，AがYに対してした債務の弁済を詐害行為として取り消すことができるか。

【図7】

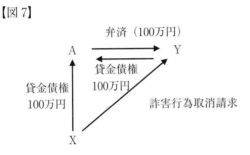

　改正前民法のもとで，判例は，一部債権者に対する弁済について，債務者が一債権者と通謀し，他の債権者を害する意思をもって弁済したような場合でない限り，原則として詐害行為とならないとしていた（最判昭33・9・26民集12巻13号3022頁）。他方，担保の設定については，原則として詐害行為となるとしていた（大判大8・5・5民録25輯839頁，最判昭32・11・1民集11巻12号1832頁）。もっとも，営業を継続するために既存債務に担保を設定する場合（最判昭44・12・19民集23巻12号2518頁）や生活費や子女の教育費を得るため（大判大6・6・7民録23輯932頁，最判昭42・11・9民集21巻9号2323頁）あるいは弁済の資金を得るために担保を設定する場合（大判大13・4・25民集3巻157

3　偏頗行為とは，特定の債権者のみに弁済したり担保を提供したりする行為をいう。

頁）は詐害行為とならないとしていた。

　改正法は，**債務者がした既存の債務についての担保の供与または債務の消滅に関する行為は，原則として，詐害行為とならないとしている**（424条の3第1項柱書）。

　しかし，**次に掲げる場合のいずれにも該当する場合に限り，詐害行為取消請求をすることができる**（同項）。

① 　その行為が，債務者が支払不能（債務者が，支払能力を欠くために，その債務のうち弁済期にあるものにつき，一般的かつ継続的に弁済することができない状態をいう。）の時に行われたものであること。

② 　その行為が，債務者と受益者とが通謀して他の債権者を害する意図をもって行われたものであること。

　また，上記の行為が，**債務者の義務に属せず，またはその時期が債務者の義務に属しないものである場合において，次に掲げるときのいずれにも該当するとき**は，債権者は，その行為について，詐害行為取消請求をすることができる（同条2項）。

① 　その行為が，債務者が支払不能になる前30日以内に行われたものであること。

② 　その行為が，債務者と受益者とが通謀して他の債権者を害する意図をもって行われたものであること。

　なお，破産法では，支払不能に陥る前の弁済は，否認の対象とならない（破162条1項1号）。また，義務の履行としてなされる担保供与または債務の消滅に関する行為については，破産者が支払不能または破産手続開始の申立てがあった後にした場合で，破産債権者が，その行為の当時，支払不能であったこと，もしくは支払の停止があったこと，または破産手続開始の申立てがあったことを知っていた場合に限り，否認することができる（同法同号）。さらに，義務なくしてなされた偏頗行為については，支払不能になる前30日以内にされたもので，債権者が，その行為の当時，他の破産債権者を害する事実を知っていた場合に否認の対象としている（同法同項2号）。

【XのYに対する詐害行為取消権としての債務消滅行為取消請求】

【請求原因】

（1）　Xが，Aに対し，100万円を貸し付けたこと
（2）　Yが，Aに対し，100万円を貸し付けたこと
（3）　Aが，Yに対し，（2）の債務を弁済したこと
（4）　（3）の行為が，Aが支払不能の時に行われたものであること
（5）　（3）の行為が，AとYとが通謀して他の債権者（Xら）を害する
　　　意図をもって行われたものであること

【非義務行為と詐害行為取消権】
　【設例3－7】において，YのAに対する債権について弁済期が到来して
いないにもかかわらず，AがYに弁済した場合

（1）　Xが，Aに対し，100万円を貸し付けたこと
（2）　Yが，Aに対し，100万円を貸し付けたこと
（3）　Aは，Yに対し，（2）の債務を弁済したこと
（4）　（3）の行為が，Aが支払不能になる前30日以内に行われたもので
　　　あること
（5）　（3）の行為が，AとYとが通謀して他の債権者を害する意図をもっ
　　　て行われたものであること
（6）　（3）の行為が，Aの義務に属せず，または，その時期が債務者の
　　　義務に属しないものであること

（ウ）　過大な代物弁済など

【設例3－8】
　Xは，Aに対して，1000万円を貸し付けた。Yは，Aに対して，800万
円の貸金債権を有しているが，Aは，Yに対し，その返済に代えて，時価
1000万円の甲土地を代物弁済した。この場合に，Xは，代物弁済の過大部
分の200万円について，代物弁済を詐害行為として取り消すことができる
か。

【図8】

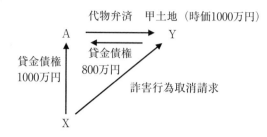

　債務者がした債務の消滅に関する行為であって，受益者の受けた給付の価額が
その行為によって消滅した債務の額より過大であるものについて，債権者は，債
務者が債権者を害することを知って当該行為をしたときは，**その消滅した債務の
額に相当する部分以外の部分については，詐害行為取消請求をすることができる**
（424 条の 4）。

　代物弁済が債務の消滅に関する行為であり，それが，424 条の 3 の要件を充た
す場合には，代物弁済が過大であるか否かを問わず，代物弁済全体を取り消すこ
とができる。

**【X の Y に対する詐害行為取消権としての債務消滅行為取消請求（過大な代
物弁済等の詐害行為取消請求）】**

【請求原因】
　（1）　X が，A に対し，1000 万円を貸し付けたこと
　（2）　Y が，A に対し，800 万円を貸し付けたこと
　（3）　A が，Y に対し，（2）の債務の履行に代えて，甲土地の所有権を
　　　　移転する合意をしたこと
　（4）　A が，（3）の当時，甲土地を所有していたこと
　（5）　A が，Y に対し，（3）に基づき，甲土地を引き渡したこと
　（6）　Y の受けた給付の価額がその行為によって消滅した債務額より過大
　　　　であること
　（7）　A が X を害することを知って（3）ないし（5）の行為をしたこと
　（8）　（3）ないし（5）の行為によって消滅した債務の額に相当する部分以
　　　　外の額

（受益者の善意）

【抗弁】

　　Ｙが，（3）ないし（5）の行為の時において，Ｘを害することを知らなかったこと

3.2.4　詐 害 意 思

　詐害行為取消権が成立するためには，債務者が，詐害行為の当時，債権者を害することを知って行為をしたこと（これを**債務者の詐害意思**という。）を要する（424条1項本文）。必ずしも害することを意図し，または，欲してこれをしたことを要しない（最判昭35・4・26民集14巻6号1046頁）。債務者が詐害の事実を知らないことについて過失があっても詐害行為取消権は成立しない（大判大5・10・21民録22輯2069頁）。

　債務者の詐害意思については，債権者が立証責任を負う（大判明37・12・9民録10輯1578頁）。

3.2.5　受益者の悪意

　受益者に対する詐害行為取消権の行使においては，受益者が，受益の当時，当該行為が債権者を害するものであることを知っていたこと（これを**受益者の悪意**という。）を要する（424条1項ただし書）。

　受益者の悪意は，受益者が自らの善意の立証責任を負う（大判明36・9・21民録9輯970頁など）。

【**受益者に対する詐害行為取消請求**【設例3－1】】

【**請求原因**】

　（1）　Ｘが，Ａに対して，400万円を貸し付けたこと
　（2）　Ａが甲土地をＹに贈与したこと
　（3）　（2）の行為が，（2）の行為の時点においてＸを害するものであること
　（4）　Ａが，（2）の当時，（2）の行為がＸを害するものであることを知っていたこと

（受益者の善意）

【抗弁】
　Yが，（2）の行為の時点においてXを害することを知らなかったこと

3.2.6　転得者に対する詐害行為取消請求

【設例3－9】
① 　Xは，Aに対して400万円の貸金債権を有しているが，Aのもとには唯一の財産として時価500万円の甲土地しかない。それにもかかわらず，Aは，唯一の財産である甲土地をBに贈与した。その後，Bは，甲土地をさらにYに贈与した。この場合に，Xは，いかなる要件のもとで，Yに対して，詐害行為取消権を行使することができるか。
② 　BがCに甲土地を贈与し，CがさらにYに甲土地を贈与した場合はどうか。

【図9】

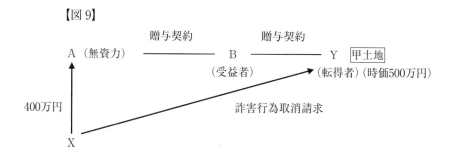

受益者からの転得者に対する詐害行為取消権の行使においては（【設例3－9】①），**受益者について詐害行為取消請求をすることができることに加え，当該転得者がその転得当時，債務者がした行為が債権者を害することを知っていたことを要する**（424条の5第1号）。受益者が悪意であることについて転得者が知っていることまでは要しない。

　また，転得者が他の転得者から転得した者である場合には（【設例3－9】②），**受益者について詐害行為取消請求をすることができることに加え，その転得者のほか，その転得者の前に転得したすべての転得者が，それぞれの転得の当時，債務者がした行為が債権者を害することを知っていたことを要する**（同条2号）。

　転得者の悪意および自己に至るまでのすべての転得者の悪意については，取消

権者側が主張立証責任を負う（大判明 37・12・7 民録 10 輯 1578 頁，最判昭 37・3・6 民集 16 巻 3 号 436 頁は変更）。

【X の Y に対する詐害行為取消権としての法律行為取消請求】

【設例 3 － 9】①
【請求原因】
（1）　X が，A に対し，400 万円を貸し付けたこと
（2）　A が，B に対し，甲土地を贈与したこと
（3）　（2）の行為が，（2）の行為の時点において X を害するものであること
（4）　A が，受益の当時，（3）について知っていたこと
（5）　B が，Y に甲土地を贈与したこと
（6）　Y が，（5）の行為の時点において，（2）の A の行為が X を害することを知っていたこと

（受益者の善意）
【抗弁】
　B が，（2）の行為の時点において，X を害することを知らなかったこと

【設例 3 － 9】②
【請求原因】
（1）　X が，A に対し，400 万円を貸し付けたこと
（2）　A が，B に対し，甲土地を贈与したこと
（3）　（2）の行為が，（2）の行為の時点において X を害するものであること
（4）　A が，受益の当時，（3）について知っていたこと
（5）　B が，C に対し，甲土地を贈与したこと
（6）　C が，（5）の行為の時点において，（2）の A の行為が X を害することを知っていたこと
（7）　C が，Y に対し，甲土地を贈与したこと
（8）　Y が，（7）の行為の時点において，（2）の A の行為が X を害することを知っていたこと

（受益者の善意）

> 【抗弁】
> 　Bが，（2）の行為の時点において，Xを害することを知らなかったこと

3.3　詐害行為取消権の行使

3.3.1　現物の返還または価額の償還請求

（1）受益者に対する請求

　判例は，詐害行為取消権を，債務者の詐害行為を取り消し，かつ，逸出した財産の取戻しを請求する制度であるとする（折衷説。大連判明44・3・24民録17輯117頁）。逸出財産の返還方法については，**現物返還を原則とし**（最判昭54・1・25民集33巻1号12頁），**現物の返還をすることが困難であるときは，その価額の償還を請求することができる**（424条の6第1項）。

　判例は，価額償還における価額算定基準時は，原則として，**取消訴訟の事実審口頭弁論終結時**であるとする（最判昭50・12・1民集29巻11号1847頁）。

【参考判例】最判昭54・1・25民集33巻1号12頁
　「詐害行為取消権の制度は，詐害行為により逸出した財産を取り戻して債務者の一般財産を原状に回復させようとするものであるから，逸出した財産自体の回復が可能である場合には，できるだけこれを認めるべきである…。それ故，原審の確定した右事実関係のもとにおいて，逸出した財産自体の回復が可能であるとして，本件土地全部についての譲渡担保契約を取り消して右土地自体の回復を肯認した原審の判断は，正当として是認することができる。」

（2）転得者に対する請求

　転得者に対する詐害行為取消請求において，債権者は，債務者がした行為の取消しとともに，転得者が転得した財産の返還を請求することができ，転得者がその財産の返還をすることが困難であるときは，債権者は，その価額の償還を請求することができる（424条の6第2項）。

3.3.2　詐害行為取消権の行使方法

（1）裁判上の行使

　詐害行為取消権は，債権者代位権と異なり，**裁判上で行使しなければならない**

（424条・424条の5）。反訴で行使することはできるが（最判昭40・3・26民集19巻2号508頁），抗弁によって行使することはできない（最判昭39・6・12民集18巻5号764頁）。

（2）行使の相手方

受益者に対する詐害行為取消訴訟では，受益者が，転得者に対する詐害行為取消訴訟では，転得者が被告となる（424条の7第1項）。債務者を被告とする必要はない（大連判明44・3・24民録17輯117頁）。

（3）債務者に対する訴訟告知義務

債権者は，詐害行為取消請求にかかる訴えを提起したときは，遅滞なく，債務者に対し，**訴訟告知**をしなければならない（424条の7第2項）。詐害行為取消訴訟を認容する確定判決は，債務者にも効力が及ぶからである（425条参照）。

3.3.3　詐害行為の取消しの範囲

詐害行為の目的が**可分であるときは，債権額に相当する部分だけを取り消すことができる**（424条の8第1項。大判明36・12・7民録9輯1339頁）。

詐害行為の目的が**不可分であるときは，詐害行為全体を取り消すことができる**が（最判昭30・10・11民集9巻11号1626頁），現物返還が困難であり，価額償還が請求されるときは，被保全債権額の限度においてのみ，取消しを請求することができる（同条2項）。

取消しの範囲という点で，注意すべきなのは，債務者の財産が常に債務者の責任財産を構成するわけではないということである。詐害行為取消権は，債務者の責任財産を保全するための制度であるから，債務者の責任財産ではない財産は，詐害行為取消権行使の対象とはならない。

【設例3−10】
　Xは，Aに対して，5000万円の貸金債権を有している。Aは，自己（＝A）所有の甲土地（時価1億円）にYのために7000万円の貸金債権を担保する抵当権を設定した。Aは，債務超過の状態にあるにもかかわらず，甲土地を代物弁済としてYに譲渡し，その結果，抵当権の登記が抹消された。この場合において，424条の3の要件をみたすとき，Xは，詐害行為として代物弁済全体を取り消すことができるか。

【図 10】

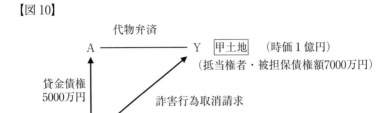

【設例 3 - 10】では，甲土地に Y の 7000 万円の貸金債権を担保するために抵当権が設定されている。抵当権が実行された場合，Y は，甲土地の交換価値 1 億円から他の債権者に優先して自己の貸金債権 7000 万円を回収することができる。そのため，甲土地の交換価値のうち，7000 万円は，債権者の共同担保，すなわち，責任財産を構成しない。言い換えると，甲土地の交換価値のうち，責任財産を構成するのは，甲土地の 1 億円の交換価値から Y の債権額 7000 万円を控除した 3000 万円であるということになる（最大判昭 36・7・19 民集 15 巻 7 号 1875 頁，最判平 4・2・27 民集 46 巻 2 号 112 頁など）。

【参考判例】 最大判昭 36・7・19 民集 15 巻 7 号 1875 頁
　「債権者取消権は債権者の共同担保を保全するため，債務者の一般財産減少行為を取り消し，これを返還させることを目的とするものであるから，右の取消は債務者の詐害行為により減少された財産の範囲にとどまるべきものと解すべきである。したがって，前記事実関係によれば本件においてもその取消は，前記家屋の価格から前記抵当債権額を控除した残額の部分に限って許されるものと解するを相当とする。そして，詐害行為の一部取消の場合において，その目的物が本件の如く一棟の家屋の代物弁済であって不可分のものと認められる場合にあっては，債権者は一部取消の限度において，その価格の賠償を請求する外はないものといわなければならない。」

【参考判例】 最判平 4・2・27 民集 46 巻 2 号 112 頁
　「共同抵当の目的とされた数個の不動産の全部又は一部の売買契約が詐害行為に該当する場合において，当該詐害行為の後に弁済によって右抵当権が消滅したときは，売買の目的とされた不動産の価額から右不動産が負担すべき右抵当権の

<u>被担保債権の額を控除した残額の限度で右売買契約を取り消し，その価格による賠償を命ずるべき</u>であり，一部の不動産自体の回復を認めるべきものではない（略）。

そして，この場合において，詐害行為の目的不動産の価額から控除すべき右不動産が負担すべき右抵当権の被担保債権の額は，民法392条の趣旨に照らし，共同抵当の目的とされた各不動産の価額に応じて抵当権の被担保債権額を案分した額（以下「割り付け額」という。）によると解するのが相当である。」

【昭和36年判決と昭和54年との関係】

最大判昭36・7・19民集15巻7号1875頁は，一部取消しとして価額賠償を認めた。他方，最判昭54・1・25民集33巻1号12頁は，現物返還請求を肯定した。

両事案は，詐害行為の目的となった財産の一部のみが共同担保を形成し，かつ，目的物が不可分である点で共通する。そこで，これらの判決の関係をどのように理解するかが問題となる。

昭和36年判決では，取消しの目的物が不可分であるが，全体の取消しを認めると，抵当権者は，抵当権が実行された場合よりも不利な地位に置かれる。そのため，一部取消しによる価額賠償が認められたと解すべきであろう（昭和54年判決は，XがAに500万円の求償債権を有しているところ，Aが，Bに対する債権を担保するため抵当権を設定していた土地をYに譲渡担保として譲渡した事案である。）。

3.3.4　債権者への支払または引渡し

債権者は，受益者または転得者に対して財産の返還を請求する場合において，その返還の請求が金銭の支払または動産の引渡しを求めるものであるときは，受益者に対して，その支払または引渡しを，転得者に対して，その引渡しを，**自己に対してすることを求めることができる**（424条の9第1項前段・2項。最判昭39・1・23民集18巻1号76頁）。

この場合に，受益者または転得者は，債権者に対して，その支払または引渡しをしたときは，債務者に対して，その支払または引渡しをすることを要しない（同条1項後段・2項）。

受益者または転得者に対する詐害行為取消訴訟において，取消債権者への金銭の支払または動産の引渡しを命じる判決が確定したときは，判決の効力は，債務

者にも及ぶから（425 条），債務者も，金銭の支払請求権または動産の引渡請求権を有する。その結果，債務者が受益者または転得者から金銭の支払または動産の引渡しを受けたときは，これによって取消債権者の直接請求権も消滅する。

3.4　詐害行為取消権の行使の効果

3.4.1　認容判決の効力が及ぶ範囲
詐害行為取消請求を認容する**確定判決は，被告とされた受益者（または転得者）のほか，債務者およびそのすべての債権者に対してもその効力を有する**（425 条）。

これに対して，受益者が被告とされた場合には，取消しの効果は，転得者には及ばない。また，転得者が被告とされた場合には，取消しの効果は，この者からさらに転得をした者のみならず，受益者のほか，被告とされた転得者の前者（中間転得者）にも及ばない。

3.4.2　詐害行為取消権行使後の清算
（1）事実上の優先弁済

引渡しの対象が動産または金銭の場合には，上記のように，債権者は，自己への引渡しを請求できる（424 条の 9）。

金銭の場合には，債権者には相殺による**事実上の優先弁済**が認められる（事実上の優先弁済については，2.4.1 を参照。）。判例は，取消債権者が金銭の引渡しを受けた場合に，他の一般債権者による分配請求を否定している（最判昭 46・11・19 民集 25 巻 8 号 1321 頁）。

（2）債務者と受益者との関係
（a）債務者の受けた反対給付に関する受益者の権利

債務者がした財産の処分に関する行為（債務の消滅に関する行為を除く。）が取り消されたときは，受益者は，債務者に対し，その財産を取得するためにした反対給付の返還を請求することができる（425 条の 2 前段）。債務者がその反対給付の返還をすることが困難であるときは，受益者は，その価額の償還を請求することができる（同条後段）[4]。

---

[4] 受益者の債務者に対する価額償還請求権は，受益者が，詐害行為により逸出した財産または

【図 11】

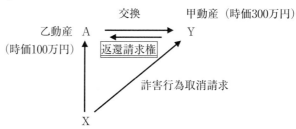

　たとえば，AY 間で甲・乙動産の交換（A → Y 甲動産引渡し，Y → A 乙動産
引渡し）が行われ，それが詐害行為として取り消された場合に，Y が X に甲動
産を引き渡したときは，Y は，A に対し，引き渡した乙動産の返還を請求する
ことができる（【図 11】参照）。

（b）受益者の債権の復活

　債務者がした債務の消滅に関する行為が取り消された場合において，受益者が
債務者から受けた給付を返還し，またはその価額を償還したときは，受益者の債
務者に対する債権は，これによって原状に復する（425 条の 3。大判昭 16・2・
10 民集 20 巻 79 頁）。

【図 12】

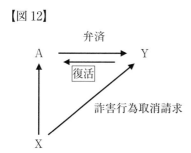

　たとえば，A が Y にした弁済が詐害行為として取り消された場合，Y の A に
対する債権は原状に復する（【図 12】参照）。

その価額を取消債権者または債務者に対して返還することが先履行となることを前提としてい
ることから，受益者が，債務者に対する価額償還請求権に基づき，債務者に対する財産または
価額の返還を拒絶することはできない。

（3）債務者と転得者との関係

（a）債務の消滅以外の行為の取消し

　債務者がした行為が転得者に対する詐害行為取消請求によって取り消され，転得者が前者から取得した財産を返還し，または，その価額を償還した場合において，その行為が債務の消滅に関する行為でないときは，その転得者は，受益者が当該財産を返還し，またはその価額を償還したとすれば，債務者に対して行使できた権利（反対給付の返還請求権またはその価額の償還請求権）を行使することができる（425条の4第1号）。

　もっとも，この場合の権利行使は，その転得者がその前者から財産を取得することによって消滅した債権の価額が限度となる（同条柱書ただし書）。

【図13】

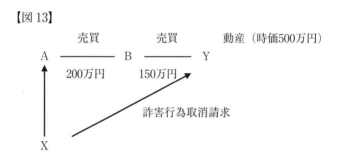

　たとえば，時価500万円の動産をAがBに200万円で売却し，BがYに150万円で売却し，AB間の売買が詐害行為として取り消された場合，Bに対して詐害行為取消権が行使されたならば，Bは，Aに対して，200万円の返還を請求することができた。そのため，Yは，このBのAに対する200万円の返還請求権を，自己（＝Y）がBに支払った150万円の限度で行使することができる。

（b）債務の消滅行為の取消し

　債務者がした行為が転得者に対する詐害行為取消請求によって取り消され，転得者が前者から取得した財産を返還し，または，その価額を償還した場合において，その行為が債務の消滅に関する行為であるときは，その転得者は，受益者が当該財産を返還し，またはその価額を償還したとすれば回復したであろう債務者に対する債権を行使することができる（425条の4第2号）。

　もっとも，この場合の権利行使は，その転得者がその前者から財産を取得する

ためにした反対給付またはその前者から財産を取得することによって消滅した債権の価額が限度となる（同条柱書ただし書）。

【図 14】

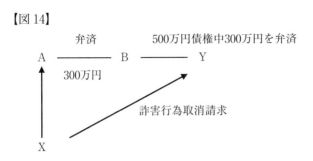

　たとえば，BのAに対する300万円の金銭債権をAが弁済し，Bがその300万円でBのYに対する500万円の金銭債権を一部弁済した場合に，Aの債権者XがYを相手としてAのBに対する弁済を詐害行為として取り消すことを裁判所に請求し，これが認められ，YがXに300万円を支払ったとする。この場合，Bに詐害行為取消権が行使された場合，BのAに対する債権が原状に復していた。そのため，Yは，この原状に復した300万円の債権を行使することができる。

3.5　詐害行為取消権の消滅

　詐害行為取消請求にかかる訴えは，債務者が債権者を害することを知って行為をしたことを債権者が知った時から2年を経過したときは，提起することができない（出訴期間）（426条前段。最判昭47・4・13判時669号63頁）。時効の完成猶予および更新に関する規定は適用されない。

　行為の時から10年を経過したときも，同様である（出訴期間）（同条後段）。

第2編　人的な債権担保 —— 人的担保

1　債権担保の必要性

【到達目標】
○債権担保がなぜ必要か，また，債権担保の方法として，どのような方法が
　あるかを説明することができる。

1.1　債権者平等の原則

　債権担保とは，**債権の履行を確保すること**，あるいは，そのための手段のこと
をいう。
　第1編で述べたが，債務者が金銭債務を履行しない場合，債権者は，債務者に
対する強制執行によって，その債権を回収する。

【設例1－1】
　A，B，Cは，Dに対して，それぞれ100万円，50万円，50万円の金銭債
権を有している。もっとも，Dの財産に強制執行をしてそれを換価しても
150万円にしかならない。この場合，A，B，Cは，それぞれいくらの配当
を受けることができるか。

【図1】

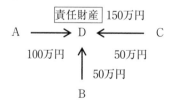

　【設例1－1】では，Dの責任財産は，債権者のすべての債権を弁済するに足
りない。このような場合，債権者は，**強制執行手続において，債権の発生原因や
債権の発生時期に関係なく，債権額に応じて平等に債権の満足を受ける**。これを
債権者平等の原則という。
　A，B，Cは，強制執行において，それぞれ75万円，37万5000円，37万

5000円の配当を受ける。もっとも，反対に言えば，A，B，Cは，それだけしか債権を回収できず，債権全額を回収することはできない。

　このような場合に備えて，**債権の回収を確実にするための手段**が担保である。つまり，担保とは，債権者平等の原則から生ずる債権者の不利益から債権者を保護するためのものであるということができる。

1.2　人的担保と物的担保

【図2】

　担保には，債務者が債務の弁済をしないときに債務者以外の者から支払を受けることによって，債権の回収を確保する**人的担保**と，債務者あるいは債務者以外の者が所有する物や物の価値から債権の回収を確保する**物的担保**がある。前者の例は，保証であり，後者の例は，担保物権である

　以下では，人的担保である保証について見ていくことにする。

2　保証債務

2.1　意　義

【図1】

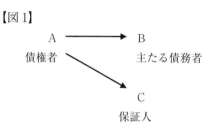

　保証債務とは，**債務者**（保証によって担保される債権を**被担保債権**といい，保証人から見て，被担保債権の債務者を**主たる債務者**あるいは**主債務者**という。）**が債務を履行しない場合に，保証人がこれに代わってその履行の責任を負う債務**をいう（446条1項）（【図1】参照）。たとえば，BがAから借金をし，Cがその保証人となった場合には，Bが借金の返済をしないとき，保証人であるCが主債務者Bに代わってその返済をしなければならない。

　保証債務は，主たる債務と同一の内容を有する従たる債務であって，主たる債務を担保する作用をなす。

2.2　保証債務の成立

2.2.1　保証契約の要式性

　保証契約は，保証人と債権者との間の契約で成立する。ただし，書面でしなければその効力を生じない（446条2項）。保証契約が安易に締結され，保証人が後日過大な負担に苦しめられるのを防止するためである。保証契約がその内容を記録した電磁的記録によってされたときは，その保証契約は，書面によってされたものとみなされる（同条3項）。

> **【保証契約に基づく保証債務履行請求】**
>
> **【請求原因】**
> 　（1）　主債務の発生原因
> 　（2）　債権者と保証人との間で保証契約が締結されたこと
> 　（3）　（2）が書面または電磁的記録によってなされたこと

2.2.2　保証委託契約

主たる債務者は，保証契約と直接関係はない。主たる債務者と保証人との間に保証委託契約（保証人に保証契約の締結を委託する契約）があるか否か，また，それが有効であるか否かは，保証契約の成立や効力には関係がない。また，保証委託契約が締結されただけでは，保証契約は成立しない。

2.2.3　保証人の資格

保証人の資格には，原則として制限はない。もっとも，債務者が保証人を立てる義務を負う場合には，その保証人は，行為能力者であり，弁済をする資力を有する者でなければならない（450条1項）。この場合において，保証人が弁済をする資力を欠くに至ったときは，債権者は，上記の要件を具備する者をもってこれに代えることを請求することができる（同条2項）。なお，債権者が保証人を指名した場合には，上記の要件は適用されない（同条3項）。

債務者は，上記の要件を具備する保証人を立てることができないときは，他の担保を供してこれに代えることができる（451条）。

2.3　保証債務の性質

2.3.1　別個債務性

保証債務は，主たる債務と別個の独立した債務である。これを**保証債務の別個債務性**という。それゆえ，保証人は，その保証債務についてのみ，違約金または損害賠償の額を約定することができる（447条2項）。

2.3.2　内容の同一性

保証債務は，原則として主たる債務と同一内容の給付を目的とする債務である。そのため，主たる債務の履行期が延期されると，その効力は，保証債務にも

及ぶ（大判大 9・3・24 民録 26 輯 392 頁）。

　保証債務は，主たる債務に関する利息，違約金，損害賠償その他その債務に従たるすべてのものを包含する（447 条 1 項）。

　もっとも，保証の内容は，保証契約で定まるのであり，主たる債務の内容から一義的に定まるものではない。たとえば，主たる債務が特定物の給付債務である場合のように，不代替的給付を内容とする場合には，保証債務は，主たる債務の不履行を理由とする損害賠償債務を保証したものとされる（大決大 13・1・30 民集 3 巻 53 頁）。

2.3.3　付 従 性

　保証債務は，主たる債務の履行を確保するためのものであるから，主たる債務の成立，消滅などに従う。これを**保証債務の付従性**という。

（1）成立面での付従性

　保証債務は，主たる債務が存在しなければ成立しない。もっとも，将来発生する債務や条件付債務の保証契約は有効に成立する。また，根保証のように，主たる債務が不特定の債務であっても，保証契約は有効に成立する（根保証については，後述参照。）。

（2）消滅面での付従性

　主たる債務が弁済などによって消滅した場合には，保証債務も消滅する。

（3）内容面での付従性

　保証人の負担が債務の目的または態様において主たる債務より重いときは，保証債務は，主たる債務の限度に減縮される（448 条 1 項）。

　主たる債務の目的または態様が保証契約の締結後に軽減されたときは，保証人の負担も，それに応じて軽減される。これに対して，主たる債務の目的または態様が保証契約の締結後に加重されたときであっても，保証人の負担は加重されない（同条 2 項）。

（4）付従性に基づく保証人の抗弁

　保証人は，主たる債務者が主張することができる抗弁をもって債権者に対抗することができる（457 条 2 項）。たとえば，主たる債務者が債権者に対して，同時履行の抗弁権（533 条）を主張できる場合に，債権者が保証人に保証債務の履

行を求めてきたときは，保証人も，同時履行の抗弁権を主張することができる。また，主たる債務が時効によって消滅した場合には，保証人は，主たる債務が時効で消滅したことを主張することができる。なお，主たる債務者に対する履行の請求その他の事由による時効の完成猶予および更新は，保証人に対しても，その効力を生ずる（457条1項）。

　主たる債務者が債権者に対して相殺権，取消権または解除権を有するときは，これらの権利の行使によって主たる債務者がその債務を免れるべき限度において，保証人は，債権者に対して，債務の履行を拒むことができる（同条3項）。

2.3.4　随　伴　性

　主たる債権が譲渡された場合，保証債務履行請求権も，主たる債権と同時に主たる債権の譲受人に移転する。これを**保証債務の随伴性**という。

2.3.5　補　充　性

　保証人は，主たる債務の履行がない場合に，履行の責任を負う。これを**保証債務の補充性**という。保証債務には補充性があるため，保証人には以下の抗弁権が与えられる。

（1）催告の抗弁

　債権者が債務者に請求しないでいきなり保証人に債務の履行を請求してきたときは，保証人は，まず主たる債務者に請求せよと主張することができる（452条本文）。これを**催告の抗弁**という。もっとも，主たる債務者が破産手続開始の決定を受けたとき，またはその行方が知れないときは，催告の抗弁は認められない（同条ただし書）。

　保証人の請求があったにもかかわらず，債権者が催告をすることを怠ったために，主たる債務者から全部の弁済を得られなかったときは，保証人は，債権者がただちに催告をすれば弁済を得ることができた限度において，その義務を免れる（455条）。

（2）検索の抗弁

　保証人が主たる債務者に弁済の資力があり，かつ，その執行の容易なことを証明したときは，債権者は，まず主たる債務者の財産について執行をしなければならない（453条）。これを**検索の抗弁**という。

保証人の証明があったにもかかわらず，債権者が執行をすることを怠ったために，主たる債務者から全部の弁済を得られなかったときは，保証人は，債権者がただちに執行をすれば弁済を得ることができた限度において，その義務を免れる（455条）。

2.4　保証人について生じた事由

保証人に生じた事由は，弁済その他債務を消滅させるものを除いて，原則として，主たる債務者に影響を及ぼさない（連帯保証については例外がある〔458条〕。）。たとえば，保証債務について時効が更新されたり，完成が猶予されたりしても，主たる債務者との関係では，何らの影響もない。その結果，主たる債務が時効で消滅すれば，保証人は，主たる債務の時効を援用して，保証債務の履行を免れることができる。

2.5　保証人に対する債権者の情報提供義務・通知義務

保証人が主たる債務者の委託を受けて保証をした場合において，保証人の請求があったときは，債権者は，保証人に対して，遅滞なく，主たる債務の元本および主たる債務に関する利息，違約金，損害賠償その他その債務に従たるすべてのものについての不履行の有無ならびにこれらの残額およびそのうち弁済期が到来しているものの額に関する情報を提供しなければならない（458条の2）。

保証人が法人である場合を除き（458条の3第3項），主たる債務者が期限の利益を有する場合において，その利益を喪失したときは，債権者は，保証人に対して，その利益の喪失を知った時から2か月以内に，その旨を通知しなければならない（同条1項）。その期間内に通知をしなかったときは，債権者は，保証人に対して，主たる債務者が期限の利益を喪失した時から通知を現にするまでに生じた遅延損害金（期限の利益を喪失しなかったとしても生ずべきものを除く。）にかかる保証債務の履行を請求することができない（同条2項）。

2.6 求償権

2.6.1 委託を受けた保証人の求償権
【図2】

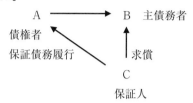

　保証人が主たる債務者の委託を受けて保証をした場合において，主たる債務者に代わって弁済その他自己の財産をもって債務を消滅させる行為（債務の消滅行為）をしたときは，その保証人は，主たる債務者に対して，そのために支出した財産の額（その財産の額がその債務の消滅行為によって消滅した主たる債務の額を超える場合にあっては，その消滅した額）の**求償権**を有する（459条1項）[1]。

　なお，事後求償権の発生根拠は，委託に基づく保証では，委任契約である。つまり，委託を受けた保証人の事後求償権は，委任契約に基づく費用償還請求権（650条）の特則である。

【保証委託契約に基づく事後求償権の行使】

【請求原因】
　（1）　主たる債務の発生原因事実
　（2）　債権者と保証人との間で保証契約が締結されたこと
　（3）　（2）が書面または電磁的記録によってなされたこと
　（4）　保証契約について主債務者から委託があったこと
　（5）　保証人が保証債務を履行したこと

---

[1] 主たる債務者から委託を受けた保証人が，弁済その他自己の出捐をもって主たる債務を消滅させるべき行為（以下，「免責行為」という。）をしたことにより，459条1項により主たる債務者に対して取得する事後求償権は，免責行為をしたときに発生し，かつ，その行使が可能となるものであるから，その消滅時効は，委託を受けた保証人が免責行為をした時から進行する（最判昭60・2・12民集39巻1号89頁）。

2.6.2　委託を受けた保証人が弁済期前に弁済等をした場合の求償権

保証人が主たる債務の弁済期前に保証債務を弁済することは妨げられない。

しかし，この場合には，主たる債務者の期限の利益を害することができない。そこで，この場合には，保証人は，①主たる債務の弁済期以後で（459 条の 2 第 3 項。大判大 3・6・15 民録 20 輯 476 頁），②主たる債務者がその当時利益を受けた限度において（同条 1 項前段），かつ，主たる債務の弁済期以後の法定利息およびその弁済期以後に債務の消滅行為をしたとしても避けることができなかった費用その他の損害の賠償しか求償をすることができない（同条 2 項）。

この場合において，主たる債務者が債務の消滅行為の日以前に相殺の原因を有していたことを主張するときは，保証人は，債権者に対し，その相殺によって消滅すべきであった債務の履行を請求することができる（同条 1 項後段）。主債務者が，保証人の弁済前に，債権者に対して反対債権を取得していた場合，主債務者は，保証人からの求償に対して，相殺によって主債務が消滅していたはずの範囲で求償を拒むことができ，他方，主債務者が債権者に対して有していた反対債権は，保証人に移転する。その結果，保証人は，その反対債権の履行を債権者に対して請求することができる。

2.6.3　委託を受けた保証人の事前求償権

保証人は，主たる債務者の委託を受けて保証をした場合において，次のときは，主たる債務者に対して，あらかじめ求償権を行使することができる（460 条）。

①　主たる債務者が破産手続開始の決定を受け，かつ，債権者がその破産財団の配当に加入しない場合

②　債務が弁済期にある場合（ただし，保証契約の後に債権者が主たる債務者に許与した期限は，保証人に対抗することができない。）

③　保証人が過失なく債権者に弁済をすべき旨の裁判の言渡しを受けた場合

もっとも，主たる債務者が保証人に対して償還をする場合において，債権者が全部の弁済を受けない間は，主たる債務者は，保証人に担保を供させ，または保証人に対して自己に免責を得させることを請求することができる（461 条）。

【保証委託契約に基づく事前求償権の行使】

【請求原因】
(1) 主たる債務の発生原因
(2) 債権者と保証人との間で保証契約が締結されたこと
(3) (2)が書面または電磁的記録によってなされたこと
(4) (2)につき主債務者から委託があったこと
(5) 下記のいずれかの事由があること
　① 主債務者が破産手続開始の決定を受け，かつ，債権者がその破産財団の配当に加入しないこと
　② (1)の債務が弁済期にあること
　③ 保証人が過失なく債権者に弁済をすべき旨の裁判の言渡しを受けたこと

2.6.4 委託を受けない保証人の求償権

(1) 保証が主債務者の意思に反しない場合

主たる債務者は，債務の消滅行為の当時，利益を受けた限度において償還をしなければならない（462条1項・459条の2第1項）。なお，この場合には，主たる債務の弁済期後でなければ，求償権を行使することができない（462条3項・459条の2第3項）。

(2) 保証が主債務者の意思に反する場合

主たる債務者の意思に反して保証をした者は，主たる債務者が現に利益を受けている限度においてのみ求償権を有する（462条2項前段）。この場合において，主たる債務者が求償の日以前に相殺の原因を有していたことを主張するときは，保証人は，債権者に対して，その相殺によって消滅すべきであった債務の履行を請求することができる（同項後段）。なお，この場合にも，主たる債務の弁済期後でなければ，求償権を行使することができない（同条3項・459条の2第3項）。

【事務管理に基づく費用償還請求】

【請求原因】
(1) 主たる債務の発生原因
(2) 債権者と保証人との間で保証契約が締結されたこと
(3) (2)が書面または電磁的記録によってなされたこと

（4）　保証人が弁済期前に保証債務を履行したこと
（5）　（保証が主債務者の意思に反しない場合）主債務者が（4）の当時利
　　　益を受けたこと，およびその額
または
（保証が主債務者の意思に反する場合）主債務者が保証人の求償時点にお
　　いて利益を受けていること，およびその額
（6）　求償権の行使が（1）の主債務の弁済期後であること

2.6.5　求償権の制限

（1）事前・事後通知義務

　保証人が弁済など債務消滅行為をした場合であっても，主たる債務者が弁済などをすることがある。また，主たる債務者が債権者に対して，何らかの抗弁を有する場合がある。このような場合に，弁済行為などをした，または債権者に対して権利主張の機会を有していた主たる債務者を保護する必要がある。

　そこで，民法は，保証人に対して，主たる債務者に対し，事前・事後に通知をする義務を課している。

（2）保証人の事前通知の懈怠

　保証人が主たる債務者の委託を受けて保証をした場合において，主たる債務者にあらかじめ通知しないで債務の消滅行為をしたときは，主たる債務者は，債権者に対抗することができた事由（たとえば，相殺，同時履行の抗弁権，消滅時効の完成など）をもってその保証人に対抗することができる（463条1項前段）。

　この場合において，相殺をもってその保証人に対抗したときは，その保証人は，債権者に対して，相殺によって消滅すべきであった債務の履行を請求することができる（同項後段）。このとき，主債務者が債権者に対して有していた反対債権は，相殺に供された範囲で保証人に移転する。その結果，保証人は，その反対債権の履行を債権者に対して請求することができる。

【求償権の行使に対して】

（463条1項前段）
【抗弁】
　主債務者が債権者に対して対抗できる事由を有していたこと

（事前通知）
【再抗弁】
　保証人が事前通知をしたこと

（3）保証人の事後通知の懈怠
　保証人が債務の消滅行為をした後に主たる債務者が債務の消滅行為をした場合においては，保証人が主たる債務者の意思に反して保証をしたときのほか，保証人が債務の消滅行為をしたことを主たる債務者に通知することを怠ったため，主たる債務者が善意で債務の消滅行為をしたときは，主たる債務者は，その債務の消滅行為を有効であったものとみなすことができる（463条3項）。保証が主たる債務者の意思に反する場合において，保証人が債務の消滅行為をしたにもかかわらず，主たる債務者が求償の時までに債務の消滅行為をしたときは，主たる債務者は，自己の債務の消滅行為を有効であったものとみなすことができる。

【求償権の行使に対して】

（463条3項）
【抗弁】
　（1）　保証人の保証債務履行後に主債務者が債務の消滅行為をしたこと
　（2）　本件保証が債務者の意思に反するものであること
　または
　（2）′ 主債務者が，（1）の当時，善意で債務の消滅行為をしたこと
　（3）　主債務者が自己の債務の消滅行為を有効とみなす旨の意思表示をしたこと

（事後通知）
【再抗弁】
　保証人が主債務者の債務の消滅行為に先立って事後通知をしたこと

（4）主たる債務者の事後通知の懈怠
　同様のことは，主たる債務者に関してもあてはまる。保証人が主たる債務者の委託を受けて保証をした場合において，主たる債務者が債務の消滅行為をしたことを保証人に通知することを怠ったため，その保証人が善意で債務の消滅行為をしたときは，その保証人は，その債務の消滅行為を有効であったものとみなすこ

とができる（463 条 2 項）。

【求償権の行使に対して】

（債務者の債務の消滅行為）
【抗弁】
　主債務者が，保証人の保証債務の履行に先立ち，債権者に債務の消滅行為
をしたこと

（463 条 2 項）
【再抗弁】
　（1）　保証人が事前通知をしたこと
　（2）　保証人が善意で債務の消滅行為をしたこと
　（3）　保証人が自己の債務の消滅行為を有効とみなす意思表示をしたこと

（事後通知）
【再々抗弁】
　保証人の債務の消滅行為に先立って事後通知をしたこと

2.6.6　主たる債務者が複数人いる場合の保証人の求償権
（1）主たる債務者の 1 人の保証人となった場合
債権者 A，債務者 B，C，D の場合において，E が B の保証人となった場合を
例に考えてみよう。

（a）主たる債務が可分債務である場合
E は，B の負担する債務額についてだけ，保証人として求償することができる。

（b）主たる債務が不可分債務または連帯債務である場合
　連帯債務者または不可分債務者の 1 人のために保証をした者は，他の債務者に
対し，その負担部分のみについて求償権を有する（464 条）。たとえば，B・C・
D が 90 万円の連帯債務を負っており（負担部分各 30 万円とする。），E が B の
委託を受け，B の保証人となった場合に，E が 90 万円を弁済したとき，E は，
C・D に対して，30 万円ずつ求償をすることができる（B に対しては，90 万円
の求償をすることができる。）。

（2）主たる債務者全員の保証人となった場合

（a）主たる債務が可分債務である場合

　求償権も，各債務者について可分債務となる。上記の例では，B・C・Dは，それぞれ30万円の債務を負担する。Eは，90万円をAに弁済すれば，B・C・Dそれぞれに対して，30万円ずつ求償をすることができる。

（b）主たる債務が不可分債務または連帯債務である場合

　求償権も，不可分債務または連帯債務となる。90万円を弁済したEは，B・C・D各自に対して90万円を求償することができる。

2.7　保証人の代位

　主たる債務者に代わって，保証人が債権者に弁済をした場合には，代位の問題を生ずる。保証人は，主債務者に対する求償権を確保するために，求償権の範囲内において，弁済を受けた債権者の有する権利を代位して行使することができる（499条・501条）。

　弁済者代位のためには，①弁済その他により債権者に満足を与えたこと，②弁済者が債務者に対して求償権を有することが要件となる（499条）。

　なお，第三者弁済を含む，代位一般の問題について詳細は，『請求権から考える民法1』にゆずる。

2.8　特殊な保証

2.8.1　連帯保証

（1）意　義

連帯保証とは，**保証人が主たる債務者と連帯して債務を負担する特約のある保証**をいう。

　保証の一種であるため，付従性は認められるが，補充性は認められない（454条）。そのため，催告の抗弁（452条）および検索の抗弁（453条）が認められない。

　また，通常の保証では，保証人が数人いる場合には，**各保証人は，債権者に対して保証人の数に応じて分割された部分についてのみ債務を負担する**（456条・427条）。これを**分別の利益**という。これに対して，連帯保証の場合には，この分別の利益がなく，連帯保証人が数人いる場合でも，各連帯保証人は，債権者に

対して債務の全額について責任を負わなければならない。

（2）連帯保証の成立

保証契約において，連帯である旨の特約がされた場合に連帯保証が成立する。商法では，主たる債務または保証債務に商事性があるときは，保証は，連帯保証となるとしている（商511条2項）。

（3）連帯保証の効力

（a）対外的効力

連帯保証人の債務も，保証債務の一種であり，付従性が認められる。そのため，主たる債務者に生じた事由は，すべて，連帯保証人に影響を及ぼす。したがって，連帯保証人は，普通の保証人と同様に，債務者が債権者に対して有する抗弁権を主張することもできる（主たる債務者の引換給付の抗弁権について，最判昭40・9・21民集19巻6号1542頁）。

（b）連帯保証人について生じた事由の影響

連帯保証では，連帯債務の絶対的効力事由に関する規定が準用される（458条）。そのため，連帯保証人について生じた事由が，主たる債務者に影響を及ぼすことがある（更改，相殺，混同および弁済など）。なお，連帯債務において，相対的効力事由にすぎないものは，連帯保証においても，主たる債務者に影響を及ぼさない（458条・441条）。連帯保証人が連帯保証債務を承認しても，主たる債務者には影響を及ぼさない。同様に，連帯保証人に対して履行の請求をしたり，免除をしたりしても，原則として，主たる債務者には影響を及ぼさない。

（4）連帯保証人の求償権

連帯保証人の主たる債務者に対する求償関係については，普通の保証の場合と同様である。

2.8.2　共 同 保 証

（1）意　　義

同一の債務について，複数の保証人がいる場合を共同保証という。

共同保証では，各保証人は，分別の利益を有し，保証額を平等に保証人の人数で割った額についてのみ保証債務を負担すればよい（456条・427条）。

共同保証のうち，特約によって分別の利益を排除し，各保証人が債権者に対し

て債務の全額について責任を負うこととするものを**保証連帯**という。保証連帯は，分別の利益がない点で連帯保証と類似するが，保証連帯の場合には，催告の抗弁（452条）や検索の抗弁（453条）が認められる点で，連帯保証とは異なる。

（2）共同保証の成立

　同一の債務について，数人が同時に保証契約を締結することもあり，また，順次に複数の者が保証契約を締結することによって成立することもある（大判大7・2・5民録24輯136頁）。

（3）共同保証人の1人について生じた事由

（a）原　　則

　保証連帯の場合を別として，各保証人について生じた事由は，他の保証人に影響を及ぼさない（共同保証人の1人に対する免除について，最判昭43・11・15民集22巻12号2649頁）。

（b）例外——保証連帯

　保証連帯の場合には，各保証人間に連帯債務またはそれに準じる法律関係が存在する。そのため，1人の共同保証人に関して生じた事由のうち，連帯債務の絶対的効力事由に該当する事由については，他の共同保証人にも影響を及ぼす。

（4）共同保証人の求償権

（a）分別の利益が認められる共同保証

　共同保証人の1人が弁済その他の債務消滅行為をした場合には，主たる債務者に対して（459条・462条），および他の共同保証人に対しても（465条），求償権を取得する。

　共同保証人間の求償では，負担部分を超える額を弁済した保証人は，委託を受けない保証人の求償権に関する規定に従って，その超過額についてだけ，他の共同保証人に求償することができる（465条2項・462条）。

（b）分別の利益が認められない場合

　負担部分を超える額を弁済した保証人は，連帯債務者間の求償に関する規定に従って，求償をすることができる（465条1項・442条ないし444条）。

2.8.3　根 保 証

（1）意　　義

　一定の継続的取引から発生する不特定の債務を担保する保証を根保証（継続的保証）という（465条の2第1項参照）。一口に根保証といっても，いろいろな種類の根保証があり，継続的な融資取引（貸付・手形割引）や売買取引から生じる債務を一括して保証する**信用保証**，雇主が被用者の債務不履行や不法行為によって被るかもしれない損害を雇用契約の当事者以外の者（身元保証人）が担保する**身元保証**などがある。

（2）根保証をめぐる法律の規制

　身元保証では，保証期間が，被用者が雇われている全期間であり，身元保証人は，長期間拘束され，また，被担保債務が無限に広がる可能性が大きい。そこで，身元保証人の責任を制限するために，「身元保証ニ関スル法律」が制定され，保証の期間制限（身元保証1条・2条），保証人の解除権（身元保証4条）および保証人の責任限度（身元保証5条）などが定められた。

　また，信用保証においても，将来の不特定の債務を負担するから，保証人において，将来どの程度の額の保証責任を負うことになるのかを予想することができず，過大な責任を負うことになる。そこで，2004年の民法改正において，保証人の過度な負担を防止するため，保証人の予測可能性を確保するとともに，根保証契約の締結時において保証の要否およびその必要な範囲について慎重な判断を求めるという観点から，貸金等根保証契約についての規定が設けられ，貸金等の根保証契約は，極度額を定めなければ効力を生ぜず，また，保証期間の制限や元本確定事由などが定められた（改正前民法465条の2ないし4）。

　しかし，他人の債務の連帯保証人になったことによって，自己破産したり，自殺にまで追い込まれたりするといった事態が多発し社会問題となった。そこで，2017年民法改正において，貸金等根保証契約について定められたルールが個人根保証一般に適用されることとなり，また，債権者に主たる債務の履行状況に関する情報の提供義務が課された。さらに，事業にかかる債務についての保証契約の特則が設けられた。

（3）個人根保証

　根保証のうち，保証人が法人でないものを個人根保証という（465条の2第1項）。個人根保証のうち，根保証契約において定められた主たる債務に貸金債務

または手形割引にかかる債務が含まれているものを**個人貸金等根保証契約**という（465条の3第1項）。

（a）個人根保証契約

（ア）要式行為

個人根保証契約は，普通保証と同じく，書面で行わなければ効力を生じない（446条2項・3項）。

（イ）極度額

個人根保証契約では，保証の極度額（主債務の元本，利息，違約金および損害賠償その他その債務に従たるすべてのものを含む〔465条の2第1項〕。）を定めなければ，その効力を生じない（同条2項）。また，この極度額の定めは，書面に記載しなければ，その効力を生じない（同条3項）。

（b）個人貸金等根保証契約の元本確定期日

個人貸金等根保証契約の元本確定期日について，以下の規制がある。まず，個人貸金等根保証契約において，主たる債務の元本確定期日の定めがある場合には，その元本確定期日は，当該個人貸金等根保証契約の締結の日から5年以内でなければならない（465条の3第1項）。また，元本確定期日の定めがない場合には，その元本確定期日は，その個人貸金等根保証契約の締結の日から3年を経過した日となる（同条2項）。さらに，元本確定期日を変更する場合には，変更後の元本確定期日が，その変更をした日から5年を経過する日より後の日となるときは，その元本確定期日の変更は，その効力を生じない（同条3項本文）。ただし，元本確定期日の前2か月以内に元本確定期日の変更をする場合には，変更後の元本確定期日が変更前の元本確定期日から5年以内の日となるときは，この限りでない（同項ただし書）。なお，元本確定期日の定めおよびその変更は，書面に記載しなければ，その効力を生じない（同条4項）。

（c）元本確定事由

以下の事由が発生した場合には，元本は確定する。

（ア）個人根保証契約に共通する元本確定事由

個人根保証契約に共通する元本確定事由としては，以下の事由がある（465条の4第1項）。

① 債権者が，保証人の財産について，金銭の支払を目的とする債権についての強制執行または担保権の実行を申し立てたとき。ただし，強制執行または担保権の実行の手続の開始があったときに限る。
② 保証人が破産手続開始の決定を受けたとき。
③ 主たる債務者または保証人が死亡したとき。

（イ）個人貸金等根保証契約に特有の元本確定事由
　個人貸金等根保証契約に特有の元本確定事由としては，以下の事由がある（465条の4第2項）。

① 債権者が，主たる債務者の財産について，金銭の支払を目的とする債権についての強制執行または担保権の実行を申し立てたとき。ただし，強制執行または担保権の実行の手続の開始があったときに限る。
② 主たる債務者が破産手続開始の決定を受けたとき。

（ｄ）保証人が法人である根保証契約の求償権
　保証人が法人である根保証契約において，極度額の定めがないときは，その根保証契約の保証人の主たる債務者に対する求償権にかかる債務を主たる債務とする個人保証契約（465条の5第3項参照）は，その効力を生じない（同条1項）。
　保証人が法人である根保証契約であって，その主たる債務の範囲に貸金等債務が含まれるもの（法人貸金等根保証契約）において，元本確定期日の定めがないとき，または元本確定期日の定めもしくはその変更が465条の3第1項もしくは第3項の規定を適用するとすればその効力を生じないものであるときは，その根保証契約の保証人の主たる債務者に対する求償権にかかる債務を主たる債務とする個人保証契約（根保証契約を含む。）は，その効力を生じない（465条の5第2項）。

2.8.4　事業にかかる債務についての保証契約の特則
（１）保証意思宣明公正証書の作成義務
　事業のために負担した貸金等債務を主たる債務とする保証契約または主たる債務の範囲に事業のために負担する貸金等債務が含まれる根保証契約は，その契約の締結に先立ち，その締結の日前1か月以内に作成された公正証書で保証人にな

ろうとする者が保証債務を履行する意思を表示していなければ，その効力を生じない（465条の6・465条の7）。

　事業のために負担した貸金等債務を主たる債務とする保証契約または主たる債務の範囲に事業のために負担する貸金等債務が含まれる根保証契約の保証人の主たる債務者に対する求償権を担保する個人保証契約（根保証契約を含む。）についても，同様である（465条の8）。

　なお，保証人になろうとする者が，465条の9第1号ないし第3号に掲げる者である保証契約については，公正証書の作成を要しない（465条の9）。

（2）契約締結時の情報提供義務

　主たる債務者は，事業のために負担する債務を主たる債務とする保証または主たる債務の範囲に事業のために負担する債務が含まれる根保証の委託をするときは，委託を受ける者に対し，次に掲げる事項に関する情報を提供しなければならない（465条の10第1項）。

① 　財産および収支の状況
② 　主たる債務以外に負担している債務の有無，その額，履行状況
③ 　主たる債務の担保として他に提供し，または提供しようとするものがあるときは，その旨およびその内容

　主たる債務者が上記に掲げる事項に関して情報を提供せず，または事実と異なる情報を提供したために委託を受けた者がその事項について誤認をし，それによって保証契約の申込みまたはその承諾の意思表示をした場合において，主たる債務者がその事項に関して情報を提供せず，または事実と異なる情報を提供したことを債権者が知り，または知ることができたときは，保証人は，保証契約を取り消すことができる（同条2項）。

　なお，保証人が法人である場合には，右の情報提供義務および取消権は認められない（同条3項）。

3　債権譲渡・債務引受・契約上の地位の移転

法的意味においては，担保ではないが，事実上，債権担保の効力を有するものがある。そこで，以下では，そのような効力を有する制度のうち，債権譲渡，債務引受，連帯債務，不可分債務などについて説明していくこととする。なお，相殺や代物弁済なども，事実上債権担保の効力を有するが，それらについては，別巻において論ずることとする。

3.1　債権譲渡

【到達目標】
○債権の譲渡とは，どのような制度であり，どのような場合に債権譲渡が行われるかを説明することができる。
○債権の譲渡可能性および譲渡制限特約がなされた場合における債権譲渡の効力について，説明することができる。
○債権譲渡の対抗要件の構造および対抗要件をめぐる問題について，具体例を挙げて説明することができる。

3.1.1　意　　義
【図1】

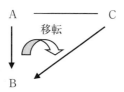

債権譲渡契約

債権譲渡とは，債権の同一性を保ったまま，第三者に債権を移転することをいう。たとえば，AがBに対して有している債権を，A（債権を譲り渡す者を **譲渡人**という。）とC（債権を譲り受ける者を **譲受人**という。）との合意（債権譲渡を目的とする行為を**債権譲渡行為**という。）で，Cに移転することができる。債権の譲受人が取得する債権は，譲渡人が有する債権そのものであり，その債権は，従来の債権とその内容において同一であるだけでなく，その原因においても

同一である。たとえば，消費貸借によって発生した債権が譲渡されても，譲渡された債権は，依然として消費貸借上の債権である。譲渡された債権が原債権である点において，債権者の交替による更改とは異なる。

3.1.2　債権譲渡契約

（1）債権譲渡契約

債権譲渡契約とは，**債権の譲渡を目的とする契約**をいう。債権譲渡契約は，債権そのものを譲渡する契約であるがゆえに，処分行為である。債権譲渡契約は，その原因行為（たとえば，債権の売買など）とは区別される（物権行為に準ずるという意味で，**準物権行為**という。物権変動における物権行為の独自性については，『請求権から考える民法2』第2編4.2.1を参照）。

債権譲渡契約は，債権者と債権を譲り受ける者との**合意**によって成立する。単に合意があれば足り，**方式を必要としない**。

（2）譲渡性の原則

（a）既発生債権

債権は，原則として譲渡することができる（466条1項本文）。証券的債権はもちろん，指名債権も同じである。**指名債権**とは，債権者が特定した債権である。

債権譲渡契約が締結された場合に，譲渡の目的とされた債権がいつ譲受人に移転するかについて，民法に明文の規定はない。所有権の移転時期に関する判例によれば，特定物売買においては，その目的物の所有権は，原則として，売買契約と同時に移転する（最判昭33・6・20民集12巻10号1585頁）。この考え方によれば，債権は，債権譲渡契約が締結された時点で移転することになろう。

（b）将来債権

（ア）将来債権譲渡契約の有効性

将来債権（将来発生すべき債権）も，譲渡することができる（466条の6第1項）。もっとも，この場合には，譲渡の対象とされる債権が特定していることが必要である。将来の一定期間内に発生し，または，弁済期が到来する，いくつかの債権を譲渡の目的とする場合には，適宜の方法により右期間の始期と終期を明確にするなどして譲渡の目的とされる債権が特定されていればよい（最判平11・1・29民集53巻1号151頁）。ただし，譲渡人の営業活動等を不当に制限し

たり，他の債権者に不当な不利益を与えるなどの特段の事情が認められる場合には，譲渡が公序良俗違反で無効となることがあるとされている。

【考えてみよう！】
　将来債権の譲渡の有効性が何故問題になるかを考えておこう。また，何故譲渡される債権の特定性が要求されるのかも考えておこう。

　将来債権が譲渡された場合に，その譲渡契約が有効であるか否かを判断するにあたって，将来債権の発生可能性は問題となるだろうか。判例は，「将来発生すべき債権を目的とする債権譲渡契約にあっては，契約当事者は，譲渡の目的とされる債権の発生の基礎を成す事情をしんしゃくし，右事情の下における債権発生の可能性の程度を考慮した上，右債権が見込みどおり発生しなかった場合に譲受人に生ずる不利益については譲渡人の契約上の責任の追及により清算することとして，契約を締結するものと見るべきであるから，右契約の締結時において右債権発生の可能性が低かったことは，右契約の効力を当然に左右するものではない」としている（最判平 11・1・29 民集 53 巻 1 号 151 頁）。

　（イ）将来債権の取得
　将来債権を目的とする債権譲渡契約においては，譲渡契約の時点で債権が現に発生していなくても，譲受人は，発生した債権を当然に取得する（466 条の 6 第 2 項。最判平 13・11・22 民集 55 巻 6 号 1056 頁，最判平 19・2・15 民集 61 巻 1 号 243 頁）。
　もっとも，譲渡人のもとで発生した債権がただちに譲受人に移転するのか（この場合にはさらに，債権譲渡契約の時点で債権が移転するのか，それとも，発生した時点で債権が移転するのかという問題がある。），それとも，将来債権が発生した時点で譲受人が原始的に債権を取得するのかについては，解釈にゆだねられている。

【参考判例】 最判平 19・2・15 民集 61 巻 1 号 243 頁
　「将来発生すべき債権を目的とする債権譲渡契約は，譲渡の目的とされる債権が特定されている限り，原則として有効なものである…中略…。また，将来発生すべき債権を目的とする譲渡担保契約が締結された場合には，債権譲渡の効果の発生を留保する特段の付款のない限り，譲渡担保の目的とされた債権は譲渡担保

契約によって譲渡担保設定者から譲渡担保権者に確定的に譲渡されているのであり，この場合において，譲渡担保の目的とされた債権が将来発生したときには，譲渡担保権者は，譲渡担保設定者の特段の行為を要することなく当然に，当該債権を担保の目的で取得することができるものである。そして，前記の場合において，譲渡担保契約に係る債権の譲渡については，指名債権譲渡の対抗要件（民法467条2項）の方法により第三者に対する対抗要件を具備することができるのである」。

【将来債権譲渡と契約上の地位の移転】

【図2】

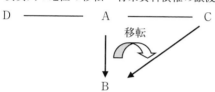

AB間でA所有の甲土地の賃貸借がなされているところ，AがBに対して将来取得すべき賃料債権をCに譲渡した。その後，Aは，右債権がまだ発生しないうちに，甲土地をDに売却し，その旨の登記を済ませた。その結果，賃貸借契約は，DB間に移転した（605条の2第1項・3項）。この場合に，将来，賃料債権が発生した場合に，その債権は，CとDのいずれに帰属するか。

まず，賃料債権を離れて，将来債権の譲渡と契約上の地位の移転の問題一般についていえば，将来債権譲渡の効力は，譲渡人の処分権限の範囲内でのみ及ぶものであり，将来債権の譲渡後に，その債権の発生原因たる契約上の地位が移転した場合には，譲渡人には処分権限がないから，譲渡人による譲渡の効力は，原則として及ばないと解される。

もっとも，将来発生する不動産の賃料債権が譲渡された場合については，将来賃料債権の譲渡後に賃貸人が不動産を他に譲渡することによって賃料債権の譲受人の利益を無に帰するという行動をとることを回避すべきであること，不動産の譲受人は，不動産を譲り受ける前に賃料債権に関して賃借人に照会することで不利益を回避できること，賃料債権を取得できなかった場合の不動産譲受人の保護は，不動産譲渡契約の債務不履行の問題として処理す

ればよいとして，将来債権の譲渡を優先させるべきであるとの見解が主張されている。

（3）譲渡の制限

債権は，例外として，譲渡を許されない場合がある。

（a）性質による制限

給付の性質上当初の債権者に履行をしなければ債権の目的を達成することができない場合には，その債権は譲渡することができない（466条1項ただし書）。たとえば，自己の肖像画を描かせる債権は，他人に譲渡することができない。

（b）法律による制限

法律によって譲渡が禁止されている場合にも，その債権は譲渡することができない。たとえば，扶養請求権（881条），恩給請求権（恩給11条1項），労働者災害補償請求権（労基83条2項）などがそれにあたる。

（c）譲渡制限特約

（ア）債権譲渡の有効性と譲渡制限特約の対抗

当事者が債権の譲渡を禁止し，または，制限する旨の意思表示（これを譲渡制限の意思表示という。）をしたときであっても，債権の譲渡は，その効力を妨げられない（466条2項）。

もっとも，譲渡制限の意思表示がされたことを知り，または，重大な過失によって知らなかった譲受人その他の第三者に対しては，債務者は，その債務の履行を拒むことができ，かつ，譲渡人に対する弁済その他の債務を消滅させる事由をもって（悪意・重過失の相手方との関係では，債権譲渡後に債務者が譲渡人に対してした弁済や相殺などは有効である。）その第三者に対抗することができる（同条3項）。悪意・重過失の判断基準時は，**債権譲渡契約締結時**である。

将来債権が譲渡された場合において，対抗要件を具備するまでに譲渡制限の意思表示がされたときは，譲受人その他の第三者は，悪意とみなされる（466条の6第3項）。

もっとも，債務者が債務を履行しない場合には，譲受人が相当の期間を定めて譲渡人への履行の催告をし，その期間内に履行がないときは，債務者は，譲渡制限の意思表示をもって悪意・重過失の譲受人からの履行請求を拒むことができな

い（466条4項）。

　譲渡制限特約の付された債権が譲渡されたが，債務者がこの譲渡を承諾した場合には，債務者は，当該譲受人に対して，譲渡制限特約の効果を主張することができないとされている。

【譲渡制限特約に基づく履行拒絶の抗弁】

【図3】

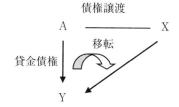

【(Xの) AのYに対する譲受債権に基づく請求】

【請求原因】
（1）　譲渡債権の発生原因事実
（2）　（1）の債権の取得原因事実

（譲受人の悪意・重過失）
【抗弁】
（1）　譲渡制限特約が締結されたこと
（2）　Xが債権を譲り受けた際，譲渡制限特約を知っていたこと，または，譲渡制限特約を知らないことにつき重大な過失があること
（3）　履行拒絶の意思表示をしたこと

（466条4項）
【再抗弁】
（1）　Yが債務を履行しないこと
（2）　Xが，Yに対して，Aへの履行の催告をしたこと
（3）　【再抗弁】（2)の催告後，相当期間が経過したこと

（履行）

【再々抗弁】

　Ｙが債務を履行したこと

（イ）預貯金債権

　預金口座または貯金口座にかかる預金または貯金にかかる債権（これを預貯金債権という。）について当事者がした譲渡制限特約は，その譲渡制限特約がされたことを知り，または，重大な過失によって知らなかった譲受人その他の第三者に対抗することができる（**物権的無効**）（466条の５第１項）。

　もっとも，譲渡制限の意思表示がされた預貯金債権に対する強制執行をした差押債権者に対しては，適用されない（同条２項）。

【（Ｘの）ＡのＹに対する預貯金債権の返還請求】

【請求原因】

　（１）　預金債権の発生原因事実

　（２）　（１）の債権の取得原因事実

（譲渡制限特約）

【抗弁】

　（１）　譲渡制限特約が締結されたこと

　（２）　Ｘが債権を譲り受けた際，譲渡制限特約を知っていたこと，または，譲渡制限特約を知らないことにつき重大な過失があること

（承諾）

【再抗弁】

　Ｙが債権譲渡につき承諾の意思表示をしたこと

（ウ）譲渡制限特約が付された債権にかかる債務者の供託等

　債務者は，譲渡制限特約が付された金銭債権が譲渡されたときは，その債権の全額に相当する金銭を債務の履行地（債務の履行地が債権者の現在の住所により定まる場合にあっては，譲渡人の現在の住所を含む。）の供託所に供託することができる（466条の２第１項）。供託をした債務者は，遅滞なく，譲渡人および譲受人に供託の通知をしなければならない（同条２項）。

　譲渡人について破産手続開始の決定があったときは，譲受人は，譲渡制限の意思表示がされたことを知り，または重大な過失によって知らなかった場合，つまり，債務者に履行の拒絶などが認められる場合であっても，債務者にその債権の全額に相当する金銭を債務の履行地の供託所に供託させることができる（466条の3）。

　（エ）譲渡制限特約が付された債権の差押え

　　【図4】

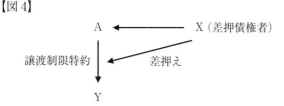

（ⅰ）債権の差押え
　債務者が金銭債務の支払をしない場合，債権者は，強制執行によって自己の債権を回収する。
　債権執行では，債権者が債務者の所在地を管轄する裁判所に債権差押命令を申し立て，執行裁判所が債権差押命令を出し，債務者および第三債務者に債権差押命令を送達する（民執143条以下）。この差押命令によって，債務者は，債権の取立てその他の処分が禁止され，第三債務者も債務者への弁済が禁止される（民執145条1項）。

（ⅱ）譲渡制限特約が付された債権の差押え
　債務者は，譲渡制限の意思表示をもって債権に対する強制執行をした差押債権者（差押えをした債権者をいう。）に対抗することができない（466条の4第1項。最判昭45・4・10民集24巻4号240頁）。
　もっとも，譲受人その他の第三者が譲渡制限の意思表示がされたことを知り，または，重大な過失によって知らなかった場合において，その債権者が強制執行をしたときは，債務者は，その債務の履行を拒むことができ，かつ，譲渡人に対する弁済その他の債務を消滅させる事由をもって差押債権者に対抗することができる（同条2項）。

3.1.3　債権譲渡の対抗要件

【図5】

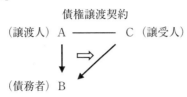

債権譲渡契約は，譲渡人（A）と譲受人（C）との間で締結され，債務者（B）は，債権譲渡契約に関与しない。そのため，債権譲渡契約のみによって，債権譲渡を債務者に主張できるとするならば，債務者その他の第三者（当該譲受人以外の債権の譲受人や譲渡債権を差し押さえた者など）は，債権の譲渡があったことを知らず，不測の損害を被ることがある。

そこで，民法は，債権譲渡を債務者その他の第三者に対抗するために，一定の要件を要求した。

【効力発生要件と対抗要件】

　467条は，対抗要件を規定している。つまり，わが民法上，債権譲渡の効力は，譲渡人と譲受人との間の債権譲渡契約によって生ずる。しかし，467条の要件を充足しない限り，債権譲渡を債務者その他の第三者に対抗（主張）することができない。467条の要件を充足しないと債権譲渡の効力が生じないわけではない（効力発生要件ではない。）。

　効力発生要件と対抗要件の問題については，176条と177条・178条に関しても，同様の問題がある（それについて詳しくは，『請求権から考える民法2』を参照。）。

（1）対第三債務者

債権譲渡を債務者に対抗するためには，**債務者に対する通知**または**債務者の承諾**が必要である（467条1項）。この通知・承諾は，債権譲渡の事実の通知であり，法的性質は，**観念の通知**である。

（a）通　　知

通知は，譲渡人がこれをする義務を負う（467条1項）。詐称代理人からの虚偽の譲渡通知を防止するためである。譲受人が譲渡人に代位して通知することは

できない（大判昭 5・10・10 民集 9 巻 948 頁）。もっとも，代理人として通知することは可能である（最判昭 46・3・25 判時 628 号 44 頁）。

　債権が譲渡されていない場合に通知がなされても，その通知は効力を有しない。そのような通知に効力を認めると，債務者が不安定な地位に置かれるからである。債権譲渡の前に通知がなされた場合に，たとえ後日債権の譲渡がなされたとしても，その通知は効力を有しない。

（ｂ）承　　諾

　承諾は，代理人によってすることができる。承諾の相手方は，譲渡人，譲受人のいずれでもよい（大判大 6・10・2 民録 23 輯 1510 頁）。

　承諾は，債権譲渡と同時にされる必要はなく，譲渡債権および譲受人が特定されていれば，譲渡前であってもよい（最判昭 28・5・29 民集 7 巻 5 号 608 頁）。

（２）対 第 三 者

（ａ）確定日付のある証書による通知または承諾

　債権譲渡を債務者以外の第三者に対抗するためには，**債務者に対する確定日付のある証書による通知**または**確定日付のある証書による債務者の承諾**が必要である（467 条 2 項）。債務者その他の利害関係人が共謀して通知または承諾をした日時をさかのぼらせて第三者の権利を害することを防止するためである（大連判大 8・3・28 民録 25 輯 441 頁，最判昭 49・3・7 民集 28 巻 2 号 174 頁）。

【参考判例】最判昭 49・3・7 民集 28 巻 2 号 174 頁

　「民法 467 条 1 項が，債権譲渡につき，債務者の承諾と並んで債務者に対する譲渡の通知をもって，債務者のみならず債務者以外の第三者に対する関係においても対抗要件としたのは，債権を譲り受けようとする第三者は，先ず債務者に対し債権の存否ないしはその帰属を確かめ，債務者は，当該債権が既に譲渡されていたとしても，譲渡の通知を受けないか又はその承諾をしていないかぎり，第三者に対し債権の帰属に変動のないことを表示するのが通常であり，第三者はかかる債務者の表示を信頼してその債権を譲り受けることがあるという事情の存することによるものである。このように，民法の規定する債権譲渡についての対抗要件制度は，当該債権の債務者の債権譲渡の有無についての認識を通じ，右債務者によってそれが第三者に表示されうるものであることを根幹として成立しているものというべきである。そして，同条 2 項が，右通知又は承諾が第三者に対する

対抗要件たり得るためには，確定日附ある証書をもってすることを必要としている趣旨は，債務者が第三者に対し債権譲渡のないことを表示したため，第三者がこれに信頼してその債権を譲り受けたのちに譲渡人たる旧債権者が，債権を他に二重に譲渡し債務者と通謀して譲渡の通知又はその承諾のあった日時を遡らしめる等作為して，右第三者の権利を害するに至ることを可及的に防止することにあるものと解すべきである」。

　確定日付とは，公に確定した日付のことである。確定日付のある証書については，民法施行法 5 条に規定がある。公正証書（同法 1 項 1 号），公証人役場での私署証書への確定日付の付与（同法同項 2 号），内容証明郵便（同法同項 6 号）がよく利用される。

　確定日付は，債権譲渡の証書ではなく，**通知または承諾そのものに必要**である（最判昭 49・3・7 民集 28 巻 2 号 174 頁）。

（ｂ）第 三 者

　確定日付のある証書による通知または承諾がなければ対抗できない**第三者と**は，**譲渡債権そのものに対し法律上利益を有する者**をいう（大判大 4・3・27 民録 21 輯 444 頁）。言い換えると，譲渡債権につき両立しない法律上の地位を得た者をいう。

　債権の二重譲受人（大判昭 7・6・28 民集 11 巻 1247 頁など），債権質権者（大判大 8・8・25 民録 25 輯 1513 頁），差押債権者（大判大 8・11・6 民録 25 輯 1972 頁），破産管財人（大判昭 8・11・30 民集 12 巻 2781 頁）などがこれにあたる。他方，債権譲渡が無効な場合の譲受人（大判大 2・3・8 民録 19 輯 120 頁），譲渡債権の保証人（大判大元・12・27 民録 18 輯 1114 頁）などは，法律上利益を有する第三者にあたらない。

　また，債権譲渡によって間接的に影響を受けるにすぎない者も第三者にあたらない。たとえば，A が B に対して有する債権を C に譲渡した場合において，B に対する債権者 D がいても，D は，譲渡された債権によって間接的に利益を受けるにすぎないため，第三者にあたらないから，C は，対抗要件を具備していなくても，B が C に対して有する債権を受働債権として相殺することができる。そのため，相殺後に，B の C に対する債権を D が差し押さえても，すでにその債権は，相殺により消滅している（受働債権の差押債権者について，大判大 4・

3・27 民録 21 輯 444 頁，大判昭 8・4・18 民集 12 巻 689 頁）。

（3）債権の多重譲渡と優劣の決定

【設例 3 - 1】

① 　A は，B に 500 万円の金銭債権（甲債権）を有している。A は，4 月 2 日，C に甲債権を譲渡した。この譲渡の通知は，確定日付のある証書によってなされ，譲渡通知の日付 4 月 27 日で，通知が B のもとに到達したのは，4 月 30 日である。他方，A は，4 月 5 日，D にも甲債権を譲渡した。この譲渡通知も，確定日付のある証書によってなされ，その日付は 4 月 28 日で，通知が B のもとに到達したのは，4 月 29 日である。この場合に，C と D のいずれが甲債権を取得することができるか。

② 　上記①の事案において，C，D の譲渡通知が B のもとに同時に配達された場合に，C が B に対して 500 万円の請求をしてきたとき，B は，他の譲受人が存在することを理由として支払を拒絶することができるか。

③ 　上記②と関連して，B が通知到達の先後不明を理由として供託をした場合，C は，D に対して自己が優先的な地位にあることを主張することができるか。

（a）譲受人間の優劣関係（【設例 3 - 1】①）

　　【図 6】

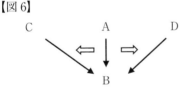

　【設例 3 - 1】①では，A が B に対して有する甲債権が C および D に譲渡され，それぞれの譲渡につき確定日付のある証書によって通知がなされている。つまり，両債権譲渡ともに対抗要件を具備している。この場合，C・D の優劣関係は，どのように決定されるだろうか。学説において，争いがある。

A 説：確定日付説

　確定日付を要求する趣旨が当事者の通謀による日付の操作を防止することにあるとするならば，優劣は確定日付の先後で決するべきである。

B 説：到達時説

確定日付のある証書による通知が債務者に到達した日時または確定日付のある証書による債務者の承諾の日時の先後によって決するべきである。

判例は，債権が二重に譲渡され，両債権譲渡がともに第三者対抗要件を具備している場合における譲受人相互の間の優劣を，通知または承諾に付された確定日付の先後によってではなく，**確定日付のある証書による通知が債務者に到達した日時または確定日付のある証書による債務者の承諾の日時の先後によって決すべきであるとしている**（最判昭49・3・7民集28巻2号174頁）。

【参考判例】 最判昭49・3・7民集28巻2号174頁

「右のような民法467条の対抗要件制度の構造に鑑みれば，債権が二重に譲渡された場合，譲受人相互の間の優劣は，通知又は承諾に付された確定日附の先後によって定めるべきではなく，確定日附のある通知が債務者に到達した日時又は確定日附のある債務者の承諾の日時の先後によって決すべきであり，また，確定日附は通知又は承諾そのものにつき必要であると解すべきである。そして，右の理は，債権の譲受人と同一債権に対し仮差押命令の執行をした者との間の優劣を決する場合においてもなんら異なるものではない。」

かりに【設例3－1】①において，**C・Dのいずれか一方のみについて確定日付のある証書による通知がされた場合には，確定日付のある証書によって通知をした譲受人が優先する**。そのため，債務者は，劣後する譲受人に対する弁済を拒絶しなければならず（大判昭7・6・28民集11巻1247頁），確定日付のある証書によって通知をした譲受人に弁済をしなければならない（大連判大8・3・28民録25輯441頁）。もっとも，確定日付のある証書による通知を債務者が受け取る前に，確定日付のない通知が債務者のもとに到達し，債務者がその者に弁済した後，確定日付のある証書による通知を受け取った場合，債務者の弁済は有効であり，確定日付のある証書による通知をした譲受人に対して弁済による債務の消滅を主張することができる。

（b）同時到達の場合（【設例3－1】②）

Cの通知とDの通知が同時に到達した場合はどうなるか。判例は，同一債権が重複して譲渡された場合に，確定日付が同一日付である複数の債権譲渡通知が同時に債務者に到達したときは，各譲受人は，互いに他の譲受人に対して自己の

みが唯一の優先的譲受債権者であると主張することは許されず，したがって，債務者に対しても同様の主張をすることはできないとしている（最判昭53・7・18判時905号61頁）。

　それでは，BがCから譲渡債権の履行を請求されたとき，Bは，通知の同時到達を理由として，Cに対する債務の履行を拒絶することができるだろうか。この問題に関して，判例は，指名債権が二重に譲渡され，確定日付のある証書による各譲渡通知が同時に第三債務者に到達したときは，**各譲受人は，第三債務者に対しそれぞれの譲受債権についてその全額の弁済を請求することができ，譲受人の1人から弁済の請求を受けた第三債務者は，他の譲受人に対する弁済その他の債務消滅事由がない限り，単に同順位の譲受人が他に存在することを理由として弁済の責めを免れることはできない**としている（最判昭55・1・11民集34巻1号42頁）。

【参考判例】 最判昭55・1・11民集34巻1号42頁

　「指名債権が二重に譲渡され，確定日付のある各譲渡通知が同時に第三債務者に到達したときは，各譲受人は，第三債務者に対しそれぞれの譲受債権についてその全額の弁済を請求することができ，譲受人の1人から弁済の請求を受けた第三債務者は，他の譲受人に対する弁済その他の債務消滅事由がない限り，単に同順位の譲受人が他に存在することを理由として弁済の責めを免れることはできないものと解するのが相当である。また，指名債権の譲渡にかかる確定日付のある譲渡通知と右債権に対する債権差押通知とが同時に第三債務者に到達した場合であっても，右債権の譲受人は第三債務者に対してその給付を求める訴を提起・追行し無条件の勝訴判決を得ることができるのであり，ただ，右判決に基づいて強制執行がされた場合に，第三債務者は，二重払の負担を免れるため，当該債権に差押がされていることを執行上の障害として執行機関に呈示することにより，執行手続が満足的段階に進むことを阻止しうる…にすぎないのである…。」

　（c）到達の先後不明に基づく供託[1]と譲受人の優劣（【設例3－1】③）

　すでに述べたように，判例によれば，同一債権が重複して譲渡された場合に，確定日付が同一日付である複数の債権譲渡通知が同時に債務者に到達したとき

---

[1] 供託実務においては，同時到達に基づく供託は認められていない。

は，各譲受人は，互いに他の譲受人に対して自己のみが唯一の優先的譲受債権者であると主張することは許されない（最判昭 53・7・18 判時 905 号 61 頁）。

　それでは，同一債権が重複して譲渡された場合に，確定日付のある証書による複数の債権譲渡通知が到達したが，その到達の先後が不明である場合はどうなるか。判例は，到達の先後関係が不明である場合は，同時に到達したものとして取り扱うとしている（最判平 5・3・30 民集 47 巻 4 号 3334 頁）。その結果，判例は，債権の譲受人と差押債権者との間で供託された金銭の還付請求権の帰属が争われた場合に，**被差押債権額と譲受債権額との合計額が供託金額を超過するときは，差押債権者と債権譲受人は，公平の原則に照らし，被差押債権額と譲受債権額に応じて供託金額を案分した額の供託金還付請求権をそれぞれ分割取得すると**している。

【参考判例】 最判平 5・3・30 民集 47 巻 4 号 3334 頁

　「国税徴収法に基づく滞納処分としての債権差押えの通知と確定日付のある右債権譲渡の通知とが当該第三債務者に到達したが，その到達の先後関係が不明であるために，その相互間の優劣を決することができない場合には，右各通知は同時に第三債務者に到達したものとして取り扱うのが相当である。

　そして，右のように各通知の到達の先後関係が不明であるためにその相互間の優劣を決することができない場合であっても，それぞれの立場において取得した第三債務者に対する法的地位が変容を受けるわけではないから，国税の徴収職員は，国税徴収法 67 条 1 項に基づき差し押さえた右債権の取立権を取得し，また，債権譲受人も，右債権差押えの存在にかかわらず，第三債務者に対して右債権の給付を求める訴えを提起し，勝訴判決を得ることができる…。しかし，このような場合には，前記のとおり，差押債権者と債権譲受人との間では，互いに相手方に対して自己が優先的地位にある債権者であると主張することが許されない関係に立つ。

　そして，滞納処分としての債権差押えの通知と確定日付のある右債権譲渡の通知の第三債務者への到達の先後関係が不明であるために，第三債務者が債権者を確知することができないことを原因として右債権額に相当する金員を供託した場合において，被差押債権額と譲受債権額との合計額が右供託金額を超過するときは，差押債権者と債権譲受人は，公平の原則に照らし，被差押債権額と譲受債権額に応じて供託金額を案分した額の供託金還付請求権をそれぞれ分割取得するも

のと解するのが相当である。」

【(Xの) AのYに対する売買契約に基づく代金支払請求】

【図7】

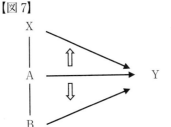

【請求原因】
（1） AY間で売買契約が締結されたこと
（2） AX間で，AY売買代金債権につき売買契約が締結されたこと

（467条1項）
【抗弁Ⅰ】
（1） AB間で，AY売買代金債権につき売買契約が締結されたこと
（2） Bが債務者対抗要件を具備したこと
（3） Xが第三者対抗要件を具備するまでXを債権者と認めないとの権利主張

【再抗弁Ⅰ】
Xが第三者対抗要件を具備したこと

（467条2項）
【抗弁Ⅱ】
（1） AB間で，AY売買代金債権につき売買契約が締結されたこと
（2） Bが第三者対抗要件を具備したこと

【再抗弁Ⅱ】
Xが第三者対抗要件を具備したこと

【再々抗弁】
Bの第三者対抗要件の具備は，Xの第三者対抗要件の具備に先立つこと

（4）債権譲渡登記

（a）意　　義

民法が定める債権譲渡の対抗要件では，第三者に債権譲渡を対抗するためには，譲渡債権の債務者に対して確定日付のある証書によって通知をするか，または，確定日付のある証書によって債務者の承諾を得る必要がある。しかし，このような対抗要件制度は，実務上，債権を担保目的または流動化・証券化目的で譲渡する場合について，問題点が指摘されていた。

そこで，企業が有する資産を有効に活用し，さらなる資金調達の円滑化・多様化を図るため，大量の債権の一括譲渡を容易にし，債務者が特定していない将来債権の譲渡についても登記によって第三者に対する対抗要件を備えることを可能とした。これが債権譲渡登記制度である。

債権譲渡登記は，法人がする金銭債権の譲渡（動産及び債権の譲渡の対抗要件に関する民法の特例等に関する法律〔以下，「動産債権譲渡特例法」という。〕1条）に利用される。

債務者不特定の将来債権の譲渡の登記も可能である。ただし，債権の種別，発生原因，発生期間（始期および終期）などで特定する必要がある。

（b）動産債権譲渡特例法の対抗要件の構造

動産債権譲渡特例法では，債務者に対する対抗要件と第三者に対する対抗要件が区別されている（同法4条）。

（ア）対 第 三 者

債権譲渡登記ファイルに譲渡の登記がなされたときに，467条の確定日付のある証書による通知があったものとみなされる（同法同条1項）。

（イ）対 債 務 者

債務者に登記事項証明書を交付して通知したときに，467条の確定日付のある証書による通知があったものとみなされる（同法同条2項）。

【設例3－2】

　Xが，AがBに対して有する金銭債権をAから譲り受け，動産債権譲渡特例法上の登記ファイルに登記をした。その後，同債権をYらも譲り受け，YらはBに対して確定日付のある証書による通知をした。そこで，Bが債権者不確知を理由に供託した。XがYらを相手に供託金還付請求権がXに

帰属することの確認を求めて訴えを提起した。なお，本件では，Ｘが登記事項証明書を交付して通知する前にＢが供託したため，供託書の被供託者欄にＸの名前がなかった。Ｘの訴えは認められるか。

【設例3－2】では，債務者であるＢに対する登記事項証明書の交付がなされていないため，供託書の被供託者欄にＸの名前がなかった。つまり，Ｘは，Ｂに対して，債権譲渡を対抗することができない（動産債権譲渡特4条2項）。しかし，Ｘは，Ｙらの通知よりも先に動産債権譲渡特例法上の登記ファイルに登記をしているから，Ｘは，Ｙらに優先するはずである（同法同条1項）。

【設例3－2】の事案において，東京地裁は，Ｘの還付請求権の確認請求を認容している（東京地判平21・1・16判時2040号26頁）。

3.1.4　債権譲渡の効果

（1）同一性の原則

債権の譲渡によって，債権は，同一性を失わずに譲受人に移転する。そのため，原則として，給付の内容や履行期などは，債権が譲渡されても変わらない。また，債権の性質も変わらない。たとえば，不法行為に基づく損害賠償請求権が譲渡された場合には，譲渡後は，単なる金銭債権として処理されるわけではなく，譲渡後も不法行為に基づく損害賠償請求権たる性質は変わらない。

なお，債権は，通常，双務契約から発生する。双務契約から生ずる債権は，債権それ自体が単体として存在するわけではなく，他方債権との牽連関係を有する。それゆえ，双務契約から生ずる債権は，債権譲渡後も，他方債権との牽連性を失わない。たとえば，売主Ａと買主Ｙとの間で，1000万円で土地の売買契約が締結され，その後，Ａが代金債権をＸに譲渡した場合でも，ＸがＹに対して譲渡債権を行使して1000万円の支払を請求してきたとき，Ｙは，同時履行の抗弁権（533条）により代金の支払を拒絶することができる。

（2）債務者の保護

債権の同一性という観念は，債権譲渡に関する法律の規定を解釈するために，われわれにとって大いに助けとなるものであるが，同一性の観念だけでは十分に解決することができない問題が生ずることは否定できない。そのような場合には，われわれは他の基準に頼らざるを得ない。民法が認める債権譲渡は，われわれの私法秩序を支える原理，つまり，私的自治の原則に矛盾する。それゆえ，こ

の矛盾が受け入れられるためには，債権譲渡から生ずる法的な不利益に対して，できる限り広範な保護が債務者に与えられなければならない。別な言い方をすれば，債権譲渡によって債務者の法的地位が悪化することは許されない（Das Prinzip Status quo Schutzes）。したがって，債権譲渡における債務者の保護は，債権者の債権処分の自由に伴う必然的なコロラリー（Korrelat）であり，債権の同一性という観念とともに債権譲渡の基礎にあり，そのために，われわれは，債権譲渡の解釈に際して債務者の保護が十分に守られているかを常に吟味しなければならない。

【設例3－3】
　貸主Aは，借主Yに対して，500万円の甲貸金債権を有していたが，Yは，そのうち300万円を返済した。その後，Aは，甲債権をXに譲渡し，その旨Yに通知した。XがYに対して，500万円の支払を請求してきた。Xは，500万円を請求することができるか。

債務者は，対抗要件具備時までに譲渡人に対して生じた事由をもって譲受人に対抗することができる（468条1項）[2]。

【設例3－3】においては，Yは，譲渡通知を受け取る以前にAに300万円を支払っている。そのため，Xからの請求に対し，Yは，すでに300万円をAに支払ったことを主張して，その支払を免れることができる（残金200万円の支払のみ）。

また，判例によれば，請負契約に基づく報酬請求権が第三者に譲渡され，対抗要件を具備した後に，請負人の仕事完成義務の不履行が生じ，これに基づき当該請負契約が解除された場合，債権譲渡時に契約の解除を生ずる原因がすでに存在しており，債務者である注文者は，解除により報酬請求権が消滅したことを譲受人に対抗することができる（最判昭42・10・27民集21巻8号2161頁）。

【参考判例】 最判昭42・10・27民集21巻8号2161頁

---

[2] 譲渡制限特約が付された債権が譲渡された場合に，譲受人が悪意・重過失であるときは，譲受人に対抗可能な抗弁の基準時は，催告後相当期間を経過した時である（468条2項）。また，譲渡制限特約が付された債権が譲渡された場合に，譲渡人につき破産手続開始の決定があったときは，譲受人に対抗可能な抗弁の基準時は，債務者が譲受人から供託の請求を受けた時である（同項）。

「請負契約は, 報酬の支払と仕事の完成とが対価関係に立つ諾成, 双務契約であって, 請負人の有する報酬請求権はその仕事完成引渡と同時履行の関係に立ち, かつ仕事完成義務の不履行を事由とする請負契約の解除により消滅するものであるから, 右報酬請求権が第三者に譲渡され対抗要件をそなえた後に請負人の仕事完成義務不履行が生じこれに基づき請負契約が解除された場合においても, <u>右債権譲渡前すでに反対給付義務が発生している以上, 債権譲渡時すでに契約解除を生ずるに至るべき原因が存在していた</u>ものというべきである。」

（3）債権譲渡と相殺

民法は, 債権譲渡の効果のうち, 特に相殺に関して規定を置いている。

【設例3－4】

① Aは, Yに対して, 100万円の金銭債権（α債権）を有しており, Yも, Aに対して, 100万円の金銭債権（β債権）を有している。Aがα債権をXに譲渡した。XがYに対してα債権を行使して, 100万円の支払を請求してきた場合, Yは, 相殺を主張することができるか。

② 上記①において, XAの債権譲渡の際に, まだβ債権の弁済期が到来していなかったが, その後, 弁済期が到来した場合に, Xからの譲渡債権の請求に対して, Yは, 相殺をXに主張することができるか。

③ A（売主）とY（買主）は, 甲動産の売買契約を締結した。Aは, Yに対する代金債権（α債権）をXに譲渡し, その旨の通知がYになされた。その後, 債権の譲渡前に引渡しを受けていた甲動産につき品質不良が見つかった。XがYに対してα債権を行使して, 代金の支払を請求してきた場合, Yは, Aに対する契約不適合給付に基づく損害賠償請求権を自働債権とする相殺を主張することができるか。

【図8】

債権譲渡

（a）原　　則

　債務者は，対抗要件具備時より前に取得した譲渡人に対する債権による相殺を
もって譲受人に対抗することができる（469条1項）。

　【設例3－4】①では，債権の譲渡前にYは，Aに対して，β債権を取得して
いる。それゆえ，Yは，Xからの請求に対して，β債権とα債権を相殺したこと
を主張して，その請求を拒絶することができる。

　また，【設例3－4】②のように，β債権の取得は，対抗要件具備時の前であ
るが，β債権の弁済期が到来していない場合でも，判例（最判昭50・12・8民集
29巻11号1864頁）は，債権譲渡があった時に債務者が譲渡人に対して反対債
権を有してさえいれば，たとえ反対債権（自働債権）の弁済期が，譲渡債権（受
働債権）の弁済期よりも後で，しかも譲渡通知の後に弁済期の到来するもので
あったとしても，相殺適状になれば，債務者は，相殺を主張することができると
している（無制限説）。

【参考判例】 最判昭50・12・8民集29巻11号1864頁

　「本件における問題点は，右相殺の許否であるが，原審の確定した以上の事実
関係のもとにおいては，<u>上告人は，本件売掛債権を受働債権とし本件手形債権を
自働債権とする相殺をもって被上告人に対抗しうる</u>ものと解すべきである。」

（b）債権譲渡後に取得した債権による相殺

　債務者が対抗要件具備時より後に取得した譲渡人に対する債権による相殺を譲
受人に対抗することはできない（469条1項の反対解釈）。

　もっとも，債務者が対抗要件具備時より後に取得した譲渡人に対する債権で
あっても，その債権が①対抗要件具備時より前の原因に基づいて生じた債権であ
るか，または，②譲受人の取得した債権の発生原因である契約に基づいて生じた
債権であるときは，債務者は，譲渡人に対する債権による相殺をもって譲受人に
対抗することができる（469条2項）。

　「対抗要件具備時より前の原因に基づいて生じた債権」の例としては，たとえ
ば，債権者Aが債務者Bに対して有している金銭債権をCに譲渡して対抗要件
を具備した場合に，対抗要件の具備時よりも前に，BがAから委託を受けてA
のDに対する金銭債務につき保証契約を締結しており，対抗要件具備後にBが
保証債務を履行してAに対する求償権を取得する場合や，対抗要件具備時前の

不法行為により対抗要件具備後に損害が発生し，債務者が損害賠償請求権を取得する場合などがある。

　また，「譲受人の取得した債権の発生原因である契約に基づいて生じた債権」の例としては，将来の売買代金債権が譲渡された場合に，当該売買代金債権を発生させる売買契約の目的物の契約不適合を理由として買主が損害賠償請求権を取得する場合などがある。

　【設例3－4】③では，契約不適合給付に基づく損害賠償請求権の取得は，債権譲渡の対抗要件具備後であるが，その請求権の発生原因たる売買契約の締結は，対抗要件の具備よりも先である。そのため，Yは，対抗要件具備後に取得した契約不適合給付に基づく損害賠償請求権を自働債権として相殺をすることができる。

（4）付随的権利の移転

　債権に付随する権利も，原則として債権とともに譲受人に移転する。たとえば，譲渡債権を担保するために設定された抵当権は，被担保債権の譲渡によって，債権の譲受人に移転する。

（5）抗 弁 放 棄

　債務者が抗弁を放棄することは妨げられない。この抗弁放棄は意思表示である。

3.1.5　有価証券の譲渡

（1）有 価 証 券

　民法は，有価証券の譲渡などに関して，そのエッセンスを規定している。**有価証券**とは，**財産的価値のある私権を表章する証券であって，権利の発生，移転，行使の全部または一部が証券によってなされるもの**をいう。

（2）指 図 証 券

　指図証券とは，証券において権利者として指定された者またはその者が指定する者に対して給付をする旨の記載がある証券をいう。手形，小切手，株券，倉庫証券，貨物引換証，船荷証券などがこれにあたる。

　指図証券の譲渡は，その証券に譲渡の裏書をして譲受人に交付しなければ，その効力を生じない（520条の2）。

（3）記名式所持人払証券

記名式所持人払証券とは，証券上に債権者を指定する記載がされている証券であって，その所持人に弁済をすべき旨が付記されているものをいう（520条の13）。記名式所持人払小切手がその例である。

記名式所持人払証券の譲渡は，証券の交付が効力要件とされる（同条）。

（4）その他の記名証券

証券上に債権者を指名する記載がされている証券であって，指図証券および記名式所持人払証券以外のもの（たとえば，裏書禁止手形，裏書禁止船荷証券など）については，債権の譲渡またはこれを目的とする質権の設定に関する方式に従い，かつ，その効力をもってのみ，譲渡し，または，質権の目的とすることができる（520条の19第1項）。

（5）無記名証券

無記名証券とは，証券上に権利者の指定がない証券をいう。乗車券や商品券などがこれにあたる。

無記名証券には記名式所持人払証券の規定が準用される（520条の20）。そのため，無記名証券の譲渡が効力を生ずるためには，証券の交付が必要である（同条・520条の13）。

3.2　債務引受

> **【到達目標】**
> ○債務引受とは，どのような制度であり，どのような類型があるか，また，それらがどのような場合に認められるのかについて，説明することができる。

3.2.1　意　義　等

（1）意　　義

債務引受とは，契約により，**ある債務者が負う債務と同一の内容の債務を，引受人が債権者に対して負担すること**をいう。相続や会社の合併のように，法律に基づいて債務が引き受けられる場合もあるが，これは，債務引受ではない。また，債務者と引受人との間で引受人が債権者に対して履行義務を負うにすぎない履行引受は，債務引受にあたらない。

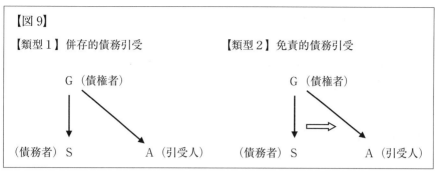

（2）類　　　型

　民法は，債務引受として，併存的債務引受および免責的債務引受について規定している。

（a）併存的債務引受

　併存的債務引受とは，**契約によって，債務者の債務と同一内容の債務を，引受人が債権者に対して負担する**ものをいう（470条1項）。

（b）免責的債務引受

　免責的債務引受とは，**債務の同一性を保ちつつ，契約によって債務を債務者から引受人に移転させるとともに，これによって債務者がその債務から解放される**ものをいう（472条1項）。

【履行引受】

　履行引受とは，**引受人が，債務者との間で，債権者に対して，債務者の債務を履行する義務を負担する**ものである。ただし，履行引受では，引受人は，債権者に対して何らの債務も負担しないことから（大判大8・11・25民録25輯2186頁），改正法では，履行引受は，債務引受ではないとされた。

3.2.2　併存的債務引受

（1）意　　義

併存的債務引受とは，契約によって，債務者の債務と同一内容の債務を，引受人が債権者に対して負担するもの**をいう（470 条 1 項）。

（2）要　　件

併存的債務引受は，以下の各場合に成立する。

① 債権者・債務者・引受人となる者の契約（三面契約）によってできる。
② 債権者と引受人となる者との契約でも可能である（470 条 2 項）。債務者の意思に反しても可能である（大判大 15・3・25 民集 5 巻 219 頁）。
③ 債務者と引受人となる者との契約でも可能である（同条 3 項前段。大判大 6・11・1 民録 23 輯 1715 頁）。ただし，この場合には債権者の承諾（受益の意思表示）が必要であり（同条 4 項），債権者が引受人となる者に対して，承諾をした時に効力を生ずる（同条 3 項後段）。

（3）効　　果

併存的債務引受の引受人は，債務者と連帯して，債務者が債権者に対して負担する債務と同一の内容の債務を負担する（470 条 1 項。最判昭 41・12・20 民集 20 巻 10 号 2139 頁）。なお，債務引受の効果を第三者に対抗するために，対抗要件を具備することを要しない。

引受人は，併存的債務引受により負担した自己の債務について，その効力が生じた時に債務者が主張することができた抗弁をもって債権者に対抗することができる（471 条 1 項）。

債務者が債権者に対して取消権または解除権を有するときは，引受人は，これらの権利の行使によって債務者がその債務を免れるべき限度において，債権者に対して債務の履行を拒むことができる（同条 2 項）。

（4）求　　償

債務者または引受人が弁済その他の債務消滅行為をしたときは，特別の合意がなければ，連帯債務の規定に従って求償が行われる（470 条 1 項・442 条以下）。

引受人が弁済その他の債務消滅行為をすることにより債務者に対して求償権を取得した場合には，引受人は，この求償権を確保するために，債権者に代位し

て，原債権およびその担保を行使することができる（499条・501条）。

3.2.3　免責的債務引受

（1）意　　義

免責的債務引受とは，債務の同一性を保ちつつ，契約によって債務を債務者から引受人に移転させるとともに，これによって債務者がその債務から解放されるものをいう（472条1項）。

（2）要　　件

免責的債務引受は，以下の各場合に成立する。

① 　債権者・債務者・引受人となる者の契約（三面契約）によってできる。
② 　債権者と引受人となる者との契約によってすることもできる（472条2項前段）。この場合には，免責的債務引受は，債権者が債務者に対してその契約をした旨を通知した時に，その効力を生ずる（同項後段）。
③ 　債務者と引受人となる者が契約をし，債権者が引受人となる者に対して承諾をすることによってもすることができる（同条3項）。

（3）効　　果

免責的債務引受の引受人は，債務者が債権者に対して負担する債務と同一の内容の債務を負担し，債務者は，自己の債務を免れる（472条1項）。なお，債務引受の効果を第三者に対抗するために，対抗要件を具備することを要しない。

引受人は，免責的債務引受により負担した自己の債務について，その効力が生じた時に債務者が主張することができた抗弁をもって債権者に対抗することができる（472条の2第1項）。

債務者が債権者に対して取消権または解除権を有するときは，引受人は，免責的債務引受がなければこれらの権利の行使によって債務者がその債務を免れることができた限度において，債権者に対して債務の履行を拒むことができる（同条2項）。

（4）担保の移転

債権者は，債務者が免責的債務引受の結果免れる債務の担保として設定された担保権を引受人が負担する債務に移すことができる（472条の4第1項本文）。

ただし，引受人以外の者がこれを設定した場合には，その承諾を得なければならない（同項ただし書）。担保権設定者や保証人が，免責的債務引受によって，不測の不利益を受けることを避けるためである。担保権の移転は，あらかじめまたは同時に引受人に対してする意思表示によってしなければならない（同条2項）。

　債務者の債務に付された保証債務を引受人の債務を担保するものとして移すためには，保証人の承諾を要するが（同条3項。大判大11・3・1民集1巻80頁），保証人が引受人のもとでの債務を履行する責任を負うためには，保証人が書面をもってその責任を負う旨の承諾をすることを要する（同条4項）。承諾がその内容を記録した電磁的記録によってされたときは，その承諾は，書面によってされたものとみなされる（同条5項）。

（5）求　　償
　免責的債務引受の引受人は，債務者に対して，求償権を取得しない（472条の3）。免責的債務引受は，引受人が他人の債務を自己の債務として引き受けたうえで，それを自ら履行するのであるから，引受人には，債務の履行に要するコストを自らが最終的に負担するという意思があると認められ，求償権を発生させる基礎を欠くからである。

　もっとも，債務者と引受人との間で，債務者が引受人に対して，引受けの対価として債務相当額を支払う旨の合意をすることはできる。また，引受人が債務者の委託を受けて債務を引き受けた場合には，委任事務処理費用の償還請求権として，債務者に対して，債務相当額の支払を求めることは可能である（649条・650条）。

3.3　契約上の地位の移転

3.3.1　意　　義
契約上の地位の移転とは，契約によって，契約当事者としての地位を譲渡人から譲受人に移転することをいう。

　民法は，一定の要件のもとで賃借権の譲渡を認めているが（612条），これは，単なる権利の譲渡ではなく，賃借人の地位の移転である。また，賃貸不動産の譲渡に伴い譲渡当事者間で賃貸人の地位を譲受人に移転する旨の合意をした場合も（605条の3），契約上の地位の移転である。なお，土地や建物の所有者がその土地・建物を賃貸し，賃借人が対抗要件を具備した後（605条，借地借家10条・

31条)，土地・建物が譲渡された場合には，賃貸人の地位は，土地・建物の新所有者に移転するが（605条の2第1項），これは，契約上の地位の移転ではない。

3.3.2　要　件

契約上の地位の移転は，以下の各場合に成立する。

① 契約当事者および移転を受ける第三者の三面契約でできる。
② 契約の当事者の一方と移転を受ける第三者との合意でもできる（539条の2）。この場合には，その契約の相手方が譲渡を承諾したときに，契約上の地位は，その第三者に移転する。

なお，第三者対抗要件は規定されていないため，契約上の地位の移転の要件を充足した順で優先関係が決まる。

3.3.3　効　果

契約関係は，同一性を保って譲受人に移転する。その結果，解除権・取消権も移転する。

担保の帰趨に関しては，明文の規定はないが，免責的債務引受におけるのと同様の利益状況を生ずる。そのため，免責的債務引受における担保の移転に関する考え方がここでもあてはまる。

4　多数当事者の債権債務関係

> **【到達目標】**
> ○分割債権・分割債務の概念，不可分債権・不可分債務の概念について，具体例を挙げて説明することができる。
> ○連帯債務とは，どのようなものであり，どのような場合に認められるのかについて，説明することができる。
> ○連帯債務者の 1 人について生じた事由が他の債務者にどのような影響を及ぼすかについて，説明することができる。
> ○連帯債務者間の求償権がどのような場合に生じるか，およびその行使の手続等について，説明することができる。

　債権債務関係の中には，同一の債権債務に債権者や債務者が多数登場するものがある。これを**多数当事者の債権債務関係**という。民法は，多数当事者の債権債務関係として，すでに触れた保証債務のほか，分割債権債務，不可分債権債務，連帯債権債務について規定している。

4.1　分割債権・分割債務

4.1.1　分割債権・債務の原則

　分割債権・債務とは，1 個の給付が数人の債権者または債務者間に分割できる**債権債務関係**をいう（427 条）。分割債権・債務関係は，給付が可分であり，数人の債権者または債務者がいる場合に生ずる。

　分割債権・債務は，その債権者・債務者がその有する割合において各自独立して債権を有し，債務を負う（427 条）。たとえば，A・B が C に対して 100 万円の金銭債権を有する場合，金銭債権は可分であるから，A・B は，それぞれ C に対して，各 50 万円ずつ債権を有する。他方，D に対し E・F が 100 万円の金銭債務を負う場合，E・F は，それぞれ D に対して，各 50 万円ずつの債務を負う。判例では，多数の委任者が受任者に対して有する委任事務の執行中に収取した金銭の引渡請求権（大判明 33・6・26 民録 6 輯 147 頁）や共有地が収用されたときの補償金請求権（大連判大 3・3・10 民録 20 輯 147 頁）などが分割債権にあたるとされている。他方，数人が共同でした売買契約に基づく代金債務（大判大 4・9・21 民録 21 輯 1486 頁）などは分割債務にあたるとされている。

4.1.2　金銭債権・債務の相続

　相続財産に属する金銭債権・債務について，判例は，共同相続人間において別段の合意がない限り，分割債権・債務の原則を適用し，遺産分割を経ずに，法律上当然に分割され，各共同相続人にその相続分に応じて権利・義務が承継されるとしてきた（保険金請求権につき，大判大9・12・22民録26輯2062頁，不法行為に基づく損害賠償請求権につき，最判昭29・4・8民集8巻4号819頁など。手形債務につき，大決昭5・12・4民集9巻1118頁，連帯債務につき，最判昭34・6・19民集13巻9号757頁など）。

【参考判例】 最判昭29・4・8民集8巻4号819頁

　「相続人数人ある場合において，その相続財産中に金銭その他の可分債権あるときは，その債権は法律上当然分割され各共同相続人がその相続分に応じて権利を承継するものと解するを相当とする」

【参考判例】 最判昭34・6・19民集13巻9号757頁

　「債務者が死亡し，相続人が数人ある場合に，被相続人の金銭債務その他の可分債務は，法律上当然分割され，各共同相続人がその相続分に応じてこれを承継するものと解すべきである」

　しかし，近時，判例は，金融機関に対する**預貯金請求権は，相続開始と同時に当然に相続分に応じて分割されるものではなく，遺産分割の対象になる**としている（最大判平28・12・19民集70巻8号2121頁，最判平29・4・6金法2064号6頁）。

　これによれば，各共同相続人は，遺産分割をしなければ，各自の相続分に応じた預貯金の払戻しを受けることができないということになる。

　ただし，民法では，遺産分割前であっても，各共同相続人は，預貯金払戻請求権のうち相続開始の時の債権額の3分の1に各共同相続人の相続分を乗じた額（ただし，150万円が上限。）については，それぞれが単独でその払戻しを請求できるものとされている（909条の2第1項）。

【参考判例】 最大判平28・12・19民集70巻8号2121頁

　「預貯金一般の性格等を踏まえつつ以上のような各種預貯金債権の内容及び性質をみると，共同相続された普通預金債権，通常貯金債権及び定期貯金債権は，

いずれも，相続開始と同時に当然に相続分に応じて分割されることはなく，遺産分割の対象となるものと解するのが相当である。」

4.1.3　分割債権・債務の効力

（1）対外的効力

分割債権・債務においては，各債権者または各債務者の有する債権・債務は，独立のものである。そのため，各債権者は，分割された自己の債権を行使することができ，また，各債務者は，自己の負担すべき債務を弁済しなければならない。

もっとも，分割債権・債務は，分割債権・債務が由来するところの契約に基づく制約を受ける。そのため，双務契約から生じた債権・債務においては，相手方全員が提供するまで，自己の債務の履行を拒絶することができる（533条）。

（2）1人に生じた事由

分割債権・債務においては，各債権者または各債務者の有する債権・債務は，独立のものである。それゆえ，1人の債権者または債務者に生じた事由は，他の債権者または債務者に影響を及ぼさない。

（3）内　部　関　係

分割債権・債務においては，債権者相互間または債務者相互間の内部関係の割合は，法律の規定や契約によって決定される。特段の意思表示がなければ，各債権者または各債務者は，平等の割合で権利を有し，または，義務を負う。

内部での分割割合を知らずに，自己に属する割合を超えて弁済を受領した債権者は，超過部分を他の債権者に分配しなければならず，また，自己の負担すべき割合を超えて弁済した債務者は，他の債務者に対して求償をすることができる。

4.2　連帯債務

4.2.1　意　　義
【図1】

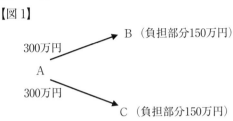

　連帯債務とは，数人の債務者が，同一の内容の給付について各自独立に全部の給付をなすべき債務を負い，そのうちの1人が給付をすれば，他の債務者も債務を免れる多数当事者の債務をいう（436条）。たとえば，Aから，B・Cが連帯して300万円を借りた場合（【図1】参照），Aは，Bに対しても，Cに対しても，300万円の返済を請求することができるが，Bか，CのいずれかがAに対して，300万円を弁済すれば，他方も債務を免れることができる。

4.2.2　連帯債務の成立
　連帯債務は，債務の目的がその**性質上可分である**場合において，**法令の規定**または**当事者の意思表示**によって成立する（436条）。

（1）法律の規定による成立
　法律の規定によって，連帯債務が成立することがある。たとえば，夫婦の一方が日用品を購入するというように，日常の家事のために債務を負担した場合には，他の一方は，これによって生ずる債務につき，連帯して責任を負う（761条本文）。
　また，数人が共同の不法行為によって他人に損害を加えたときは，各自が連帯してその損害を賠償する責任を負う（719条1項前段）。もっとも，これを連帯債務と考えるか，不真正連帯債務と考えるかという問題がある。

【連帯債務と不真正連帯債務】
　民法には規定はなかったが，改正前民法のもとでは，判例・学説は，不真正連帯債務を認めていた（使用者責任における使用者の損害賠償義務と被用者の損害賠償義務について，大判昭12・6・30民集16巻1285頁，共同不法

行為における各行為者の損害賠償義務について，最判昭 57・3・4 判時 1042
号 87 頁）。

　不真正連帯債務においては，連帯債務の基本である主観的共同関係がな
い。そのため，主観的共同関係を根拠とする絶対的効力がない（大判昭
12・6・30 民集 16 巻 1285 頁：消滅時効について影響なし。）。

　しかし，現行法では，連帯債務の絶対的効力事由が大幅に削減されたた
め，その点では，不真正連帯債務を認める必要性はなくなったとされる。し
かし，不真正連帯債務の場合は，各賠償義務者は，支払った賠償金がそれぞ
れの負担部分を超えて初めて，他の賠償義務者に対して求償ができると解さ
れているところ（最判昭 63・7・1 民集 42 巻 6 号 451 頁），これは，442 条 1
項とは異なる扱いであり，また，更改・混同においては，なお絶対的効力が
生ずることから，真正連帯債務とは扱いが異なる点が残り，したがって，不
真正連帯債務の解釈論は今後も続けられるとの見解もある（小賀野晶一・松
嶋隆弘編著『民法（債権法）改正の概要と要件事実』〔三協法規出版，2017
年〕236 頁〔高田敦執筆〕）。

（2）意思表示による成立

連帯債務は，当事者の合意によって成立させることができる。黙示の意思表示
によって連帯債務を成立させることもできる（最判昭 39・9・22 判時 385 号 50
頁）。

　また，判例は，併存的債務引受がなされた場合には，反対に解すべき特段の事
情のないかぎり，原債務者と引受人との関係について連帯債務関係が生ずるとし
ている（最判昭 41・12・20 民集 20 巻 10 号 2139 頁）。

4.2.3　連帯債務の効力

（1）対外的効力

債権者は，連帯債務者の 1 人に対して，または同時にもしくは順次にすべての
連帯債務者に対して，全部または一部の履行を請求することができる（436 条）。

（2）1 人について生じた事由の効力

（a）原則──相対的効力事由

ある連帯債務者に生じた事由は，**原則として，相対的効力**しか有さず，**他の連
帯債務者に影響を及ぼさない**（441 条本文）。たとえば，連帯債務者の 1 人につ
いて，時効が完成したとしても，それは，他の連帯債務者に影響を及ぼさない。

そのため，債権者は，時効が完成した連帯債務者以外の連帯債務者に対して，債務の履行を請求することができる（なお，債務の弁済をした連帯債務者は，時効が完成した連帯債務者に対して，求償することができる〔445条〕）。そのほか，履行の請求，免除なども，他の連帯債務者に影響を及ぼさない。

ただし，債権者および他の連帯債務者の1人が別段の意思表示をしたときは，当該他の連帯債務者に対する効力は，その意思に従う（441条ただし書）。

（b）例外——絶対的効力事由

これに対して，以下の事由については，ある連帯債務者に生じた事由が他の連帯債務者にも影響を及ぼす（**絶対的効力**）。

（ア）弁済・代物弁済・供託

1人の連帯債務者がした弁済，代物弁済，供託は，他の連帯債務者にも効力を有する。明文の規定はないが，連帯債務の性質上当然だからである。

（イ）更　　改

連帯債務者の1人と債権者との間に更改があったときは，債権は，すべての連帯債務者の利益のために消滅する（438条）。

（ウ）相　　殺
（ⅰ）反対債権を有している連帯債務者による相殺

連帯債務者の1人が債権者に対して債権を有する場合に，その連帯債務者が相殺を援用したときは，債権は，すべての連帯債務者の利益のために消滅する（439条1項）。

たとえば，上記の例（B・CがAに対して300万円の連帯債務を負担している。）において，BがAに対して，200万円の反対債権を有している場合に，Bが相殺すると，Cもその分の債務を免れ，B・Cは，残額の100万円につき連帯債務を負う。

（ⅱ）他の連帯債務者が有している反対債権による相殺

反対債権を有する連帯債務者が相殺を援用しない間は，その連帯債務者の負担部分（**負担部分**とは，連帯債務者相互間で負担すべき債務の割合をいう。）の限度において，他の連帯債務者は，債権者に対して債務の履行を拒むことができる（同条2項）。

　そのため，上記の例で，Bの負担部分が150万円であるとすると，Cは，Bの負担割合の150万円の範囲で債務の履行を拒絶することができる。

【AのCに対する金銭消費貸借契約に基づく貸金返還請求】

【請求原因】
　（1）　Aは，B・Cを連帯債務者として金銭消費貸借契約を締結したこと
　（2）　（1）の債務の弁済期が到来したこと

（439条2項）
【抗弁】
　（1）　BのAに対する債権の発生原因事実
　（2）　BのAに対する負担部分の限度で，Aに対する履行を拒絶するとの意思表示をしたこと

（エ）混　　同

　連帯債務者の1人が債権者を相続したりして，混同が生じた場合にも，その連帯債務者は，弁済をしたものとみなされる（440条）。

（3）求　　償

（a）負　担　部　分

　連帯債務者は，各自債権者に対して，債務の全部につき履行義務を負うが，内部関係においては，**負担部分**がある。負担部分とは，**連帯債務者相互間で負担すべき債務の割合**をいう。負担部分は，当事者間の特約によって決定することができる（大判大6・5・3民録23輯863頁）。特約がないときは，連帯債務の負担によって各連帯債務者が受けた利益の割合に従って定まり（大判大4・4・19民録21輯524頁），それも明らかでない場合は平等の割合となるとされる。

（b）求　償　範　囲

　弁済などによって債務を消滅させた連帯債務者は，他の連帯債務者に求償することができる（442条1項）。自己の負担部分を超えない範囲の弁済でも，弁済その他自己の財産をもって共同の免責を得た連帯債務者は，他の連帯債務者に対して，負担部分の割合に応じて，求償することができる（同項。大判大6・5・3民録23輯863頁）。

求償は，弁済その他免責があった日以後の法定利息および避けることができなかった費用その他の損害の賠償を包含する（同条2項）。

（c）求償権の制限

弁済にあたっては，保証の場合と同様に，事前通知および事後通知の義務が課され，それを怠った場合には，求償が制限される（443条）。これらの通知義務が課されるのは，他の連帯債務者が抗弁の行使の機会を失うことや誤って二重に弁済することを防止するためである。

【BのCに対する連帯債務弁済に基づく求償権の行使】

【請求原因】
（1）　連帯債務の発生原因事実
（2）　Bは，Aに対し，（1）の債務を弁済し，共同の免責を得たこと

（443条1項）
【抗弁】
　Cは，Aに対抗することができる事由を有していたこと

（事前通知）
【再抗弁】
　Bは，Cに事前通知をしたこと，または，Bは，弁済等をした当時，Cの存在を知らなかったこと

（d）無資力者がいる場合の求償

連帯債務者の中に償還する資力のない者があるときは，その償還をすることができない部分は，求償権者と他の資力のある連帯債務者が各自の負担部分に応じて分割して負担する（444条1項）。

たとえば，B・C・DがAに300万円の連帯債務を負い，B・C・Dの負担割合は，各100万円であるところ，Bが300万円全額をAに弁済したが，Cが無資力の場合には，BとDは，各自の負担部分の割合で分割して分担する。そのため，Bは，Dに対して，150万円を求償することができる。

4.3　不可分債務

【図 2】

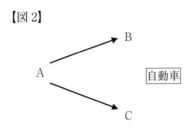

4.3.1　意　　義

不可分債務とは，**債務の目的である給付が性質上不可分であるもの**をいう（430条）。たとえば，B・C が共有する自動車を A に売却した場合，A は，B および C に自動車の引渡しを請求することができる（【図 2】参照）。

　不可分債務か否かは，給付の性質によって決められる。判例において，不可分債務であるとされたものとして，共同賃借人の賃借物返還債務（大判大 7・3・19 民録 24 輯 445 頁），立木の共有者の引渡債務（大判大 12・2・23 民集 2 巻 127 頁），共同相続財産に属する賃借物を使用収益させる債務（最判昭 45・5・22 民集 24 巻 5 号 415 頁）などがある。

4.3.2　不可分債務の効力

（1）対外的効力

　不可分債務の対外的効力については，連帯債務に関する規定が準用される（430条）。債権者は，債務者の 1 人またはすべての債務者に対して，同時にもしくは順次に，全部または一部の履行を請求することができる（436 条の準用）。

　また，債務者の 1 人が債権者に債務の履行をすれば，その限度ですべての債務者が債務の履行を免れる。

（2）1 人について生じた事由の効力

（a）原則 —— 相対的効力事由

　債務者の 1 人について生じた事由の効力に関しても，原則として，連帯債務に関する規定が準用される（430 条）。

　債務者の 1 人について生じた事由は，原則として，他の債務者に影響を及ぼさ

ない（**相対的効力の原則**）（441条の準用）。

（b）例外——絶対的効力事由

これに対して，債務者の1人との間でなされた更改および相殺は，他の債務者に影響を及ぼす（**絶対的効力**）（438条・439条の準用）。もっとも，混同は，連帯債務と異なり，相対的効力しかない（430条参照）。連帯債務においては，履行すべき内容と求償の内容とが同質であるため，混同を相対的効力事由とすると，他の連帯債務者は履行をしたうえで，その履行を受けた者に対して，求償するという迂遠な状況が生ずる。しかし，不可分債務においては，履行すべき内容と求償の内容とが異なっており，同一の者に対して履行をしたうえで求償することが迂遠であるとはいえないからである。

（3）求　　償

求償に関しても，連帯債務に関する規定が準用される（430条）。不可分債務者の1人による弁済などで，共同の免責を得たときは，その債務者は，他の債務者に対して，各自の負担部分に応じた額について求償することができる（442条以下の準用）。

4.3.3　分割債務への変更

たとえば，不可分債務者が物の引渡債務を負っていたところ，その不履行によって，引渡債務が損害賠償債務に変わった場合のように，不可分債務の目的たる給付が不可分なものから可分なものに変わったときは，その債務は，分割債務になる（431条）。

4.4　連帯債権

【図3】

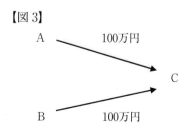

4.4.1　意　義

連帯債権とは，債権の目的がその性質上可分である場合において，法令の規定または当事者の意思表示によって連帯関係にあるものをいう（432 条）。たとえば，復代理人に対する本人および代理人の権利，転借人に対する賃貸人および転貸人の権利，債権の二重譲渡における通知の同時到達の場合などである。各債権者は，すべての債権者のために全部または一部の履行を請求することができ，債務者は，すべての債権者のために各債権者に対して履行をすることができる。

4.4.2　連帯債権の成立

連帯債権は，法令の規定または当事者の意思表示によって成立する（432 条）。

（1）法令の規定

連帯債権は，法令の規定によって成立する。復代理人に対する本人（106 条 2 項参照）および代理人の権利，転借人に対する賃貸人（613 条参照）および転貸人の権利などがその例である。さらに，債権の二重譲渡における通知の同時到達の場合における譲受人の地位も，連帯債権関係であるとされている。

（2）当事者の意思表示

連帯債権は，当事者の合意によっても成立する。

4.4.3　連帯債権の効力

（1）対外的効力

各債権者は，すべての債権者のために全部または一部の履行を請求することができ，債務者は，すべての債権者のために各債権者に対して履行をすることができる（432 条）。

（2）1 人について生じた事由の効力

（a）原則 —— 相対的効力事由

連帯債権者の 1 人の行為または 1 人について生じた事由は，原則として，他の連帯債権者に対してその効力を生じない（**相対的効力の原則**）（435 条の 2 本文）。

ただし，他の連帯債権者の 1 人および債務者が別段の意思を表示したときは，当該他の連帯債権者に対する効力は，その意思に従う（同条ただし書）。

（b）例外——絶対的効力事由

これに対して，以下の事由は，連帯債権者の1人について生じた事由が他の連帯債権者に対しても効力を有する（**絶対的効力**）。

（ア）履行の請求

連帯債権者は，すべての債権者のために全部または一部の履行を請求することができるから（432条），履行の請求には絶対的効力がある。

（イ）弁　　済

債務者は，すべての債権者のために各債権者に対して履行をすることができるから（432条），弁済には絶対的効力がある。同様に，代物弁済・供託も絶対的効力を有する。

（ウ）更改・免除

連帯債権者の1人と債務者との間に更改または免除があったときは，その連帯債権者がその権利を失わなければ分与されるべき利益にかかる部分については，他の連帯債権者は，履行を請求することができない（433条）。**その連帯債権者がその権利を失わなければ分与されるべき利益**とは，その連帯債権者が連帯債権について有している持分的利益をいう。たとえば，上記の例で（【図3】参照），A・Bの持分が平等で，AがCに免除した場合，Bは，Cに対して，Aの持分を除いた50万円の履行を求めることしかできない。

（エ）相　　殺

債務者が連帯債権者の1人に対して債権を有する場合において，その債務者が相殺を援用したときは，その相殺は，他の連帯債権者に対しても，その効力を生ずる（434条）。上記の例で，CがAに対して，100万円の反対債権を有している場合に，Cがこの債権を自働債権としてAのCに対する債権と相殺したとき，BのCに対する債権も消滅する。

（オ）混　　同

連帯債権者の1人と債務者との間に混同があったときは，債務者は，弁済をしたものとみなされる（435条）。その結果，他の連帯債権者との関係でも，債権は消滅する。

（3）内 部 関 係

債務者からの弁済を受領した債権者は，他の債権者に利益を分配することとなる。特別の事情がなければ，分配の割合（持分）は平等となると解されている。

4.5　不可分債権

【図 4】

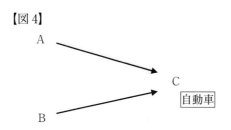

4.5.1　意　　義

不可分債権とは，**債権の目的がその性質上不可分である債権**をいう。A・Bが Cから自動車を購入した場合の自動車の引渡債権などがその例である。

不可分債権か否かは，給付の目的が不可分であるか否かによって決められる。判例においては，数人に宛てた借用証書の交付請求権（大判明 35・10・31 民録 8 輯 174 頁），共有者の共有物引渡債権（大判大 10・3・18 民録 27 輯 547 頁），数人の貸主の借主に対する家屋の明渡債権（最判昭 42・8・25 民集 21 巻 7 号 1740 頁）などが不可分債権であるとされている。

4.5.2　不可分債権の効力

（1）対外的効力

各債権者は，すべての債権者のために全部または一部の履行を請求することができ，また，債務者は，すべての債権者のために各債権者に対して履行をすることができる（428 条による 432 条の準用）。

（2）1 人について生じた事由の効力

（a）原則 ── 相対的効力事由

不可分債権については，連帯債権の規定が準用されるため，原則として，債権者の 1 人について生じた事由は他の債権者に影響を及ぼさない（**相対的効力**）（428 条による 435 条の 2 の準用）。

　債権者の1人と債務者との間に更改または免除があった場合でも，他の債権者は，債務の全部の履行を請求することができる（429条前段）。ただし，この場合には，その1人の債権者がその権利を失わなければ分与されるべき利益を債務者に償還しなければならない（同条後段）。求償の循環を避けるためである。

（b）例外——絶対的効力事由

　428条により432条が準用されるため，履行の請求には絶対的効力がある。また，弁済その他債権者に満足を与える事由（代物弁済，供託など）についても，**絶対的効力**がある。

（3）内 部 関 係

　債務者からの弁済を受領した債権者は，他の債権者に利益を分配することとなる。特別の事情がなければ，分配の割合（持分）は平等となると解されている。

4.5.3　分割債権への変更

　たとえば，Cが，A・Bに対して，物の引渡債務を負っていたところ，Cの不履行によって，A・Bの引渡債権が損害賠償債権に変わった場合のように，不可分債権の目的たる給付が不可分なものから可分なものに変わったときは，その債権は，分割債権になる（431条）。

第3編　物的担保

1　物的担保総論

1.1　債権担保

【図1】

担保とは，**債権の回収を確実にするための手段**である。

担保には人的担保と物的担保がある（【図1】参照）。

人的担保とは，**債務者が債務を弁済しないときに債務者以外の者から支払を受けることによって，債務の弁済を確保する手段**をいう。保証がその例である。

物的担保とは，**債務者あるいは債務者以外の者が所有する物や物の価値から債務の弁済を確保する手段**である。担保物権がその例である。

1.2　物的担保の種類

【図2】

物的担保（担保物権）とは，**債務者あるいは債務者以外の者が所有する物や物の価値から債務の弁済を確保する手段**をいう。

物的担保には典型担保と非典型担保がある（【図2】参照）。

典型担保とは，**民法が規定している担保**をいう。そうでない担保を**非典型担保**という。典型担保では，裁判所による**執行手続によって債権の優先的な回収がなされる**が，非典型担保では，担保目的物の所有権を債権者が取得したり，担保目

的物を売却してその代金から債権を回収したりというように，**私的実行によって債権の回収がなされる。**

　典型担保は，さらに，約定担保と法定担保にわけることができる。**約定担保とは，当事者の合意によって成立する担保**をいう。抵当権や質権がその例である。

　法定担保とは，法律が定める要件が充足された場合に当然に成立する担保をいう。留置権や先取特権がその例である。

1.3　物的担保の一般的性質

1.3.1　優先弁済的効力

　担保物権の権利者は，債務者から債権の弁済を受けることができない場合に，担保目的物を競売して，その換価金から他の債権者に優先して（先立って）配当を受けることができる。これを担保物権の**優先弁済的効力**という。

【図3】

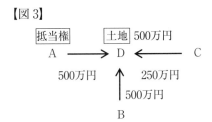

　たとえば，A，B，CがDに対して，それぞれ500万円，500万円，250万円の金銭債権を有しており，Dには見るべき財産として，時価500万円の土地しかないとしよう。この場合に，A，Bは，強制執行によりDの財産から，200万円ずつの配当を受け，Cは，100万円の配当を受ける。もっとも，反対に言えば，A・Bは，残りの300万円を，Cは，150万円を回収できないことになる。

　しかし，AがDの土地に抵当権の設定を受けている（担保権を有している）場合を考えてみよう（【図3】参照）。この場合，Aは，Dの土地から，B，C（担保権を有さない債権者を**一般債権者**という。）に先立って債権額500万円を回収することができる。他方，B，Cは，もはや土地の残余価値がないから，配当を受けられないこととなる。

　こうしてみると，担保権を有することが如何に債権者にとって有利であるかがわかるだろう。

1.3.2　付 従 性

　物的担保は，債権を担保するためのものなので，被担保債権（物的担保によって担保される債権をいう。）が存在しないと，物的担保は成立しない。また，債権の弁済などで被担保債権が消滅したときは，物的担保も消滅する。このような物的担保の性質を**付従性**という。

1.3.3　随 伴 性

　被担保債権が債権譲渡などによって第三者に移転した場合には，物的担保も，原則として，それに伴って第三者に移転する。このような物的担保の性質を**随伴性**という。

【図4】

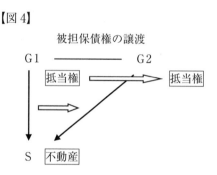

1.3.4　不 可 分 性

　物的担保の権利者（担保権者）は，原則として，被担保債権の全部の弁済を受けるまで目的物の上に権利を行使することができる。担保権者は，被担保債権の一部弁済を受けたとしても，担保権の設定を受けた目的物全体について担保権を実行することができる（296条・305条・350条・372条）。このような物的担保の性質を**不可分性**という。

1.3.5　物上代位性

　物的担保の目的物が第三者に放火され，その目的物が焼失したことによって，債務者が第三者に対して不法行為に基づく損害賠償請求権を取得した場合のように，債務者が担保目的物に代えて取得したものがあるときは，担保権者は，その債務者が取得したものに対して権利を行使することができる（304条・350条・

372 条）。このような物的担保の性質を**物上代位性**という。

【図 5】

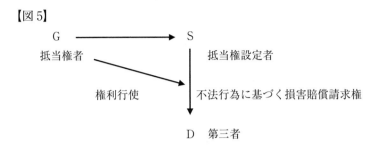

2　抵当権

2.1　抵当権の意義等

2.1.1　意　　義

【図1】

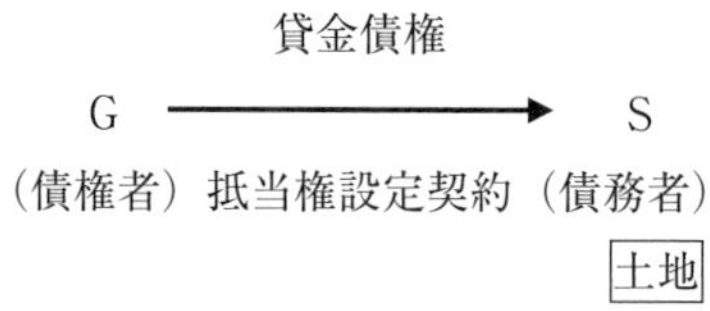

貸金債権

G ──────────▶ S

（債権者）抵当権設定契約（債務者）

土地

　抵当権とは，**債務者または第三者が占有を移さずに債権の担保に供した不動産**
につき，債権者が他の債権者に先立って弁済を受ける権利をいう（369条1項）。
もう少し具体的に言えば，債権者が債務者に金銭を貸す際に，債務者あるいは第
三者が所有する土地や建物について抵当権の設定契約を締結する。抵当権設定後
も，債務者や第三者は，そのまま土地や建物を利用することができる。しかし，
債務者が債務の弁済期に債務の弁済ができない場合には，債権者である抵当権者
は，抵当権を実行して抵当権の目的である土地や建物を競売して，その競売代金
から優先弁済を受けることができる。

2.1.2　抵当権の性質

　抵当権は，担保目的物の交換価値を把握することを内容とする担保物権であ
り，抵当権者は，他の債権者に先立って自己の債権の満足を受けることができ
る。つまり，抵当権には**優先弁済的効力**がある。また，抵当権は，債権者と債務
者または第三者との合意によって成立する**約定担保物権**であり，担保目的物の占
有を抵当権者に移さない**非占有担保**である。

　また，抵当権は，担保物権であるから，担保物権に共通する性質として，以下
の性質を有する。

　第一に，抵当権は，**付従性**を有し，その結果，被担保債権が存在しなければ，
抵当権は成立しないし，債務の弁済などによって，被担保債権が消滅すれば，抵

当権も消滅する。先順位の抵当権が債務者の弁済等により消滅したときは，後順位の抵当権の順位が格上げされる。これを**順位上昇の原則**という。たとえば，債務者Sの有する甲不動産にSの債権者G1が1番抵当権を有していたが，SがG1に債務を弁済したときは，付従性によりG1の1番抵当権は消滅する。この場合にSの債権者G2が甲不動産に2番抵当権を有しているとすると，G1の抵当権の消滅により，G2の抵当権は1番抵当権に格上げされる。

第二に，抵当権は，**随伴性**を有し，被担保債権の移転に伴って被担保債権の譲受人に移転する。

第三に，抵当権は，**不可分性**を有し，抵当権者は，被担保債権の全部の弁済を受けるまで，抵当権の目的物の全部について抵当権を実行することができる（372条・296条）。

第四に，抵当権は，**物上代位性**を有し，たとえば，抵当権の目的物が滅失した場合に，抵当権設定者が抵当権の目的物に代えて取得したものがあるときは，抵当権者は，そのものに対して権利を行使することができる（372条・304条）。

2.2　抵当権の設定および対抗要件

2.2.1　抵当権の設定

（1）抵当権設定契約

抵当権は，債権者と債務者または第三者との間の諾成・無方式の契約で設定される（**約定担保物権**）。抵当権設定契約は，抵当権という物権の設定を目的とする契約であるから，**物権契約**である。抵当権の設定を受ける債権者を**抵当権者**，抵当権を設定する債務者または第三者を**抵当権設定者**という。抵当権設定者は，債務者に限られず，第三者でもよい。自己の不動産に抵当権を設定した第三者を**物上保証人**という。

（2）抵当権の目的物

抵当権の目的物となるのは，民法上，**不動産**（土地およびその定着物をいう〔86条1項〕）および**地上権，永小作権**である（369条）。

なお，特別法によって自動車，建設機械などの動産（自動車抵当法，建設機械抵当法など）や企業が有する土地，建物，機械などの物的設備および工業所有権などの企業の資産に対する抵当権の設定も認められている（工場抵当法など）。

（3）抵当権の被担保債権

抵当権の**被担保債権**（**抵当権が担保する債権**をいう。）は，通常，金銭債権である。もっとも，抵当権を設定しうる債権は，金銭債権に限られない。金銭以外の債権も，不履行があるときは，損害賠償債権に変わるため，これを抵当権によって担保することができる[1]。

また，**将来債権**（将来発生する債権をいう。）を担保するための抵当権設定も有効である（大判大2・5・8民録19輯312頁など）。

2.2.2　対抗要件

抵当権も，物権であるから，抵当権の設定を第三者に対抗するためには，その旨の登記をすることを要する（177条）（【資料1】参照）。

【資料1】

【権利部（乙区）】			（所有権以外の権利に関する事項)		
【順位番号】	【登記の目的】	【受付年月日・受付番号】	【原因】	【権利者その他の事項】	
1	抵当権設定	平成18年8月30日 第11385号	平成18年8月30日金銭消費貸借平成18年8月30日設定	債権額 利息 損害金 債務者 抵当権者	金2300万円 年4.2％ （年365日日割計算） 年14.5％ （年365日日割計算） 東京都練馬区○○○○○○ 東京都千代田区○○○○銀行株式会社
2	抵当権設定	平成19年5月20日 第4322号	平成19年5月20日金銭消費貸借同日設定	債権額 利息 損害金 債務者 抵当権者	金2000万円 年3.5％ 年14.5％ 東京都練馬区○○○○○○ 東京都千代田区○○○○銀行株式会社

---

[1] ただし，この場合には，その債権を金銭に換算してその価額を登記しなければならない（不登83条1項1号）。

　抵当権は，同一の不動産について，複数設定することができる。そのため，抵当権が実行された場合に，その配当において，抵当権者の優先関係が問題になる。この場合の**抵当権の優先順位は，登記の前後による**（373条）。同一の不動産に複数の抵当権が設定されている場合，最初に設定された抵当権を1番抵当権，その次に設定された抵当権を2番抵当権と呼ぶ[2]。いったん登記がされれば，後から設定された抵当権に先を越されることはない。これを**順位確定の原則**という。

【成立要件と対抗要件】

　抵当権は，約定担保物権であり，登記をしなくても抵当権の設定合意があれば有効に成立する（【注意】登記は抵当権の成立要件ではない！それについて，『請求権から考える民法2』を参照）。しかし，その後，当該不動産に抵当権の設定を受けた（登記もした）者がいる場合には，その者に対しては，自分が先に抵当権の設定を受けたということを主張することができない。また，後述するように，抵当権の設定に後れる賃借権は，原則として，抵当権者に対抗することができないが（387条参照），抵当権の設定登記をしておかないと，賃借人に対しても，抵当権の設定を受けたことを主張することができない。

【設例2−1】　登記の流用

　Sは，Gから1000万円を借り受け，その貸金債権を担保するため，自己所有の土地に抵当権を設定し，その旨の登記をした。その後，Sは，Gに対して，借りたお金を全額返済したが，抵当権設定登記は，抹消されないまま残されていた。この場合に，さらにその後，SがGから再度1000万円を借り受けたとき，抹消されないまま残されていた抵当権設定登記を新たな貸金債権を担保するために用いる（流用する）ことができるか。

2　ある抵当権から見て，その抵当権に優先する抵当権を**先順位抵当権**，劣後する抵当権を**後順位抵当権**という場合もある。たとえば，1番抵当権から見れば，2番抵当権は，後順位抵当権であり，他方，2番抵当権から見れば，1番抵当権は，先順位抵当権ということになる。

【図2】

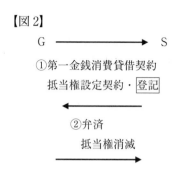

抵当権は，付従性を有するから，最初の金銭消費貸借契約に基づく貸金が全額返済されれば，被担保債権は消滅し，抵当権も消滅する。そのため，登記がそのまま残されていたとしても，その登記は空っぽの無効の登記である。

それでは，この登記は，後の金銭消費貸借契約に基づく貸金債権を担保するための抵当権の登記として効力を有するだろうか。

判例は，登記の流用の時までに第三者が当該不動産に正当な利害関係を有するに至った場合には登記の流用を認めず[3]，登記の流用後にかかる第三者が出現した場合には抵当権の流用を認め，抵当権者は，流用登記をもって第三者に対抗することができるとしている（大判昭11・1・14民集15巻89頁，仮登記担保につき，最判昭49・12・24民集28巻10号2117頁）。

【判例の意味を理解しよう！】

判例の考え方をきちんと理解するために，第三者ＤもＳにお金を貸し，抵当権の設定を受けたという状況を考えてみよう。

これが登記の流用（GS間の第二金銭消費貸借契約）の前だった場合に，登記の流用を認めると，Ｄは，不利な地位に置かれることとなる。なぜなら，登記の流用を認めると，Ｇの抵当権の登記は，Ｄの抵当権の登記より先になされていることになるから，ＧがＤに優先することとなるからである（【図3】①参照）。それゆえ，抵当権の登記の流用前にＤが利害関係を有するに至った場合には，登記の流用を認めないということになる。これに対して，ＤがＧの抵当権登記の流用後に登場したのであれば，もともとＧは，

3　2番抵当権の登記としては有効である（大判昭8・11・7民集12巻2691頁）。

Dに優先する地位を有していたのであるから，Dを不利な地位に置くことはない（【図3】②参照）。それゆえ，この場合には，登記の流用を認めても問題がないということになる。

【図3】

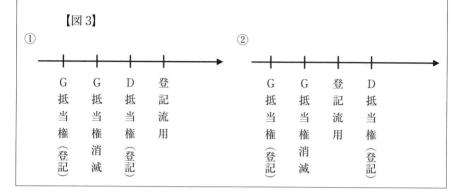

3　抵当権による債権回収

> **【到達目標】**
> ○抵当権者がどのように債権を回収するのかを説明することができる。

　債務者が債務を弁済しない場合，債権者である抵当権者は，抵当権を実行して抵当不動産の交換価値から他の債権者に優先して債権の弁済を受けることができる。抵当権の実行による抵当権者の優先弁済権の実現手段としては2つの方法がある。1つは，担保不動産競売による方法であり，もう1つは，担保不動産収益執行による方法である。また，抵当権者は，物上代位権の行使により債権を回収することもできる。

3.1　担保不動産競売

　抵当権の実行は，民事執行法の定める手続（民執180条以下）に従ってなされる。なお，手続の詳細は，民事執行法の問題となるので，ここでは概略を述べるにとどめる。

　債務者が弁済期に債務の弁済をしない場合，抵当権者は，抵当権の目的である土地や建物を競売して，その売却代金から他の債権者に先立って債権を回収し満足を受けることができる（民執180条1号）。抵当権に基づく担保不動産競売は，基本的には不動産執行の場合の強制競売（それについて，第1編1.1.2を参照。）と同様の手続によることになる。もっとも，執行の迅速性を確保する要請から，担保不動産競売では，強制競売手続で必要とされる債務名義（民執22条参照）[1]の提出や執行文の付与[2]は必要とされない。

---

[1] 債務名義とは，強制執行によって実現される請求権の存在および範囲を公に証明する文書をいう。執行機関は，迅速な執行のため，自ら請求権の存在や範囲についての判断をすることはない。そのため，強制執行によって実現される請求権の存在や範囲を証明するものが必要となる。これが債務名義である。確定判決などがその例である（そのほかについては，民執22条を参照。）。

[2] 執行文とは，強制執行において，請求権が存在し，強制執行できる状態であることを公証するために，裁判所書記官が付与する文言をいう。通常，「債権者○○は，債務者○○に対し，この債務名義に基づき強制執行することができる。」という内容になる。

3.1.1　担保不動産競売の要件

担保不動産競売を行うためには，まず，有効な抵当権が存在することが必要である。また，被担保債権の弁済期が到来していなければならない。

3.1.2　担保不動産競売の手続

【図1】

【大まかな流れ】

（1）競売申立て

抵当権者は，抵当権の存在を証する文章，不動産競売申立書その他添付書類を，不動産所在地を管轄する地方裁判所（この裁判所を**執行裁判所**という。）に提出して，競売の申立てをする（民執181条・188条・44条）。

抵当権の存在を証する文章とは，抵当権の存在を証する確定判決や公正証書の謄本，抵当権の登記に関する登記事項証明書などである（同法181条1項1号ないし3号）。実際には登記事項証明書によるのがほとんどである。

（2）競売開始決定

競売の申立てがあったときは，裁判所は競売開始決定をする（民執188条・45条1項）。競売開始決定は，抵当権不動産の所有者（および債務者）に送達される（同法188条・45条2項）。競売開始決定がなされると，裁判所書記官の嘱託により差押えの登記がなされる（同法188条・48条）。差押えがなされると，不動産所有者は，その抵当不動産の処分を禁止される。もっとも，差押え後も不動産所有者は，通常の用法に従って不動産を使用・収益することができる（同法188条・46条2項）。

（3）換　　価

（a）売却手続

競売開始決定がされた後，執行裁判所は，執行官に現況調査を命じ，評価人を選任して，現況調査および評価に基づき，適正な売却条件を決定する。執行裁判所は，評価人の評価に基づいて，売却基準価額を定める（民執188条・60条）。

裁判所書記官は，売却方法を決定し（同法188条・64条1項），入札または競り売りの方法により売却するときは，売却日時および場所を定めて執行官に売却させる（同法188条・64条3項）。競売申立人から申立てがあれば，買受希望者を不動産に立ち入らせて見学させる内覧が実施される（同法188条・64条の2）。裁判所は，売却決定期日を開いて，売却の許可・不許可の決定を行う（同法188条・69条）。売却許可決定の確定によって最高価買受申出人が当該不動産の**買受人**となる。

　なお，抵当不動産の第三取得者は，買受人となることができるが（民法390条），債務者は，買受人となることができない（民執188条・68条）。抵当権者は，買受人となることができ，実際そのケースも多い。

（b）売却の効果

　買受人は，裁判所の定める期限までに代金を納付しなければならない（民執188条・78条1項）。買受人は，代金を納付した時に不動産の所有権を取得する（同法188条・79条）。買受人が代金を納付しないときは，売却許可決定は効力を失う（同法188条・80条1項）。買受人の代金納付後は，抵当権の不存在・消滅を理由として，買受人の所有権の取得を争うことはできない（同法184条）。

　買受人が代金を納付すると，裁判所書記官は，買受人の取得した所有権の移転の登記，売却によって消滅した権利等の登記の抹消を嘱託しなければならない（同法188条・82条1項）。

【売却によって消滅する権利】

　先取特権，使用収益をしない旨の定めのある質権，抵当権，仮登記担保権は，配当の如何を問わず，売却により消滅する（**消除主義**。民執188条・59条1項，仮登記担保16条1項）。

　上記の消滅する権利を有する者，差押債権者または仮差押債権者に対抗することができない不動産にかかる権利の取得は，売却によりその効力を失う（民執188条・59条2項）。

　不動産にかかる差押え，仮差押えの執行および上記の消滅する権利を有する者，差押債権者または仮差押債権者に対抗することができない仮処分の執行は，売却によりその効力を失う（同法188条・59条3項）。

　不動産の上に存する留置権および使用収益をしない旨の定めのない質権で売却によって失効しないものについては，買受人は，これらによって担保さ

れる債権を弁済する責任を負う（**引受主義**。同法 188 条・59 条 4 項）。

利害関係を有する者が，売却基準価額が定められる時までに上記と異なる合意をした旨の届出をしたときは，売却による不動産の上の権利の変動は，その合意に従う（同法 188 条・59 条 5 項）。

（4）配　　当

売買代金が交付されると，執行裁判所は，配当期日に配当表を作成し（民執 188 条・85 条），優先順位に従って担保権者や債権者に配当がなされる（同法 188 条・87 条）。

【もう一度考えてみよう！】

A，B，C は，D にそれぞれ 2000 万円，1000 万円，1000 万円の貸金債権を有している。また，D のもとには，甲土地（時価 3000 万円）しかめぼしい財産がない。

次の①と②とで各債権者の配当がどう変わってくるかを考えなさい。

① 甲不動産が強制競売された場合（【図 2】）。

② A が甲不動産に 1 番抵当権を有し，B が 2 番抵当権を有している場合に，甲不動産につき担保不動産競売がなされたとき（【図 3】）。

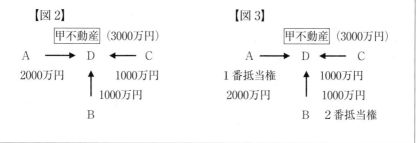

3.1.3 他の債権者による執行手続における優先弁済権の実現

他の債権者が抵当不動産を強制競売し，あるいは担保権実行手続を開始したときは，抵当権は消滅するが（民執 188 条・59 条 1 項），抵当権者は，この競売手続内において当然に被担保債権額を執行裁判所に届け出て，優先順位に従って配当を受けることができる（同法 188 条・87 条 1 項 4 号）。

抵当権者は，他の債権者によって競売手続が開始された場合にも，二重に執行申立てをすることができる（同法 188 条・47 条 1 項）。もっとも，二重開始決定

がなされた後の手続は，先の競売手続が進行している限り行われず，その競売手続内で配当を受けることとなる（同法188条・87条1項1号）。二重開始決定は，先の競売手続が取り消された場合に意味を有する。

3.2　担保不動産収益執行

3.2.1　制度の意義・効用
（1）意　　義

担保不動産収益執行とは，管理人に抵当不動産の管理を委ね，その管理からあげられた収益（賃料など）について目的物の維持管理に必要な費用を除外した部分を抵当権者に配当する手続である（民執180条2号）。

2003年民事執行法の改正により導入された制度である。

（2）効　　用

賃料債権に対する物上代位権の行使が認められているが（それについて詳しくは，物上代位による債権回収を参照。），債務者が賃貸人として抵当不動産の管理にあたるため，収益を得られなくなった債務者が不動産の管理を怠ったり，その結果，賃貸不動産が荒廃したり，賃借人が減少したりして，債権者としても十分な債権の回収ができないという事態が生じた。

これに対し，担保不動産収益執行では，債務者に代わって管理人が抵当不動産の管理を行い，賃借人の募集を行うため，抵当不動産の荒廃・賃借人の減少という事態を回避することができる。

また，物上代位では，第三債務者の特定が必要であるが，担保不動産収益執行では，給付義務者不明の場合でも，担保不動産収益執行開始命令後に管理人が調査を行うため，申立てが可能である。

3.2.2　担保不動産収益執行の要件
担保不動産収益執行の開始の要件は，担保不動産競売手続と同じである。

3.2.3　担保不動産収益執行の手続
担保不動産収益執行の手続については，強制管理に関する規定が準用される（民執188条）。

【図4】
【大まかな流れ】

（1）担保不動産収益執行開始の申立て
担保不動産競売手続と同じである。

（2）担保不動産収益執行開始決定
担保不動産収益執行開始の申立てがあったときは，裁判所は担保不動産収益執行開始決定をする（民執188条・93条1項）。担保不動産収益執行開始決定では，抵当権者のために不動産を差し押さえる旨が宣言され，かつ，債務者に対し収益の処分を禁止するとともに，債務者に賃料等不動産の収益を給付する義務を負う者に対し，給付目的物を管理人に交付すべき旨が命じられる。

（3）管理人による管理の開始
執行裁判所は，担保不動産収益執行の開始決定と同時に管理人を選任する（民執188条・94条1項）。管理人は，不動産の管理および収益の収取・換価の権限を有する（同法188条・95条1項）。また，管理人は，債務者の占有を解いて自ら占有することができる（同法188条・96条1項）。
管理人は，執行裁判所の監督に服し（同法188条・99条），その職務を行うにつき善管注意義務を負う（同法188条・100条1項）。

（4）配　　当
配当要求をすることができるのは，強制管理や担保不動産収益執行の申立てをした者，執行力のある債務名義を有する債権者，一般先取特権者のうち配当要求をした者等であり（民執188条・107条4項），これらの者に優先順位に従って配当がなされる（同法188条・107条）。
他の債権者の申立てによって担保不動産収益執行が開始されたときは，抵当権者であっても当然に配当を受けられるわけではなく，配当を受けるためには担保不動産収益執行の申立てをし，二重開始決定を受けなければならない（同法188条・93条の2）。

3.2.4　他の制度との関係

（1）物上代位との関係

担保不動産収益執行と物上代位は併存するが（抵当権者はいずれを選択しても
よい。），両者が競合する場合には，担保不動産収益執行が開始されたときは，物
上代位による差押えは，その効力を停止する（民執 188 条・93 条の 4 第 1 項本
文）。担保不動産収益執行が開始された後は，物上代位権の行使として差押えを
していた抵当権者は，その手続中で配当を受ける（同法 188 条・93 条の 4 第 3
項）。

（2）担保不動産競売との関係

抵当権者は，担保不動産競売と担保不動産収益執行のいずれか，または双方を
選択することができる（民執 180 条）。また，担保不動産収益執行の開始は，担
保不動産競売による抵当権の実行を妨げない。担保不動産競売において買受人が
所有権を取得した時点で担保不動産収益執行は取り消される（同法 188 条・111
条・53 条）。

3.3　物上代位による債権回収

【図 5】

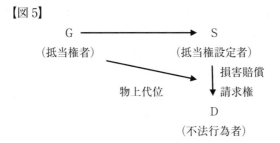

抵当権の効力は，抵当権の目的物である不動産の売却，賃貸，滅失・毀損によ
り債務者が受けるべき金銭その他の物について存続する。抵当権者は，抵当権設
定者が第三者に対して取得するものに対して権利を行使することができる（372
条・304 条）。これを**物上代位**という。

もっとも，抵当権者は，債務者が代金，賃料もしくは賠償金の払渡しまたは引
渡しを受ける前に，**差押え**をしなければならない（372 条・304 条 1 項ただし書）。

3 抵当権による債権回収

3.4 抵当直流・流抵当の特約

抵当権者と抵当権設定者が，債務の弁済がなされない場合に，競売の方法を回避し，債務の弁済に代えて抵当不動産を抵当権者に帰属させる旨の特約（抵当直流または流抵当の特約）をあらかじめ締結することがある。

質権については，流質契約が明文上禁止されているが（349条），抵当権については，そのような規定がないことから，判例（大判明41・3・20民録14輯313頁）・通説は，抵当直流契約の有効性を承認している。

もっとも，仮登記担保について，清算義務が課されることから（仮登記担保3条1項），学説は，抵当直流にも清算義務が課されるべきであるとする。

なお，現在では，抵当直流は，ほとんど利用されていない。

3.5 一般債権者としての権利行使

【設例3－1】
　Aは，甲土地（時価3000万円）および乙土地（時価3000万円）を所有している。また，Bは，Aに対して，5000万円の債権を有しており，この債権を担保するために甲土地に抵当権の設定を受けている。この場合に，Bは，5000万円全額について乙土地に一般債権者として強制執行をして配当を受けることができるか。

【図6】

```
        5000万円
  B ──────────→ A
  甲土地抵当権設定    甲土地（3000万円）
                    乙土地（3000万円）
```

抵当権者も，債権者である以上，債権者としての権利行使も可能である。もっとも，抵当権者が抵当権者および債権者両方の地位で権利行使ができるとするならば，他の債権者が不利益を被る場合がある。

【なぜ問題が生ずるか？】
　Bが5000万円全額について，乙土地に一般債権者として強制執行ができる場合とできない場合を比較してみよう！
　かりにAに一般債権者C（債権額5000万円）がいるとした場合はどうな

135

るか？

【Bが5000万円で乙土地につき配当要求できるとする場合】

　B，Cは，それぞれ債権額に応じて配当を受けられるから，乙土地からそれぞれ1500万円ずつの配当を受けることができる。

【Bが甲土地の売却代金から配当を受け，そこから配当を受けられない分について，乙土地について，配当要求できるとする場合】

　Bは，甲土地の売却代金から，他の債権者に優先して3000万円の配当を受けられるから，残りの2000万円につき，乙土地からの配当を要求できる。そうすると，Bは，2000万円，Cは，5000万円の債権額になるから，乙土地の売却代金から，Bは，$3000 \times 2/7$万円，Cは，$3000 \times 5/7$万円の配当を受けられることになる。

→Bがいくらで配当要求できるかで，Cの配当が異なる。

　そこで，民法は，抵当権者は，抵当不動産の代価をもって弁済を受けられない債権の部分についてのみ，他の一般財産から弁済を受けられるとしている（394条1項）。これに違反して，抵当権者が抵当権を実行せずに一般財産の強制執行をした場合には，一般債権者は，異議申立てをすることができる（大判大15・10・26民集5巻741頁）。

　これによれば，【設例3－1】では，Bは，甲土地の代価では弁済を受けられない2000万円についてのみ乙土地から配当を受けられることとなる。

　もっとも，抵当不動産の代価よりも先に一般財産から配当がされる場合には，抵当権者も，債権全額につき配当を受けることができる（同条2項前段）。ただし，他の債権者は，抵当権者に配当すべき金額の供託を請求することができる（同項後段）。

4　抵当権実行前に関する諸問題──担保不動産競売手続を前提として

【到達目標】
◯抵当権の効力がどのような目的物に及ぶかについて，具体例を挙げて説明することができる。
◯抵当目的不動産の侵害に対して，抵当権者がどのような救済手段を行使することができるかについて，判例・学説の考え方を踏まえて，説明することができる。
◯抵当目的不動産が第三者に譲渡された場合に，第三取得者と抵当権者がどのような関係に立つかを説明することができる。

以上のように，抵当権者には，いくつかの債権回収手段が認められている。とはいえ，抵当権者にとって一般的な債権回収手段は，担保不動産競売である。そのため，民法の抵当権に関する制度の多くも，担保不動産競売をめぐる問題に関するものである。そこで，以下では（6まで），担保不動産競売を想定して考察を進めていくこととする。

【図1】
【担保不動産競売手続の流れ】

抵当権者による競売手続の申立て ⇨ 執行裁判所による競売開始決定 ⇨ 差押え ⇨ 換価 ⇨ 配当

【図2】

【担保不動産競売手続開始前】
①競売目的物
②抵当権侵害
③第三取得者の保護
（④抵当権の処分）

⇨

【担保不動産競売手続実行1】
配当をめぐる問題
①配当
②共同抵当
③抵当権の処分

⇨

【担保不動産競売手続実行2】
買受人と抵当不動産の利用権をめぐる問題
①抵当不動産の利用権
②法定地上権

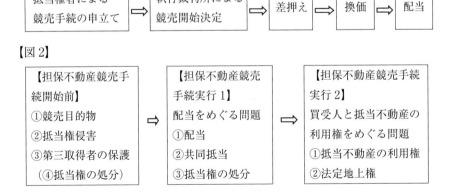

　担保不動産競売を考える場合，民法は，おおよそ3つの段階の問題を規定しているということができる。

　まず，担保不動産競売が開始される前に起こる問題がある（【図2】参照）。ここでは，第一に，抵当権者が競売できる目的物は何か，あるいは，第二の問題と関連して，その侵害が抵当権侵害になる目的物とは何か，という問題がある。第二に，抵当権が侵害された場合に，抵当権者にいかなる救済が与えられるか，という問題がある。第三に，抵当権を設定した不動産を売買などで取得した者（抵当不動産の取得者を**第三取得者**という。）に抵当権の実行に対して，いかなる救済が与えられるか，という問題もある。第四に，民法は，抵当権者が抵当権それ自体を処分（譲渡したり，担保権を設定したり）することを認めているが，抵当権が処分されるとどうなるか，という問題もある。ただし，この最後の問題は，抵当権の実行や配当をめぐる問題とかかわるので，本書では，抵当権の処分の問題は，配当をめぐる問題として取り上げることとする。

　次に，配当をめぐる問題がある（【図2】参照）。ここでは，抵当権者にとって最も重要な抵当権者が競売手続でどのように配当を受けるか，という問題を扱う。また，この応用として，共同抵当が設定された場合の抵当権者の配当をめぐる問題もある。さらに，抵当権が処分された場合における抵当権の実行や配当をめぐる問題を取り扱う。

　最後に，抵当不動産の買受人と抵当不動産の利用者の関係をめぐる問題を取り扱う（【図2】参照）。競売手続では，抵当不動産は売却されるため，その買受人が登場する。他方，抵当権は，非占有担保であるから，その不動産を利用している者がいる。そこで，抵当不動産の買受人とその利用者との関係をめぐる問題を取り扱う。

4.1　何が競売目的物になるのか？──いかなる範囲の目的物に抵当権の効力が及ぶのか？

4.1.1　抵当権の効力が及ぶ目的物の範囲とは？

　抵当権の効力が及ぶ目的物の範囲とは，当該目的物が競売の対象になるか否か，あるいは，抵当権者にその目的物の侵害に対して救済が与えられるか，という問題である。抵当権は，それが設定されてから，実行されるまで，ある程度の期間がある。ところで，何もない状態の土地（これを**更地**という。）に抵当権が設定された場合でも，ある程度時間がたてば，家が建築されたり，木が植えられ

たりすることもあろう。こうした場合に土地に抵当権の設定を受けた抵当権者は，抵当権が設定された土地上の建物またはそこに植栽された樹木もともに競売することができるのか，樹木を切ろうとしている者がいる場合に，その伐採を禁止できるのか，という問題が生ずる。また，家屋に抵当権が設定された場合でも，抵当権設定後にその家屋にエアコンが設置されたりした場合に，家屋に抵当権の設定を受けた抵当権者は，家屋とともにエアコンも競売できるのか，あるいは，エアコンを持ち出そうとする者がいる場合に，その搬出を禁止できるのか，という問題が生ずる。

この場合に，目的物に抵当権の効力が及ぶならば，抵当権者は，その目的物を競売にかけることができ，また，その目的物の侵害を排除する可能性が与えられる。他方，抵当権の効力が及ばないならば，抵当権者は，それができないということになる。

4.1.2 原　則

【設例 4 − 1】
　　Ｇは，Ｓに対する貸金債権を担保するためにＳ所有の土地建物に抵当権の設定を受けた。この場合において，①建物の（独立性のない）増築部分，②土地においてある（取り外しの困難な）庭石や土地に植栽されている（明認方法のない）樹木，③土地上の石灯籠，建物内の畳や建具に対して抵当権の効力は及ぶか。

抵当権の効力が，**抵当権が設定された不動産（土地または建物）そのものに及ぶ**ことは問題がない。

もっとも，抵当権の効力が及ぶ目的物は，それに限られない。民法は，抵当権の効力は，その目的である不動産に「付加して一体となっている物」（これを**付加一体物**という。）にも及ぶとしている（370 条本文）。

もっとも，民法は，何が付加一体物になるかについて規定していないため，解釈が必要となる。

（1）付 合 物
不動産に付合し不動産の構成部分となった物（これを**付合物**という〔242 条本文〕。たとえば，土地に置かれた取り外しの困難な庭石〔なお，取り外しができる庭石は従物になる。〕，明認方法のない立木，建物の水道管やガス管など。）に

抵当権の効力が及ぶ。付合物については，抵当権の設定後に備え付けられた物であっても，抵当権の効力が及ぶ。ただし，抵当権設定者以外の第三者が権原によって付属させた物には抵当権の効力は及ばない（同条ただし書）。

【設例4－1】①，②について言えば，独立性のない増築部分や土地上の取り外しの困難な庭石や明認方法のない樹木は，抵当権が設定された土地や建物に付合し，その結果，抵当権の効力が及ぶ。

【注意】
　付加一体物概念と付合物概念の違いを理解しよう。なお，付合物については，『請求権から考える民法2』を参照。

（2）従　物

それでは，**従物**（主物の常用に供せられるもので，かつ，独立の物をいう。）はどうか（【設例4－1】③）。

（a）判　例

（ア）抵当権設定当時すでに存在していた従物

判例は，当初，動産が抵当権の客体とならないことから，従物には抵当権の効力は及ばないとしていたが（大判明39・5・23民録12輯880頁），その後，立場を変更し，**抵当権設定当時にすでに存在していた従物については抵当権の効力が及ぶ**としている（最判昭44・3・28民集23巻3号699頁）。たとえば，最判平2・4・19判時1354号80頁も，借地上のガソリンスタンドの店舗用建物に設定された抵当権の効力が，設定当時から存在している地下タンク，ノンスペース型計量機，洗車機などの設備に及ぶことを認めている。

（イ）抵当権設定後に備え付けられた従物

それでは，抵当権設定後に備え付けられた従物については，抵当権の効力は及ぶか。従来の判例の変遷から考えると，すなわち，もともと従物には抵当権の効力が及ばないとしていたところ，抵当権設定当時にすでに存在していた従物について抵当権の効力が及ぶとしたことにかんがみると，抵当権設定後に備え付けられた従物については，抵当権の効力は及ばないと理解することも可能である。もっとも，大判昭5・12・18民集9巻1147頁において，抵当権設定後に備え付けられた畳建具類のうち，雨戸入口の扉など（法的には従物であるはず）が問題となったが，同判決は，それらに抵当権の効力が及ぶとしている。そのため，今

日の学説の多くは，判例は，抵当権設定後の従物にも抵当権の効力が及ぶと解していると理解している。

（b）学　説
A説：370条適用説
　付属させられた時期を問わず，従物も370条の付加一体物に含まれる。370条にいう付加一体物は，経済的観点から不動産と統一体をなしている物を意味すると解すべきである。

B説：87条2項適用説
　付加物は，付合物のみを指すが，87条2項によって従物にも抵当権の効力が及ぶ。

（3）従たる権利

【設例4－2】
　Xは，Aに自己所有の甲土地を賃貸し，Aは，甲土地上に乙建物を建築した。その際，Aは，B銀行から融資を受け，乙建物に抵当権を設定した。その後，乙建物の抵当権が実行され，Yが乙建物の買受人となった。この場合に，Yは，土地の賃借権を取得することができるだろうか。

　抵当権の効力は，抵当不動産の従たる権利にも及ぶものと解されている。判例は，借地上の建物に設定された抵当権の効力は，敷地利用権に及び，建物の買受人は，敷地利用権を取得するとしている（最判昭40・5・4民集19巻4号811頁）。なぜなら，敷地利用権は，建物所有権に付随し，これと一体となって1つの財産的価値を形成しているからである。
　【設例4－2】において，かりにXが賃借権の譲渡を承諾しない場合には（612条1項参照），裁判所は，Xの承諾に代わる許可を与えることができる（借地借家20条）。

【しっかり理解しよう！】
　抵当権の効力が敷地利用権に及ぶとは，どういうことを意味するのかをしっかりと理解しよう。

【参考判例】最判昭40・5・4民集19巻4号811頁

「土地賃借人の所有する地上建物に設定された抵当権の実行により，競落人が該建物の所有権を取得した場合には，民法612条の適用上賃貸人たる土地所有者に対する対抗の問題はしばらくおき，従前の建物所有者との間においては，右建物が取毀しを前提とする価格で競落された等特段の事情がないかぎり，右建物の所有に必要な敷地の賃借権も競落人に移転するものと解するのが相当である…中略…。けだし，建物を所有するために必要な敷地の賃借権は，右建物所有権に付随し，これと一体となって1の財産的価値を形成しているものであるから，建物に抵当権が設定されたときは敷地の賃借権も原則としてその効力の及ぶ目的物に包含されるものと解すべきであるからである。したがって，賃貸人たる土地所有者が右賃借権の移転を承諾しないとしても，すでに賃借権を競落人に移転した従前の建物所有者は，土地所有者に代位して競落人に対する敷地の明渡しを請求することができないものといわなければならない。」

（4）果　実

【設例4－3】

　X銀行は，Yに融資をし，Y所有の土地に抵当権の設定を受けた。Yの土地にはリンゴの木があり，リンゴがなっていた。この場合に，リンゴに抵当権の効力は及ぶか。

抵当権は，非占有担保であり，収益的効力を有さないから，抵当権者は，原則として，抵当不動産から生ずる果実を収取して被担保債権の優先弁済に充てることができない（371条参照）。このことは，天然果実だけでなく，法定果実（たとえば，不動産の賃料）にもあてはまる。

しかし，被担保債権の債務不履行後は，抵当権の効力は，抵当不動産の果実（天然果実および法定果実）に及ぶ（371条）。

4.1.3　例　外

以上に対して，次の場合には，抵当権の効力は及ばない。

①　土地に抵当権を設定した場合の抵当地上の建物（370条本文）

②　設定行為に別段の定めがある場合（同条ただし書）

③　424条3項に規定する詐害行為取消請求をすることができる場合（同条ただし書）

たとえば，抵当権設定者がその所有する高価な機械を，抵当権を設定した建物に付属させた場合などである。

4.2 抵当権者は抵当目的物に対する侵害に対していかなる手段をとりうるか？——抵当権侵害に対する救済手段

抵当権は，抵当目的物の価値を掴取することで，債権を担保するものである。それゆえ，抵当目的物の価値が下落し，被担保債権額を保全することができなくなるような場合には，抵当目的物に対する侵害を排除する必要が生ずる。

4.2.1 抵当権設定者による侵害

抵当権は，抵当権設定後も抵当不動産の利用を設定者に委ねる権利であるから，抵当権設定者の通常の利用によって抵当不動産の価値が減少したとしても，抵当権者は，抵当権設定者に対して，物権的請求権や損害賠償請求権を行使することはできない。

しかし，通常の利用の範囲を超える場合には，抵当権者は，抵当権設定者に対して，物権的請求権を行使することができる（それについて，4.2.3「物の搬出」参照。）。

他方，損害賠償請求権については，抵当権者は，被担保債権の満足が得られれば足りるから，抵当不動産の価値減損のために被担保債権の十分な満足が得られなくなった場合に，損害があるとされ（大判昭3・8・1民集7巻671頁），損害は，不法行為時ではなく，抵当権実行の時または抵当権の実行前にあっては，損害賠償請求権の行使時を基準として算定される（大判昭7・5・27民集7巻671頁）。

さらに，抵当権設定者が抵当目的物の価値を下落させる行為を行った場合には，抵当権侵害となり，期限の利益の喪失事由となる（137条2号）。その結果，抵当権者は，被担保債権の支払を請求することができ，抵当権を実行することができる。

【**参考判例**】大判昭3・8・1民集7巻671頁

「目的物ヲ競売シ其ノ売得金ヲ以テ債権ノ弁済ニ充ツルヲ得ル権利ナルカ故ニ抵当物ノ価格カ如何ニ減損セシメラレタレハトテ抵当権者ニシテ窮極ニ於テ完全ニ債権ノ満足ヲ得タル以上何等ノ損害アルコト無シ其ノ損害ナルモノハ抵当物ノ

価格減損ノ為メ結局債権ノ十分ナル満足ヲ得ル能ハサリシ場合ニ於テ始メテコレ
有リ而シテ不法行為亦茲ニ成立ス」

【参考判例】 大判昭7・5・27民集7巻671頁

「抵当権侵害ニ因ル損害ハ抵当権ニ依リテ担保セラレタル債権カ完済セラレサ
ル場合ニ於テノミ生スルコトハ多言ヲ要セサル所ナルヲ以テ抵当債権ノ弁済期以
前ニ於テハ該損害ノ発生ハ不明ニ属シ弁済期後ニ於テモ抵当債権ニシテ若シ抵当
権ノ目的物中侵害ナキ爾余ノ物件ニ対スル抵当権ノ実行ニヨリ完済ヲ受ケ得タリ
トセンカ右不法行為ニ因ル損害無キニ帰スヘシ故ニ斯ル不法行為ニ因ル現実ノ損
害ノ賠償範囲ヲ定ムルニ付テハ不法行為ニ因リ他人ノ所有物ヲ滅失セシメ又ハ毀
損シタル場合ト異リ不法行為ノ当時ヲ標準トスルコトナク抵当権実行ノ時又ハ抵
当債権ノ弁済期後抵当権実行前ニ於ケル賠償請求権行使ノ時ヲ標準トスヘキモノ
トス」

4.2.2　不法占拠者に対する明渡請求

【設例4－4】

　Sは，債権者Gのために，自己所有の甲土地に抵当権を設定した。ところ
が，甲土地に第三者Dがバラックを建てて居住し始めた。

　この場合に，Gは，抵当権に基づいて，不法占拠者Dに対して，甲土地
の明渡しを請求することができるか。

【図3】

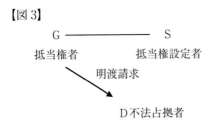

抵当権設定者は，抵当権設定後も，当該不動産の所有者であるから，抵当不動
産を第三者が不法に占拠している場合には，所有権に基づき，その明渡しを請求
することができる（それについて，『請求権から考える民法2』を参照。）。

　それでは，抵当権者は，抵当権に基づき，抵当不動産を不法占拠する者に対し
て，その明渡しを請求することができるだろうか。抵当権は，担保物権であり，

物権の一種であるから，抵当権者は，抵当権の侵害者に対して，物権的請求権を行使，ここでは抵当権に基づく妨害排除請求ができそうである[1]。

しかし，従来，抵当権は，使用収益を抵当権設定者に委ねるものであるが故に，物権的請求権は成立しないと考えられてきた（大判昭9・6・15民集13巻1164頁など）。

もっとも，バブル崩壊後抵当不動産の価格の下落から，執行妨害を目的とする無権原占有が横行し，抵当権に基づく明渡請求を認める必要性が主張されるようになった。

ところが，最判平3・3・22民集45巻3号268頁は，抵当権が価値権であること，執行手続または手続終了後に占有者を排除することができる等の理由から，抵当権に基づく明渡請求や抵当不動産の所有者が有する明渡請求権を代位行使することは許されないとした。

しかし，この判決は，学説および金融実務の激しい批判にさらされた。

そこで，最高裁は，判例を変更し，**抵当権者に不動産の所有者が有する明渡請求権の代位行使を認めた**（最大判平11・11・24民集53巻8号1899頁）。

【参考判例】 最大判平11・11・24民集53巻8号1899頁

「第三者が抵当不動産を不法占有することにより，競売手続の進行が害され適正な価額よりも売却価額が下落するおそれがあるなど，抵当不動産の交換価値の実現が妨げられ抵当権者の優先弁済請求権の行使が困難となるような状態があるときは，これを抵当権に対する侵害と評価することを妨げるものではない。そして，抵当不動産の所有者は，抵当権に対する侵害が生じないよう抵当不動産を適切に維持管理することが予定されているものということができる。したがって，右状態があるときは，抵当権の効力として，抵当権者は，抵当不動産の所有者に対し，その有する権利を適切に行使するなどして右状態を是正し抵当不動産を適切に維持又は保存するよう求める請求権を有するというべきである。そうすると，抵当権者は，右請求権を保全する必要があるときは，民法423条の法意に従い，所有者の不法占有者に対する妨害排除請求権を代位行使することができると解するのが相当である。」

---

[1] 物権は，排他性を有するから，その侵害の態様に応じて，物権的返還請求権，物権的妨害排除請求権，物権的妨害予防請求権があるとされる。

なお，本判決は，傍論ではあるが，「第三者が抵当不動産を不法占有することにより抵当不動産の交換価値の実現が妨げられ抵当権者の優先弁済請求権の行使が困難となるような状態があるときは，抵当権に基づく妨害排除請求として，抵当権者が右状態の排除を求めることも許される」としている。

さらに，その後，最高裁は，**抵当権に基づく妨害排除請求および抵当権者への直接の明渡請求を肯定している**（最判平17・3・10民集59巻2号356頁）。

【参考判例】最判平17・3・10民集59巻2号356頁

「所有者以外の第三者が抵当不動産を不法占有することにより，抵当不動産の交換価値の実現が妨げられ，抵当権者の優先弁済請求権の行使が困難となるような状態があるときは，抵当権者は，占有者に対し，抵当権に基づく妨害排除請求として，上記状態の排除を求めることができる。そして，抵当権設定登記後に抵当不動産の所有者から占有権原の設定を受けてこれを占有する者についても，その占有権原の設定に抵当権の実行としての競売手続を妨害する目的が認められ，その占有により抵当不動産の交換価値の実現が妨げられて抵当権者の優先弁済請求権の行使が困難となるような状態があるときは，抵当権者は，当該占有者に対し，抵当権に基づく妨害排除請求として，上記状態の排除を求めることができるものというべきである。なぜなら，抵当不動産の所有者は，抵当不動産を使用又は収益するに当たり，抵当不動産を適切に維持管理することが予定されており，抵当権の実行としての競売手続を妨害するような占有権原を設定することは許されないからである。

また，抵当権に基づく妨害排除請求権の行使に当たり，抵当不動産の所有者において抵当権に対する侵害が生じないように抵当不動産を適切に維持管理することが期待できない場合には，抵当権者は，占有者に対し，直接自己への抵当不動産の明渡しを求めることができるものというべきである。」

【抵当権に基づく妨害排除請求権としての土地明渡請求】

【請求原因】
（1）　S（抵当権設定者）が本件土地を所有していること
（2）　X（抵当権者）とSが金銭消費貸借契約を締結したこと
（3）　XとSが本件土地に(2)の債権を担保する抵当権を設定する抵当

権設定契約を締結したこと
（4）　Yが本件土地を占有していること
（5）　Yの占有が不法占有であり，土地の交換価値の実現が妨げられ，Xの優先弁済権の行使が困難となる状態が発生していること

4.2.3　物の搬出

【設例4－5】
　S所有の山林に債権者Gのために抵当権が設定された場合に，抵当山林について担保不動産競売が開始される前に，Sが正当な利用の範囲を超えて①樹木を伐採しようとしたとき，Gは，それを禁止することができるか。また，②Sまたは第三者が伐木を搬出したとき，抵当権の効力は搬出された伐木に及ぶか（Gは，Sまたは搬出者に対して，伐木を抵当山林に戻すよう請求することができるか）。

　山林に植えてある樹木は，付合物であるから（242条本文），山林に設定された抵当権の効力は，そこに植えてある樹木にも及ぶ（370条本文）。
　もっとも，抵当権設定者は，抵当権設定後も，抵当不動産について使用収益権を有するから，**正当な利用の範囲内では樹木を伐採することができる。**
　それでは，抵当権設定者が正当な利用の範囲を超えて伐採した場合はどうか。

（1）　伐採・搬出前の禁止請求（【設例4－5】①）
　判例は，当初，抵当権が実行され競売が開始された後については，抵当権に基づき山林の伐採を禁止し，すでに伐採された山林上にある伐木については，搬出を禁止することができるとしていたが（大判大5・5・31民録22輯1083頁），その後，**弁済期の到来，差押えの有無を問わずに樹木の伐採や伐木の搬出の禁止を請求することができるとしている**（大判昭6・10・21民集10巻913頁，大判昭7・4・20新聞3407号15頁）。

（2）　搬出後の返還請求（【設例4－5】②）
　それでは，抵当不動産から抵当権の効力が及んでいる目的物が搬出されてしまった場合，抵当権者は，その返還を請求することができるか。

（a）判　　例
　判例には，工場抵当権の目的とされた動産が不法に搬出された場合には，第三

者が即時取得をしない限り，抵当権の効力が及んでいるから，抵当権者は，搬出された動産を元の備付場所である工場に戻すよう請求することができるとするものがある（最判昭57・3・12民集36巻3号349頁）。

【参考判例】最判昭57・3・12民集36巻3号349頁

「工場抵当法2条の規定により工場に属する土地又は建物とともに抵当権の目的とされた動産が，抵当権者の同意を得ないで，備え付けられた工場から搬出された場合には，第三者において即時取得をしない限りは，抵当権者は搬出された目的動産をもとの備付場所である工場に戻すことを求めることができるものと解するのが相当である。けだし，抵当権者の同意を得ないで工場から搬出された右動産については，第三者が即時取得をしない限りは，抵当権の効力が及んでおり，第三者の占有する当該動産に対し抵当権を行使することができるのであり（同法5条参照），右抵当権の担保価値を保全するためには，目的動産の処分等を禁止するだけでは足りず，搬出された目的動産をもとの備付場所に戻して原状を回復すべき必要があるからである。」

なお，昭和57年判決の事案では，搬出された機械が工場抵当法3条の目録に記載されていたものであり，抵当権者の同意を得ないで搬出されたものであるから，機械につき追及力が認められるのが明らかであった（工場抵当法5条では，即時取得されない限り，搬出後も，目的物に抵当権の追及力が及ぶことが規定されている。）。そのため，【設例4－5】における伐木にもこの判決の結論があてはまるかについては，なお検討を要する。

【参照】工場抵当法

第2条「工場ノ所有者カ工場ニ属スル土地ノ上ニ設定シタル抵当権ハ建物ヲ除クノ外其ノ土地ニ附加シテ之ト一体ヲ成シタル物及其ノ土地ニ備附ケタル機械，器具其ノ他工場ノ用ニ供スル物ニ及フ但シ設定行為ニ別段ノ定アルトキ及民法第424条ノ規定ニ依リ債権者カ債務者ノ行為ヲ取消スコトヲ得ル場合ハ此ノ限ニ在ラス

2　前項ノ規定ハ工場ノ所有者カ工場ニ属スル建物ノ上ニ設定シタル抵当権ニ之ヲ準用ス」

第3条「工場ノ所有者カ工場ニ属スル土地又ハ建物ニ付抵当権ヲ設定スル場合

ニ於テハ不動産登記法…第59条各号，第83条第1項各号並ニ第88条第1項各
号及第2項各号ニ掲ゲタル事項ノ外其ノ土地又ハ建物ニ備付ケタル機械，器具其
ノ他工場ノ用ニ供スル物ニシテ前条ノ規定ニ依リ抵当権ノ目的タルモノヲ抵当権
ノ登記ノ登記事項トス

　2　登記官ハ前項ニ規定スル登記事項ヲ明カニスル為法務省令ノ定ムルトコロ
ニ依リ之ヲ記録シタル目録ヲ作成スルコトヲ得

　3　第1項ノ抵当権ヲ設定スル登記ヲ申請スル場合ニ於テハ其ノ申請情報ト併
セテ前項ノ目録ニ記録スベキ情報ヲ提供スベシ

　4　第38条乃至第42条ノ規定ハ第2項ノ目録ニ之ヲ準用ス」

　第5条「抵当権ハ第2条ノ規定ニ依リテ其ノ目的タル物カ第三取得者ニ引渡サ
レタル後ト雖其ノ物ニ付之ヲ行フコトヲ得

　2　前項ノ規定ハ民法第192条乃至第194条ノ適用ヲ妨ケス」

（b）学　　説

A説：追及力否定説

　搬出された木材が抵当不動産上にある場合には，抵当権の効力が及ぶが，抵当
不動産から搬出された場合には，抵当権の支配から脱し，抵当権の効力は及ばな
い。

B説：追及力肯定説

　抵当権に服した樹木には，それが伐採され，第三者がそれを買い受けても，第
三者が即時取得をしない限り，抵当権の追及力が及ぶ。

C説：対抗力否定説

　抵当権に服した樹木が搬出されても，抵当権の効力は分離物に及ぶ。もっと
も，それが抵当不動産から搬出された場合には，対抗力を失う。

4.2.4　抵当権侵害に基づく損害賠償請求

【設例4－6】
　債権者Gは，債務者Sに対する貸金債権（5000万円）を担保するため，
S所有の家屋（7000万円）に抵当権の設定を受けた。Dが，この家屋を放
火し，家屋は焼失した。Gは，Dに対して，抵当権侵害を理由として損害賠
償を請求することができるか。

【図 4】

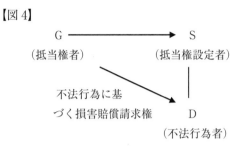

抵当権の目的物に対する侵害行為がなされた場合には，抵当権設定者は，侵害行為をした第三者に対して，不法行為に基づく損害賠償請求権を取得する（709条）。そして，この場合には，抵当権者は，抵当権設定者が第三者に対して取得した**損害賠償請求権に対して物上代位権を行使する**ことができる（372条・304条）。

それでは，抵当権者は，抵当権に対する侵害を理由として侵害行為をした第三者に損害の賠償を請求することができるだろうか。判例は，**それを肯定している**（大判昭 7・5・27 民集 11 巻 1289 頁，大判昭 11・4・13 民集 15 巻 630 頁）。ただし，抵当権は，目的物の担保価値（経済的価値）を把握する権利であるから，抵当権侵害の不法行為による抵当権者の「損害」は，抵当不動産の侵害の結果，**抵当不動産の価値が被担保債権の額を下回った場合に限定して肯定される**としている。また，抵当権侵害を理由とする不法行為に基づく損害賠償請求権にかかる**損害額の算定については，抵当権が実行された場合には，実行時，実行されていない場合には，損害賠償請求権の行使時**が基準時となる。

4.3　抵当不動産を取得した者（第三取得者）の保護

抵当権は，抵当不動産の使用収益処分の権能を抵当権設定者に委ねるものであるから，抵当権設定者は，抵当権設定後も抵当不動産を自由に使用収益処分することができる。

もっとも，抵当不動産が第三者に処分（たとえば，売却）されたとしても，抵当権は消滅するわけではないから，抵当権者は，債務者が弁済期に弁済をしなければ，抵当権を実行することができ，その結果，抵当不動産の**第三取得者**（抵当不動産の所有権を取得した者をいう。）は，抵当不動産を失う結果となる。

この第三取得者の不利益から第三取得者を保護するために，民法は，2 つの制度を用意している。

4.3.1　代　価　弁　済

【図5】

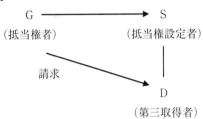

（1）意　　義

抵当不動産の第三取得者（地上権を買い受けた第三者を含む。）は，抵当権者の請求に応じて代価を弁済したときは，抵当権を消滅させることができる（378条）。第三取得者が代価弁済をしたときは，被担保債権額を満足させなかったときでも，抵当権は，第三者のために消滅する。代価弁済によって完済されなかった債権は，無担保債権として存続する。

　もっとも，代価弁済は，抵当権者の請求をまって初めて働くものであるから，第三取得者の保護としては不十分であり，使い勝手がよくない。

（2）要　　件

代価弁済が認められるためには，①抵当不動産につき所有権または地上権を買い受けた第三者がいること，②抵当権者の請求があること，③代価の弁済があることを要する。抵当権者の請求がないのに第三取得者が代価を抵当権者に提供するのは，代価弁済ではなく，第三者弁済（474条）となる。

（3）効　　果

抵当権は第三者のために消滅する。第三者が地上権を買い受けた場合には，抵当権は，この地上権者のためにのみ消滅し，その他の者との関係では，抵当権は存続する。そのため，抵当権はなお実行されるが，この場合に，地上権者は影響を受けない。

4.3.2　抵当権消滅請求

【図6】

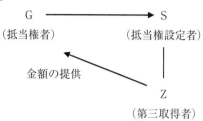

G ─────────→ S
（抵当権者）　　　　　　（抵当権設定者）

金額の提供

Z
（第三取得者）

（1）意　　義

　第三取得者が買受代金または自らが抵当不動産を評価した金額を抵当権者に提供して，各抵当権者がこれを受領することによって抵当権を消滅させる制度である（379条）。

　代価弁済が抵当権者のイニシアティブによって抵当権を消滅させるものであるのに対して，抵当権消滅請求は，第三取得者のイニシアティブによって抵当権を消滅させる制度である。

　平成15年（2003年）担保・執行法改正以前にも第三取得者のイニシアティブで抵当権を消滅させる滌除（てきじょ）制度があった。しかし，滌除においては，抵当権者が第三取得者の申出金額を拒否する場合には，1か月以内に増価競売の申立てをしなければならず，また，申出金額の1割増以上の額での買受人が現れない場合には，抵当権者がその価額で抵当不動産を買い受けなければならなかった。そのため，増価競売は，抵当権者への負担が重く，抵当権者は，不十分な申出額であっても，滌除に応じざるを得なかったとされている。

　このように，滌除が執行妨害に利用されていたため，平成15年改正において，滌除制度を廃止し，新たに抵当権消滅請求の制度を設けた。

（2）抵当権消滅請求権者

　抵当不動産につき所有権を取得した者である（379条）。主たる債務者，保証人およびこれらの者の承継人は，抵当権消滅請求をすることができない（380条）。また，条件の成否未定の間の停止条件付第三取得者も，抵当権消滅請求をすることができない（381条）。

　さらに，平成15年改正前のものであるが，判例は，実行前の譲渡担保権者（最判平7・11・10民集49巻9号2953頁）および共有不動産の持分権者（最判

平9・6・5民集51巻5号2096頁）による滌除（てきじょ）を否定しており，この判例法理
は，抵当権消滅請求権にもあてはまるものと考えられている。

（3）抵当権消滅請求をなしうる時期

抵当権消滅請求は，担保不動産競売が申し立てられ，差押え（競売開始決定）
が効力を生ずる前にしなければならない（382条）。

（4）抵当権消滅請求の方法

第三取得者は，登記（仮登記を含む。）したすべての債権者（抵当権者，質権
者，先取特権者）に対して，383条所定の各書面を送付することを要する（383
条）。

①その債権者が抵当権消滅請求の通知を受けてから2か月以内に担保不動産競
売の申立てをしないとき，②その債権者が①の競売の申立てを取り下げたとき，
③①の競売の申立てを却下する旨の決定が確定したとき，④①の申立てに基づく
競売の手続を取り消す旨の決定が確定したとき（民事執行法188条が準用する同
法63条3項もしくは同法68条の3第3項または同法183条1項5号の謄本が提
出された場合における同条2項の規定による決定を除く。）は，第三取得者の申
出金額を承諾したものとみなされる（384条）。

登記をしたすべての債権者が第三取得者の提供した代価または金額を承諾し，
かつ，第三取得者がその承諾を得た代価または金額を払い渡しまたは供託する
と，抵当権は消滅する（386条）。

他方，抵当権者（先取特権者や質権者も同じ。）が抵当権消滅請求に応じない
ときは，抵当権消滅請求の通知を受けてから2か月以内に担保不動産競売の申立
てをするとともに，債務者および抵当不動産の譲渡人に競売の申立てを通知しな
ければならない（384条・385条）。この競売において，**競売の申立てをした抵当
権者は，抵当不動産を買い受ける義務は**ない。

5　配当をめぐる諸問題

5.1　いかなる範囲の債権が抵当権で担保されるか？ —— 被担保債権の範囲

たとえば，債権者が債務者に対する貸金債権を担保するため，債務者所有の土地に抵当権の設定を受けている場合，この貸金債権が抵当権によって担保されることは問題がない。もっとも，貸金債権が問題となるような場合，通常，貸金債権のほか，利息債権，遅延損害金債権なども存在する。しかし，これらの債権をすべて抵当権が担保するとするならば，総額で被担保債権額がいくらになるかの予測ができず，後順位抵当権者が目的物の担保価値を把握することが困難となる。

そこで，民法は，抵当権によって担保される被担保債権の範囲を一定の範囲に制限している（375条）。

5.1.1　元 本 債 権

元本債権が抵当権によって担保されることは問題がない。ただし，債権額を登記しなければならない（不登83条1項1号）。

5.1.2　利息その他の定期金債権

【設例5 − 1】
　GがSに2001年に2005年12月末日を弁済期として1000万円を貸し付け，この債権を担保するためにS所有の土地に抵当権の設定を受けた。な

　お，利息は年1割（単利計算）とする。Sが弁済期に債務の弁済をしなかったため，抵当権が実行された。

　利息その他の定期金債権は，「満期となった最後の2年分」についてのみ抵当権を行使することができる（375条1項本文）[1]。このように，利息その他の定期金が最後の2年分に制限されるのは，後順位抵当権者や一般債権者の利益を保護するためである。なお，「満期となった最後の2年分」の起算日については，配当日を基準とする見解と，利息の弁済期到来日を基準とする見解の対立がある。通説は，抵当権の実行による配当日からさかのぼって2年分と解しており，下級審裁判例も，この立場を採っている（名古屋高判昭33・4・15高民集11巻3号239頁など）。

　たとえば，【設例5－1】で，Gは，Sに対して，1000万円の元本債権のほか，利息5年分計500万円の債権を有しているとする。元本債権は，抵当権によって担保されるが，利息については，最後の2年分の200万円が担保されることになる。つまり，1000万円＋200万円＝1200万円が抵当権で担保されることとなる。

　満期後に特別の登記をすれば，最後の2年分以前の利息についても，その登記の時から抵当権を行使することができる（同項ただし書）。

5.1.3　遅延損害金

【設例5－2】
　GがSに2001年に2005年12月末日を弁済期として1000万円を貸し付け，この債権を担保するためにS所有の土地に抵当権の設定を受けた。なお，利息は年1割（単利計算），遅延損害金は年2割とする。抵当権が実行され，2008年12月末に配当がなされた。

　遅延損害金債権を有する場合には，「最後の2年分について」のみ抵当権を行使することができる（375条2項本文）。ただし，利息その他の定期金と通算して2年分を超えることができない（同項ただし書）。つまり，利息と遅延損害金の双方が発生している場合には，通算して2年分という制限を受けることになる。

　たとえば，【設例5－2】では，元本1000万円のほか，遅延損害金2年分400

1　利息に関する定めがあれば，その定めを登記する必要がある（不登88条1項1号）。

万円の計 1400 万円が抵当権によって担保される。

5.1.4 違約金

違約金債権については，特に規定がない。一般には遅延損害金債権と同様に取り扱われる。

【他の債権者がいない場合でも 375 条の制限を受けるか？】

375 条の制限は，抵当権者と後順位抵当権者等の第三者の利益を調整するものであり，その限りでは，このような者がいない場合には，その必要性がないから，抵当権者は，利息の全額につき配当を受けることができる。

通説は，物上保証人や第三取得者が登場した場合においても，他の債権者がいないときは，375 条の制限は働かないとしている（大判大 4・9・15 民録 21 輯 1469 頁も参照。）。というのは，とりわけ抵当不動産の第三取得者は，目的物そのものを取得しようとする者であるから，抵当権設定者の負担をそのまま承継すべきだからである（反対説あり[2]）。

5.2 抵当権の処分

抵当権者自身が速やかに資金を要する場合がある。そのため，抵当権者が他から金融を得るために自身の抵当権を利用しなければならない場合がある。そこで，民法は，抵当権を被担保債権と切り離して処分することを認めている。これを**抵当権の処分**という。民法は，抵当権の処分として，転抵当，抵当権の譲渡・放棄，抵当権の順位の譲渡・放棄・変更について規定している。

---

[2] 第三取得者については，第三取得者も目的物の残余価値を期待して不動産を取得するのが普通であるから，第三取得者との関係でも，375 条の制限を受けるとする見解もある。

5.2.1　転 抵 当

（1）意　　義

【図1】

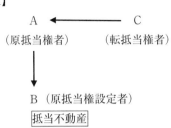

　抵当権者は，その抵当権を他の債権の担保とすることができる（376条1項）。これを**転抵当**という。たとえば，AがBに対する債権を担保するためにB所有の土地に抵当権の設定を受けたが，その弁済期が到来する以前に，AがCから金銭を借り受ける必要が生じた場合，Aは，この抵当権をCの自己（＝A）に対する債権の担保とすることができる。

　この場合のAの抵当権を**原抵当権**，Cの抵当権を**転抵当権**といい，Aを**原抵当権者**，Bを**原抵当権設定者**，Cを**転抵当権者**という。

　転抵当には，原抵当権設定者の承諾がある**承諾転抵当**と，原抵当権設定者の承諾がない**責任転抵当**がある。民法が規定する転抵当は，原抵当権設定者の承諾がない責任転抵当である。承諾転抵当については，その内容は，契約によって定まる。転抵当は，複雑な法律関係を生ずることから，その利用はそれほど多くないとされる。

（2）転抵当の法律構成

　転抵当の法律構成については，争いがある。

A説：債権・抵当権共同質入説

　被担保債権と抵当権がともに質入れされるという説

B説：抵当権（単独）質入説（有力説）

　抵当権の上に抵当権を設定するという説

C説：抵当物再度質入説（多数説）

抵当目的物の上に抵当権を設定するという説

　ただし，共同質入説によれば，転抵当権者は，原抵当権の被担保債権の取立権能を取得することができるという以外，これらの見解の対立は，要件・効果に差異をもたらさない。

（3）設　　定
　転抵当権設定契約は，原抵当権者と転抵当権者との合意で設定される。原抵当権設定者や後順位抵当権者などの承諾は必要ない。転抵当権の被担保債権額が原抵当権のそれを超過していてもよく，転抵当権の被担保債権の弁済期が原抵当権のそれより後に到来してもよい。

（4）対 抗 要 件
　転抵当権の設定も，登記が対抗要件となる（177条）。ただし，転抵当権の設定登記は，付記登記による（不登4条2項参照）。転抵当が多重に設定された場合，それらの優劣は，付記登記の前後による（376条2項）。
　また，原抵当権の被担保債権の債務者への転抵当権設定通知または債務者の承諾なしに，転抵当権の設定を，債務者，保証人，抵当権設定者およびこれらの者の承継人に対抗することができない（377条1項・467条）。

（5）効　　果
　転抵当権者は，転抵当および原抵当権の被担保債権の弁済期が到来すれば，原抵当権を実行して，原抵当権者に優先して弁済を受けることができる。転抵当権者が配当を受けてなお残余金があれば，原抵当権者の優先弁済に充てられる。転抵当権者は，原抵当権者に代位して，原抵当権を実行することもできる（大決昭7・12・20新聞3518号8頁）。
　原抵当権者は，原抵当権を消滅させることができない。そのため，原抵当権の放棄，被担保債権の取立て，相殺，免除もできない。判例は，原抵当権の被担保債権額が転抵当権の被担保債権額を超過しているときは，原抵当権者は，転抵当権者の実行を待つことなく，自ら抵当権を実行して差額の弁済を受けることができ，転抵当権者が受け取るべき金額については，弁済または供託すべきであるとしている（大決昭7・8・29民集11巻1729頁，大決昭12・12・28新聞4237号11頁）。もっとも，近時は，転抵当権者の利益を害しないため，また，抵当権の

不可分性を根拠に，これに反対する見解も多い。転抵当権の被担保債権額が，原抵当権の被担保債権額を超過しているときは，原抵当権者による抵当権の実行は認められない（最判昭44・10・16民集23巻10号1759頁参照〔同一債権担保のため不動産に代物弁済の予約とともに設定されている抵当権が転抵当に供されている場合における予約完結権行使が否定されたケース〕）。

債務者が転抵当権の設定の通知を受け，または，これを承諾したときは，転抵当権者の承諾なくして原抵当権者に対してした弁済は，転抵当権者に対抗することができない（377条2項）。もっとも，通説は，原抵当権の被担保債権の弁済期が到来した場合には，債務者は，被担保債権額相当の金銭を供託することができ，それにより原抵当権は消滅し，転抵当権の効力は，供託金還付請求権の上に及ぶとする。

5.2.2 抵当権の譲渡・放棄

（1）意義・要件

同一の債務者に対して，抵当権を有する債権者と無担保の債権者がいる場合に，抵当権者が無担保債権者に対して，抵当権を譲渡することを**抵当権の譲渡**といい，抵当権を放棄することを**抵当権の放棄**という（376条1項）。

抵当権の譲渡・放棄の対抗要件は，付記登記である（177条，不登4条2項）。複数の譲受人がいる場合には，譲受人相互の順位は登記の前後による（376条2項）。また，債務者に対する対抗要件として，債務者への通知または債務者の承諾が要求される（377条1項・467条）。

（2）抵当権の譲渡・放棄の効果

【設例5−3】

B に対して，ACD がそれぞれ，500万円，1000万円，1000万円の債権を有し，A は，1番抵当権，C は，2番抵当権を有しており，D は，無担保債権者である。抵当不動産の競売手続における配当額を1000万円とした場合に，A が D に対して抵当権の譲渡・放棄を行ったとき，それぞれ配当額はどうなるか。

【図2】

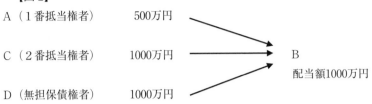

A（1番抵当権者）　　　500万円

C（2番抵当権者）　　　1000万円　　　　　　　B

D（無担保債権者）　　　1000万円　　　　　　配当額1000万円

（a）抵当権の譲渡

　抵当権の譲渡人は，譲受人の有する債権額の限度で無担保債権者となり，抵当権の譲受人は，譲渡人の有した順位の抵当権をその被担保債権額の限度で取得する。【設例5－3】で，AがDに抵当権を譲渡すると，Aは，無担保債権者となり，Dは，1番抵当権者となる。Aは，500万円の債権しか有していないから，Dは，500万円の限度で1番抵当権を取得する（【表1】参照）。なお，A・D間で抵当権の譲渡がなされても，Cには影響がない。

（b）抵当権の放棄

　放棄する者と放棄の利益を受ける者とが優先弁済の利益を分け合う。【設例5－3】で，AがDに抵当権を放棄すると，Aは，Dとの関係で，自らの優先弁済権を主張しないから，Aのもともとの配当額である500万円について，AとDとの間でそれぞれの債権額に応じて案分して配当を受ける（【表1】参照）。なお，A・D間で抵当権の放棄がなされても，Cには影響がない。

【表1】

	被担保債権額	処分前の状態	抵当権の譲渡	抵当権の放棄
A	500万円	500万円	0円	500万円×1/3
C	1000万円	500万円	500万円	500万円
D	1000万円	0円	500万円	500万円×2/3

5.2.3　抵当権の順位の譲渡・放棄・変更

（1）意義・要件

　抵当権を有する債権者が，同じ債務者に対する抵当権を有する者のために，その順位のみを譲渡することを**抵当権の順位の譲渡**といい，その順位を放棄するこ

とを**抵当権の順位の放棄**という（376条1項）。

　抵当権の順位の譲渡・放棄の対抗要件は，付記登記である（177条，不登4条2項）。また，債務者に対する対抗要件として，債務者に対する通知または債務者の承諾が要求される（377条1項・467条）。

（2）抵当権の順位の譲渡・放棄の効果

【設例5－4】

①　Bに対して，ACDがそれぞれ，500万円，1000万円，1500万円の債権を有し，Aは，1番抵当権，Cは，2番抵当権を有しており，Dは，3番抵当権を有している。抵当不動産の競売手続における配当額を2000万円とした場合に，AがDに対して抵当権の順位の譲渡・放棄を行ったとき，それぞれ配当額はどうなるか。

②　ACDが合意によって順位をD（1番抵当権）・C（2番抵当権）・A（3番抵当権）と変更した場合はどうか。

【図3】

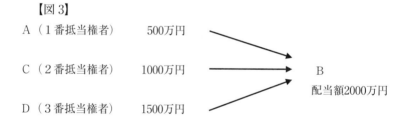

　A（1番抵当権者）　　　500万円

　C（2番抵当権者）　　　1000万円　　　　　　　　B

　D（3番抵当権者）　　　1500万円　　　　　配当額2000万円

（a）抵当権の順位の譲渡

　抵当権の順位の譲渡人と譲受人との間で優先順位の交換が生じ，処分がなかったならば両者の受けられた配当額の合計金額から順位の譲受人が優先弁済を受け，残余金を譲渡人が受ける。【設例5－4】①で，AがDに抵当権の順位を譲渡すると，A・Dの処分がなかったならば得たであろう配当額の合計金額は，1000万円であるから，Dは，Aに優先して1000万円の配当を受ける（【表2】参照）。

（b）抵当権の順位の放棄

　抵当権の順位を放棄する者は，放棄の利益を受ける者に対して優先権を主張しないから，平等の優先権を有する。【設例5－4】①で，AがDに抵当権の順位

を放棄すると，A は，D との関係で，自らの優先弁済権を主張しないから，A
と D がもともとの配当を受けるはずであった合計額 1000 万円について，A と D
との間でそれぞれの債権額に応じて案分して配当を受ける（【表 2】参照）。

（3）抵当権の順位の変更

抵当権の順位の変更は，関係抵当権者全員の合意のもとでこれらの順位を絶対
的な関係で変動させるものである（374 条 1 項本文）。順位の変更は，絶対的な
効力を生ずるので，これが認められるためには登記が必要である（同条 2 項）。
また，利害関係人（転抵当権者，被担保債権の差押債権者など）がいる場合に
は，それらの者の承諾も必要となる（同条 1 項ただし書）。【設例 5 - 4】②で
は，A・C・D の優先順位が D・C・A の順に変更されるから，それぞれの債権
額に応じてこの順序で配当を受ける（【表 2】参照）。

【表 2】

	被担保債権額	処分前の状態	順位の譲渡	順位の放棄	順位の変更
A	500 万円	500 万円	0 円	250 万円	0 円
C	1000 万円	1000 万円	1000 万円	1000 万円	500 万円
D	1500 万円	500 万円	1000 万円	750 万円	1500 万円

5.3　共同抵当

5.3.1　意　　義

債権者が同一の債権を担保するために複数の不動産の上に抵当権の設定を受け
ることを**共同抵当**という。たとえば，債務者が債権者から金銭を借りるために，
自己所有の土地および建物に抵当権を設定する場合である。共同抵当において
は，共同抵当権の設定を受けた債権者がいずれの不動産から債権の弁済を受ける
かによって他の債権者に大きな影響を及ぼすから，配当について特別の規定が設
けられている。

なお，共同抵当の関係は，登記によって公示されるとともに，共同抵当目録が
作成される（不登 83 条 1 項 4 号・2 項）。ただし，後順位抵当権者は，共同抵当
の登記がなくとも，実体として共同抵当の関係にあれば，それを主張することが
できる。

【しっかり理解しよう！】
　392条の必要性を理解するために，下記【設例5－5】において，甲土地が先に競売された場合と乙建物が先に競売された場合に，392条がなかったとき，BCDがそれぞれ受ける配当について計算してみよう。

・甲土地が先に競売された場合
　B：3000万円，C：0万円，D：1000万円
・乙建物が先に競売された場合
　B：（甲土地）1000万円，（乙建物）2000万円，C：2000万円，D：0万円

　このように，甲土地または乙建物が先に競売されるかで，C，Dの受ける配当が変わってくる。もっとも，甲土地を先に競売するか，乙建物を先に競売するかの判断は，共同抵当権者Bの判断に委ねられている。

5.3.2　債務者所有型

【設例5－5】
① 　Aは，甲土地（時価3000万円）および乙建物（時価2000万円）を所有している。Bは，Aに対して，3000万円の貸金債権を有しており，甲土地および乙建物に1番抵当権の設定を受けている。また，Cは，Aに対して，2000万円の貸金債権を有しており，甲土地に2番抵当権の設定を受けている。さらに，Dは，Aに対して，1000万円の売掛代金債権を有しており，乙建物に2番抵当権の設定を受けている。
　　この場合に，Bが甲土地および乙建物の抵当権を実行し，その手続内において，同時に配当を受ける場合，BCDの配当は，それぞれいくらになるだろうか。
② 　それでは，甲土地の抵当権が先に実行され，配当がなされる場合はどうなるか。
③ 　乙建物が先に競売され，配当がなされる場合はどうなるか。
④ 　Bが乙建物の抵当権を放棄して，甲土地の抵当権を実行した場合，Cの配当はどうなるか。

【図4】

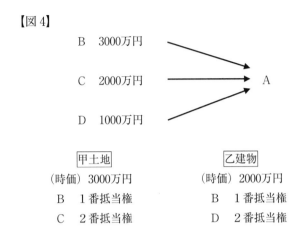

甲土地		乙建物	
（時価）3000万円		（時価）2000万円	
B　1番抵当権		B　1番抵当権	
C　2番抵当権		D　2番抵当権	

（1）同時配当（【設例5－5】①）

共同抵当権者がその全部につき抵当権を実行して同時に配当を受ける場合を**同時配当**という。

数個の抵当不動産の代価を同時に配当すべきときは，共同抵当権者は，その各不動産の価額に応じて配当を受ける（392条1項）。これを**割付け**という。

【設例5－5】①は，同時配当の場合であるが，この場合，共同抵当権を有するBは，甲土地および乙建物の価額に応じて，甲土地および乙建物の代価から配当を受ける（配当については，【表3】参照。）。なお，C・Dについては，甲土地および乙建物の代価の残余金からそれぞれ配当を受ける。

【表3】

甲土地	乙建物
B　1800万円	B　1200万円
C　1200万円	D　800万円

（2）異時配当（【設例5－5】②）

数個の不動産のうち，まず1つの不動産の代価のみを配当すべきときは（これを**異時配当**という。），共同抵当権者は，以上の制限を受けず，その代価につき債権全部の弁済を受けることができる（392条2項前段）。なぜなら，この場合にもなお一部の弁済のみを受けることができるにとどまるときは，債権者に対し一

部弁済の受領を強要することになるのみならず，他の抵当不動産の如何によって
は全部の弁済を受けられない危険があるからである。

　しかし，民法は，この場合においてもなお上述の趣旨を貫こうとするために，
次順位にある抵当権者は，先順位の抵当権者が同時配当の場合に他の不動産の代
価から弁済を受けるべき金額に充つるまで，これに代位して抵当権を行使するこ
とができるとする（同項後段）[3]。代位は付記登記で公示することができる（393
条）。

　【設例5－5】②において，甲土地の代価が先に配当されるときは，Bは，甲
土地の代価から3000万円の配当を受ける。そうすると，Cは，甲土地の代価か
ら配当を受けることができなくなるが，同時配当がされた場合におけるBの乙
建物の割付額（1200万円）の範囲でBの乙建物上の1番抵当権を代位行使する
ことができる。それゆえ，同時配当がなされたのと同様の結果が達成される。

　【ポイント】
　　異時配当における配当額を計算するには，同時配当された場合の配当額が
　基準になる。そのため，異時配当それ自体が問題とされる場合でも，まずは
　同時配当の金額を計算しておくことが必要となる。

（3）一部弁済と代位（【設例5－5】③）
　乙建物が先に競売された場合，Bは，乙建物の代価から一部弁済を受けること
となる。このように，共同抵当権者が抵当権の実行により債権の一部の弁済を受
けたにすぎない場合にも，後順位抵当権者（【設例5－5】のD）は，代位する
ことができるだろうか。

　判例は，かつて一部弁済における次順位抵当権者（D）の代位を否定していた
（大判明41・2・26民録14輯130頁など）。しかし，その後，見解を改め，共同
抵当権者が割付額を超えて弁済を受けた場合であれば，代位することができる
が，債権者（B）が全額の弁済を受けるまでは，代位の付記の仮登記ができるにと
どまり，甲土地上の抵当権を実行することはできないとした（大連判大15・4・
8民集5巻575頁）。

3　なお，民法は，「次順位の抵当権者」と規定するが，後順位の抵当権者であればよい（大判大
11・2・13新聞1969号204頁）。

【参考判例】 大連判大 15・4・8 民集 5 巻 575 頁

「果シテ然ラハ<u>或不動産ノ代価ノミヲ配当スヘキ場合ニ先順位抵当権者カ其ノ</u>
<u>代価ニ付其ノ債権ノ全部ノ弁済ヲ受ケタル場合タルト将タ其ノ債権ノ一部ノ弁済</u>
<u>ヲ受ケタル場合タルトヲ問ハス苟モ其ノ弁済ヲ得タル額カ其ノ不動産ノ分担額ヲ</u>
<u>超過スル以上ハ其ノ超過部分ノ範囲内ニ於テハ他ノ抵当不動産ニ付其ノ抵当権ヲ</u>
<u>消滅セシムルコトナク後順位抵当権者ヲシテ之ニ代位シテ抵当権ヲ行フコトヲ得</u>
<u>セシムル趣旨ナリト解セサルヘカラス</u>何トナレハ若之ヲ先順位抵当権者カ或ル不
動産ノ代価ニ付其ノ債権ノ全部ノ弁済ヲ受ケタル場合ニ於テノミ後順位抵当権者
カ代位ヲ為スコトヲ得ヘキモノニシテ先順位抵当権者カ其ノ債権ノ一部ノ弁済ヲ
得タル場合ニ於テハ後順位抵当権者ハ全然代位ヲ為スコトヲ得サルモノト解セン
カ先順位抵当権者カ或不動産ノ代価ノ全額ニヨリ其ノ債権ノ一部ノ弁済ヲ得タル
場合ニ於テハ後順位抵当権者ハ全ク担保権ノ利益ヲ享有シ得サルニ反シ他ノ抵当
不動産ノ後順位抵当権者ハ有利ナル配当ヲ受クルコトト為リ後順位抵当権者ノ間
ニ不公平ナル結果ヲ来スコトヲ免レサル…然レトモ茲ニ注意ヲ要スヘキハ先順位
抵当権者カ或ル不動産ノ代価ニ付其ノ債権ノ一部ノ弁済ヲ受ケタル場合ト其ノ債
権ノ全部ノ弁済ヲ受ケタル場合トノ間ニ多少ノ差異ノ存スル一事ナリ先順位抵当
権者カ其ノ債権ノ全部ノ弁済ヲ受ケタル場合ニ在リテハ其ノ抵当権ハ消滅スヘキ
モノナルモ右後段ノ規定ニ依リ後順位抵当権者ヲシテ直ニ之ヲ代位セシメ即抵当
権ノ法定移転ヲ認メタルモノナルモ先順位抵当権者カ其ノ債権ノ一部ノ弁済ヲ受
ケタル場合ニ在リテハ<u>先順位抵当権者ハ其ノ残額債権ニ付他ノ抵当不動産ノ上ニ</u>
<u>依然トシテ抵当権ヲ有シ其ノ残額債権ノ弁済ヲ受クル迄ハ抵当権ヲ失フモノニ非</u>
<u>サル</u>ヲ以テ此ノ場合ニ於テハ後順位抵当権者ハ先順位抵当権者カ将来他ノ抵当不
動産ノ代価ニ付其ノ残額債権ノ完済ヲ受ケタル場合其ノ他其ノ抵当権ノ消滅スヘ
キ場合ニ於テ始メテ其ノ抵当権ノ代位ヲ為シ得ヘキモノニシテ従テ先順位抵当権
者ノ抵当権カ未タ消滅スヘキ場合ニ非サル間ニ於テハ後順位抵当権者ハ将来ニ於
テ代位シテ抵当権ヲ行使シ得ヘキ地位ヲ有スルニ過キサルナリ然レトモ此ノ如キ
地位ヲ有スル者ハ不動産登記法第二条第二号ニ所謂将来ニ於テ確定スヘキ権利移
転ノ請求権ヲ有スルモノニ外ナラサルヲ以テ代位附記ノ仮登記ヲ為シ以テ其ノ権
利ヲ保全スルコトヲ得ルモノト解セサルヘカラス」

　学説の多くは，大正 15 年判決に賛成するが，異時配当の時点でただちに後順
位抵当権者は，先順位抵当権者に代位し，条件つきではない抵当権を取得すると

し，代位の本登記ができるとする見解も有力に主張されている。この見解によれば，Dは，甲土地の抵当権を単独で実行することができる。

この点，たしかに，判例は，一部弁済と代位の問題について，一部弁済者の抵当権の実行を認めており（大決昭6・4・7民集10巻535頁），有力説によれば，一部弁済者は，債権者に優先して配当を受けられるように思われるが，判例は，配当の場面では，一部代位者に対して債権者が優先するとしている（最判昭60・5・23民集39巻4号940頁）。また，502条によれば，一部弁済者は，債権者の同意を得た場合にのみ，債権者とともに債権を行使することができるとされていることもあり，判例の考え方を維持する必要性は乏しい。

（4）共同抵当権の放棄（【設例5－5】④）

Bが乙建物の抵当権を放棄して，甲土地の抵当権を実行した場合，Cの配当はどうなるか。

判例は，Bが乙建物上の抵当権を放棄しなかったならば，Cが乙建物上の抵当権に代位しうる限度で，甲土地の配当において，BはCに優先することができないとしている（大判昭11・7・14民集15巻1407頁，最判昭44・7・3民集23巻8号1297頁）。また，BがCに優先して弁済を受けた場合には，Cは，Bに対して，不当利得として，その返還を請求することができるとしている（最判平4・11・6民集46巻8号2625頁）。

【参考判例】 最判昭44・7・3民集23巻8号1297頁

「第二順位の抵当権者と第一順位の共同抵当権者との関係についてみるに，たとえば，債権者が債務者所有の甲，乙2個の不動産に第一順位の共同抵当権を有し，その後右甲不動産に第二順位の抵当権が設定された場合，共同抵当権者が甲不動産についてのみ抵当権を実行したときは，右共同抵当権者は，甲不動産の代価から債権全額の弁済を受けることができるが（民法392条2項前段），これに対応して，第二順位の抵当権者は，共同抵当権者に代位して乙不動産につき抵当権を行なうことができるものとされている（同条同項後段）。したがって，共同抵当権者が，右抵当権の実行より前に乙不動産上の抵当権を放棄し，これを消滅させた場合には，放棄がなかったならば第二順位の抵当権者が乙不動産上の右抵当権に代位できた限度で，右第二順位の抵当権者に優先することができないと解すべきである…。」

5.3.3　債務者・物上保証人所有型

【設例5－6】

①　Bは，Aに対して，2000万円の貸金債権を有しているが，それを担保するため，A所有の甲土地（時価3000万円）および物上保証人E所有の乙土地（時価2000万円）に1番抵当権の設定を受けている。また，Cは，Aに対して，2000万円の貸金債権を有しており，甲土地に2番抵当権の設定を受けている。

　　この場合に，B・Cは，それぞれいくらの配当を受けることができるか。

②　①において，さらに，Dが，Aに対して，1000万円の貸金債権を有しており，乙土地に2番抵当権の設定を受けている。

　　この場合に，乙土地の抵当権が先に実行された場合，配当はそれぞれどうなるか。

【図5】

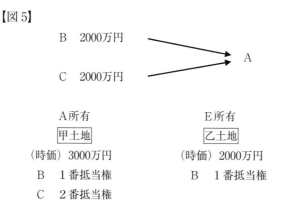

それでは，共同抵当にかかる不動産の一部が物上保証人の所有にかかる不動産である場合はどうなるだろうか。

（1）CEの関係（【設例5－6】①）

乙土地が先に競売された場合，Bは，乙土地の代価から全額の配当を受けることができる。そして，物上保証人E所有の乙土地が競売され，共同抵当権者Bが乙土地から配当を受けたときは，**弁済による代位**を生じる。つまり，Eは，Aに対する求償権を取得し，求償権の範囲内でBの抵当権を行使することができる（499条・501条1項・2項）。

このことは，甲土地に2番抵当権が存在する場合にも，同様である。もっ

も，この場合には，弁済による代位と甲土地上の２番抵当権者Ｃとの関係が問題となる。判例は，物上保証人Ｅの代位が甲土地の２番抵当権者Ｃに優先するとしている（大判昭４・１・30新聞2945号12頁，最判昭44・７・３民集23巻8号1297頁）。

　その結果，物上保証人Ｅは，債務者に対して求償権を取得するとともに，求償権の範囲内において，Ｂが甲土地上に有していた抵当権を実行することができる（499条・501条1項・2項）。具体的には，抵当権を実行されたＥは，Ｃに優先して，甲土地の代価から，2000万円の配当を受けることができる。また，Ｃは，残りの1000万円について配当を受けることとなる。

【参考判例】最判昭44・７・３民集23巻8号1297頁

　「第二順位の抵当権者と物上保証人との関係についてみるに，右の例で乙不動産が第三者の所有であった場合に，たとえば，共同抵当権者が乙不動産のみについて抵当権を実行し，債権の満足を得たときは，右物上保証人は，（改正前）民法500条（改正後499条）により，右共同抵当権者が甲不動産に有した抵当権の全額について代位するものと解するのが相当である。けだし，この場合，物上保証人としては，他の共同抵当物件である甲不動産から自己の求償権の満足を得ることを期待していたものというべく，その後に甲不動産に第二順位の抵当権が設定されたことにより右期待を失わしめるべきではないからである。これを要するに，第二順位の抵当権者のする代位と物上保証人のする代位とが衝突する場合には，後者が保護されるのであって，甲不動産について競売がされたときは，もともと第２順位の抵当権者は，乙不動産について代位することができないものであり，共同抵当権者が乙不動産の抵当権を放棄しても，なんら不利益を被る地位にはないのである。したがって，かような場合には，共同抵当権者は，乙不動産の抵当権を放棄した後に甲不動産の抵当権を実行したときであっても，その代価から自己の債権の全額について満足を受けることができるというべきであり，このことは，保証人などのように弁済により当然甲不動産の抵当権に代位できる者が右抵当権を実行した場合でも，同様である。」

【物上保証人・第三取得者の求償権】

　抵当権が実行されたため，物上保証人が不動産を失ったときは，物上保証人は，保証債務に関する規定に従い，債務者に求償をすることができる（372

条・351条）。しかし，判例によれば，物上保証人が委託を受けて物上保証をした場合でも，委託を受けた保証人に関する460条は類推適用されない（最判平2・12・18民集44巻9号1686頁）。

　物上保証人から抵当不動産を取得した第三取得者にも，物上保証人の求償権の規定が準用される（最判昭42・9・29民集21巻7号2034頁）。

【参考判例】最判平2・12・18民集44巻9号1686頁

　「債務者の委託を受けてその者の債務を担保するため抵当権を設定した者（物上保証人）は，被担保債権の弁済期が到来したとしても，債務者に対してあらかじめ求償権を行使することはできないと解するのが相当である。けだし，抵当権については，民法372条の規定によって同法351条の規定が準用されるので，物上保証人が右債務を弁済し，又は抵当権の実行により右債務が消滅した場合には，物上保証人は債務者に対して求償権を取得し，その求償の範囲については保証債務に関する規定が準用されることになるが，右規定が債務者に対してあらかじめ求償権を行使することを許容する根拠となるものではなく，他にこれを許容する根拠となる規定もないからである。

　なお，民法372条の規定によって抵当権について準用される同法351条の規定は，物上保証人の出捐により被担保債権が消滅した場合の物上保証人と債務者との法律関係が保証人の弁済により主債務が消滅した場合の保証人と主債務者との法律関係に類似することを示すものであるということができる。ところで，保証の委託とは，主債務者が債務の履行をしない場合に，受託者において右債務の履行をする責に任ずることを内容とする契約を受託者と債権者との間において締結することについて主債務者が受託者に委任することであるから，受託者が右委任に従った保証をしたときには，受託者は自ら保証債務を負担することになり，保証債務の弁済は右委任に係る事務処理により生ずる負担であるということができる。これに対して，物上保証の委託は，物権設定行為の委任にすぎず，債務負担行為の委任ではないから，受託者が右委任に従って抵当権を設定したとしても，受託者は抵当不動産の価額の限度で責任を負担するものにすぎず，抵当不動産の売却代金による被担保債権の消滅の有無及びその範囲は，抵当不動産の売却代金の配当等によって確定するものであるから，求償権の範囲はもちろんその存在すらあらかじめ確定することはできず，また，抵当不動産の売却代金の配当等による被担保債権の消滅又は受託者のする被担保債権の弁済をもって委任事務の処理と解することもできないのである。したがって，物上保証人の出捐によって債務が消滅した後の求償関係に類似性があるからといって，右に説示した相違

点を無視して，委託を受けた保証人の事前求償権に関する民法 460 条の規定を委託を受けた物上保証人に類推適用することはできないといわざるをえない。」

（2）ED の関係（【設例 5 - 6】②）

【図 6】

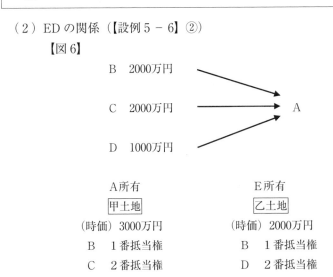

乙土地が先に競売されたとき，すでに述べたように，甲土地については，物上保証人 E の代位が C に優先する。そして，判例は，乙土地の後順位抵当権者である**D は，E に移転した抵当権から優先して弁済を受けることができる**としている（大判昭 11・12・9 民集 15 巻 2172 頁，最判昭 53・7・4 民集 32 巻 5 号 785 頁など）。なぜなら，E は，自己所有の土地に設定した後順位抵当権を当初から甘受しているから，392 条 2 項の趣旨にかんがみ，E に移転した B の抵当権は，D の債権の担保となるからである。そのため，D は，あたかも，右 1 番抵当権の上に 372 条・304 条 1 項本文の規定により物上代位をするのと同様に，その順位に従い，E の取得した 1 番抵当権から優先して弁済を受けることができるものと解すべきだからである。

その結果，E は，甲土地上の B の抵当権につき 2000 万円の範囲で代位することができるが，D は，ここから 1000 万円の債権額の限度で優先弁済を受けられる。

【**参考判例**】最判昭 53・7・4 民集 32 巻 5 号 785 頁

　「債務者所有の不動産と物上保証人所有の不動産とを共同抵当の目的として順位を異にする数個の抵当権が設定されている場合において，物上保証人所有の不動産について先に競売がされ，その競落代金の交付により1番抵当権者が弁済を受けたときは，物上保証人は債務者に対して求償権を取得するとともに代位により債務者所有の不動産に対する1番抵当権を取得するが，後順位抵当権者は物上保証人に移転した右抵当権から優先して弁済を受けることができるものと解するのが，相当である。けだし，後順位抵当権者は，共同抵当の目的物のうち債務者所有の不動産の担保価値ばかりでなく，物上保証人所有の不動産の担保価値をも把握しうるものとして抵当権の設定を受けているのであり，一方，物上保証人は，自己の所有不動産に設定した後順位抵当権による負担を右後順位抵当権の設定の当初からこれを甘受しているものというべきであって，共同抵当の目的物のうち債務者所有の不動産が先に競売された場合，又は共同抵当の目的物の全部が一括競売された場合との均衡上，物上保証人所有の不動産について先に競売がされたという偶然の事情により，物上保証人がその求償権につき債務者所有の不動産から後順位抵当権者よりも優先して弁済を受けることができ，本来予定していた後順位抵当権による負担を免れうるというのは不合理であるから，物上保証人所有の不動産が先に競売された場合においては，民法392条2項後段が後順位抵当権者の保護を図っている趣旨にかんがみ，物上保証人に移転した1番抵当権は後順位抵当権者の被担保債権を担保するものとなり，後順位抵当権者は，あたかも，右1番抵当権の上に民法372条，304条1項本文の規定により物上代位をするのと同様に，その順位に従い，物上保証人の取得した1番抵当権から優先して弁済を受けることができるものと解すべきであるからである。」

【同時配当の場合】

　抵当不動産の一部が物上保証人の所有に属する場合において，債務者所有の不動産と物上保証人所有の不動産の両方が競売され，同時に配当がなされるときは，どうなるだろうか。

　上記の判例の考え方，すなわち，物上保証人は，他人の債務の弁済を強制される立場にあるから，できる限り責任を軽減すべきであり，まず債務者の不動産を弁済に充てるべきであるとするならば（最判昭44・7・3民集23巻8号1297頁参照），同時配当の場合にも，392条1項の割付けはなされず，まず債務者の不動産が共同抵当権者の債権の弁済に充てられると解される（多数説）。その結果，【設例5-6】②では，Bは，甲土地の代価から，

2000万円の配当を受けることができ，Cは，甲土地の代価の残余金から配当を受ける。また，Bは，甲土地の代価から被担保債権の配当を受けているので，乙土地の代価から配当を受ける必要がないので，Dは，乙土地の代価から自己（＝D）の被担保債権額について配当を受けることができる。

5.3.4　物上保証人所有型
（1）同一物上保証人所有型

【設例5－7】
　　甲不動産・乙不動産がともに同一の物上保証人の所有である場合はどうなるか。

　判例は，共同抵当権の目的たる甲・乙不動産が同一の物上保証人の所有に属し，甲不動産に後順位の抵当権が設定されている場合において，甲不動産の代価のみを配当するときは，392条が適用され，**後順位抵当権者は，同条2項後段の規定に基づき，先順位の共同抵当権者が同時配当における割付額に従い乙不動産から弁済を受けることができた金額に満つるまで，先順位の共同抵当権者に代位して乙不動産に対する抵当権を行使することができる**としている（最判平4・11・6民集46巻8号2625頁）。なぜなら，後順位抵当権者は，通常，先順位の共同抵当権の負担を甲・乙不動産の価額に準じて配分すれば甲不動産の担保価値に余剰が生ずることを期待して，抵当権の設定を受けているからである。

【**参考判例**】最判平4・11・6民集46巻8号2625頁
　「共同抵当権の目的たる甲・乙不動産が同一の物上保証人の所有に属し，甲不動産に後順位の抵当権が設定されている場合において，甲不動産の代価のみを配当するときは，後順位抵当権者は，民法392条2項後段の規定に基づき，先順位の共同抵当権者が同条1項の規定に従い乙不動産から弁済を受けることができた金額に満つるまで，先順位の共同抵当権者に代位して乙不動産に対する抵当権を行使することができると解するのが相当である。けだし，後順位抵当権者は，先順位の共同抵当権の負担を甲・乙不動産の価額に準じて配分すれば甲不動産の担保価値に余剰が生ずることを期待して，抵当権の設定を受けているのが通常であって，先順位の共同抵当権者が甲不動産の代価につき債権の全部の弁済を受けることができるため，後順位抵当権者の右の期待が害されるときは，債務者がそ

の所有する不動産に共同抵当権を設定した場合と同様，民法 392 条 2 項後段に規定する代位により，右の期待を保護すべきものであるからである。甲不動産の所有権を失った物上保証人は，債務者に対する求償権を取得し，その範囲内で，民法 500 条（改正 499 条），501 条の規定に基づき，先順位の共同抵当権者が有した一切の権利を代位行使し得る立場にあるが，自己の所有する乙不動産についてみれば，右の規定による法定代位を生じる余地はなく，前記配分に従った利用を前提に後順位の抵当権を設定しているのであるから，後順位抵当権者の代位を認めても，不測の損害を受けるわけではない。…そして，右の場合において，先順位の共同抵当権者が後順位抵当権者の代位の対象となっている乙不動産に対する抵当権を放棄したときは，先順位の共同抵当権者は，後順位抵当権者が乙不動産上の右抵当権に代位し得る限度で，甲不動産につき，後順位抵当権者に優先することができないのであるから，甲不動産から後順位抵当権者の右の優先額についてまで配当を受けたときは，これを不当利得として，後順位抵当権者に返還すべきものといわなければならない。」

（2）異別物上保証人所有型

【設例 5 － 8】
　　甲不動産・乙不動産の所有者（物上保証人）が異なる場合はどうなるか。

　一方の不動産が先に競売された場合，物上保証人相互間で，各不動産の価額に応じて，他の不動産に対する代位が生じる（501 条 3 項 3 号）。そして，先に競売された不動産上の後順位抵当権者は，この不動産の所有者である物上保証人が代位する抵当権に物上代位をすることになる（大判昭 11・12・9 民集 15 巻 2172 頁）。

【参考判例】大判昭 11・12・9 民集 15 巻 2172 頁
　「民法第三百九十二条第二項後段ノ規定ニ依リテ次順位抵当権者ヲ保護スル立法ノ趣旨ヲ考フレハ右ノ如キ場合ニ於テハ甲ヨリ丁ニ移転シタル一番抵当権カ戊ノ債権ヲ担保スルモノニシテ恰モ戊ハ該抵当権ノ上ニ同法第三百七十二条第三百四条第一項前段ノ規定ニ依ル物上代位ヲ為スト同様ノ結果トナリ戊ハ丁ニ移転シタル右抵当権ノ実行ニ依リ其ノ被担保額三千円ノ限度ニ於テ自己ノ前記四千円ノ債権ノ弁済ヲ受クルコトヲ得ヘク若シ他ノ方法ニ依リテ該債権カ完済セラレ

タルトキハ右ノ抵当権ハ戊ノ債権ノ担保タル負担ヲ免ルルカ故ニ茲ニ初メテ丁ハ自ラ該抵当権ノ実行ニ因リテ乙ニ対スル前示求償権ノ内金三千円ノ優先弁済ヲ受クルコトヲ得ヘキモノト解スルヲ相当トス」

6　抵当不動産の買受人との関係をめぐる諸問題

【到達目標】
○抵当権の設定された不動産について，利用権が存在する場合に，抵当権と
　利用権の関係がどうなるかを説明することができる。
○法定地上権とは，どのような制度であり，どのような場合に法定地上権が
　成立するかを，具体例を挙げて説明することができる。

　不動産競売手続に関する問題として，最後に，買受人と抵当不動産の利用者と
の関係に関する諸問題を取り上げていくこととする。

6.1　抵当不動産の賃借人

【設例6－1】
①　債務者Ａは，債権者Ｂに対する貸金債権を担保するために自己所有の
　　甲土地に抵当権を設定した。ところで，甲土地には抵当権の設定前からＣ
　　のために賃借権が設定されており，Ｃは，甲土地上に建物を建築し（登記
　　済み）居住している。甲土地の抵当権が実行され，Ｄが甲土地を買い受け
　　た。この場合に，Ｃの賃借権は，Ｄに引き受けられるか（Ｄは，Ｃに対し
　　建物収去土地明渡しを請求することができるか。）。
②　Ｃが抵当権設定後に甲土地に賃借権の設定を受けた場合はどうか。

【図1】

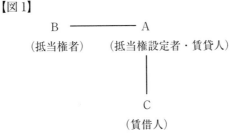

　抵当権は，抵当権の設定後も，使用収益の権能を抵当権設定者に委ねる権利で
あるから，抵当権設定者は，抵当権の設定前はいうまでもなく，抵当権の設定後
も抵当不動産に賃借権を設定することができる。もっとも，その場合に，抵当権
が実行され，その買受人が出てきたとき，抵当不動産の買受人と抵当不動産の賃

借人との関係が問題となる。

6.1.1　抵当権設定前の賃借人との関係

　抵当権の設定前に対抗力のある利用権がすでに設定されている場合には（【設例 6 - 1】①），**その利用権は，抵当権に対抗することができる**。そのため，抵当権が実行されても利用権は消滅せず，買受人がこの利用権を引き受けることとなる。

　【設例 6 - 1】①では，対抗力のある賃借権（土地賃借人が借地上に登記された建物を有する場合には，賃借権を土地の譲受人などの第三者に対抗することができる〔借地借家 10 条〕。）が設定された A 所有の甲土地に抵当権が設定され，その後，抵当権が実行されている。この場合，土地賃借人 C は，その賃借権を抵当権者 B に対抗することができる。そのため，抵当権が実行され，買受人がでてきても，C は，D に対して，賃借権を対抗することができる（建物の存続を図ることができる。）。

6.1.2　抵当権設定後の賃借人との関係

　抵当権は，使用収益の権能を抵当権設定後も抵当権設定者に委ねる権利であるから，抵当権設定者は，抵当権設定後も抵当不動産に利用権を設定することができる。

　平成 15 年（2003 年）担保・執行法改正前は，抵当権設定後になされた賃貸借についても，短期の賃貸借（602 条）については，抵当権者，したがって，競売不動産の買受人に対抗することができるものとされていた（旧 395 条）。しかし，バブル崩壊後，執行妨害を目的とした濫用的・詐害的な短期賃貸借が行われ，抵当不動産の有効利用を妨げていた。そのため，平成 15 年担保・執行法改正において，従来の制度は廃止され，新たな制度が導入された。

（1）原　　則
（a）抵当権の実行による消滅
　【設例 6 - 1】②におけるように，抵当権の設定に後れて対抗要件を具備した土地賃借権および建物賃借権は，契約期間の長短を問わず，**原則として，抵当権の実行・競売によって消滅する**（民執 59 条 2 項）。

（ｂ）明渡猶予期間制度

（ア）意　　義

もっとも，**建物賃借人**は，抵当権の実行によって賃借権が消滅するので，この賃借人の不利益にかんがみて，法律は，買受人の買受けの時から**6 か月の明渡猶予期間を許与**している（395 条 1 項柱書）。ただし，明渡猶予期間が認められるのは，競売手続開始前から賃貸借により建物の使用収益をしていた者および強制管理または担保不動産収益執行の管理人が競売手続開始後にした賃貸借により建物の使用収益をしていた者に限定される（同項）。また，土地賃借権には明渡猶予制度の適用はない（同条参照）。

（イ）明渡猶予期間中の法律関係

抵当権に対抗することができない賃借権は，抵当権の実行によって消滅するから，明渡猶予期間中，**建物の使用者は，建物の占有権原を有するわけではなく，単に明渡猶予期間の満了まで建物の明渡しをしないことが認められるにすぎない**。そのため，建物の使用者は，占有権原なしに建物を使用していることになるから，建物の買受人に対して，賃料相当額の不当利得の返還義務を負う。建物の買受人が買受けの時より後に建物の使用対価について，相当の期間を定めてその 1 か月分以上の支払の催告をし，その期間内に履行がない場合には，その期間経過後は，建物の明渡猶予は認められない（395 条 2 項）。

（2）例　　外

抵当権の設定に後れて設定された土地または建物の賃貸借であっても，①**登記した賃借権**であって，②**その賃借権に優先するすべての抵当権者が同意し**（なお，当該抵当権を目的とする権利を有する者その他抵当権者の同意によって不利益を受ける者がいる場合には，その者の承諾を要する〔387 条 2 項〕。），かつ，③**その同意の登記があるときは，競売後においても，賃借権は消滅せず，買受人に引き受けられる**（同条 1 項）。

この場合に，買受人は，賃貸人の地位を引き継ぎ，賃貸借契約終了後には敷金を返還する義務を負う。そのため，敷金に関する事項も登記事項とされている（不登 81 条 4 号）。

6.2 法定地上権

6.2.1 意義および必要性

【設例 6 − 2】
　Y は，自己所有の甲土地に建物を建築し居住していた。その後，Y は，甲土地に債権者 A のために抵当権を設定した。後日，甲土地について抵当権が実行され，X が甲土地の買受人となった。
　この場合に X は，Y に対して土地の明渡しを請求することができるか。

【設例 6 − 2】において，Y は，土地利用権を持たないから，本来であれば，X の明渡請求に応じて建物を収去しなければならない。しかし，これを常に認めることは，社会経済的に不利益であり，場合によっては，建物の存続を期待する抵当権者の期待にも反することになる。そこで，民法は，一定の要件が充足された場合に，法定地上権が成立することを認めている（388 条）。

6.2.2 成 立 要 件

法定地上権は，下記の要件を充たす場合に成立する。

（1）　抵当権設定当時，土地上に建物が存在すること
（2）　抵当権設定当時，土地と建物が同一の所有者に帰属していたこと
（3）　土地または建物に抵当権が設定されたこと
（4）　競売によって土地と建物が別異の所有者に帰属したこと

【X の Y に対する所有物返還請求権としての建物収去土地明渡請求】

【請求原因】
　（1）　X が甲土地の所有権を有していること
　（2）　Y が甲土地上に建物を所有し，甲土地を占有していること

（法定地上権）
【抗弁】
　（1）　AY 間で金銭消費貸借契約が締結されたこと
　（2）　【抗弁】（1）の債権を担保するため甲土地に抵当権が設定されたこ

179

　　　　　と
（3）　抵当権設定当時，甲土地に甲建物が存在していたこと
（4）　抵当権設定当時，甲土地・建物は，Yが所有していたこと
（5）　Xが競落許可決定を得たこと
（6）　Xが【抗弁】（5）に基づき代金を納付したこと

（1）抵当権設定当時，土地上に建物が存在すること

　法定地上権が成立するためには，まず，抵当権設定当時，土地上に建物が存在しなければならない。

（a）更地上に抵当権が設定された場合

【設例6−3】
　　Yは，債権者Aのために自己所有の甲土地に抵当権を設定した。Yは，後日，甲土地上に建物を建築した。甲土地の抵当権が実行され，Xが甲土地の買受人となった。
　　この場合に，Xの土地明渡請求に対して，Yは，法定地上権の成立を主張して明渡しを拒絶することができるか。

　判例（最判昭36・2・10民集15巻2号219頁）および通説は，抵当権の設定当時，抵当権の目的である土地がいわゆる**更地**（建物などがなく，借地権など使用収益を制約する権利の付いていない土地をいう。）**であって建物が存在しないときは，後日，抵当地上に建物が建築されても，建物所有者のために法定地上権は成立しない**とする。

　このことは，388条の規定から明らかであり，また抵当権者は，更地に抵当権の設定を受ける場合には，借地権の負担が生ずる場合に比べてその担保価値を高価に評価するからである。

【**参考判例**】最判昭36・2・10民集15巻2号219頁

　「民法388条により法定地上権が成立するためには，抵当権設定当時において地上に建物が存在することを要するものであって，抵当権設定後土地の上に建物を築造した場合は原則として同条の適用がないものと解するを相当とする。然るに本件建物は本件土地に対する抵当権設定当時完成していなかったことは原審の確定するところであり，また被上告人が本件建物の築造を予め承認した事実があっても，原判決認定の事情に照し本件抵当権は本件土地を更地として評価して

設定されたことが明らかであるから，民法388条の適用を認むべきではなく，この点に関する原審の判断は正当である。」

（b）抵当権者の承諾がある場合

それでは，抵当権者があらかじめ建物の建築を承認していた場合には，法定地上権は成立するだろうか。判例は，抵当権者が更地に抵当権の設定を受ける際に，**抵当地上の建物の建築を承認していた場合**でも，抵当権者が抵当地を更地として評価して抵当権の設定を受けている以上，法定地上権の成立は認められないとしている（最判昭36・2・10民集15巻2号219頁）。

また，更地に抵当権を設定する際に，**抵当権設定者と抵当権者との間で，将来その土地の上に建物を建築したときは競売の時に地上権を設定したものとみなすという合意**がなされても，抵当権設定者または建物の転得者は，土地買受人に地上権を主張することはできない（大判大7・12・6民録24輯2302頁）。

【考えておこう！】

　36年判決は，抵当権者が建物の建築を承認していた場合でも，法定地上権は成立しないとしている。もっとも，36年判決は，「本件抵当権は本件土地を更地として評価して設定されたことが明らかであるから」と述べている。しかし，抵当権者が建物の建築を承認していたのであれば，土地を更地として評価していないはずである。そのため，36年判決の事案を抵当権者が建物の建築を承認していた事案として位置づけることができるかは疑問である。

【チェックポイント】

　土地・建物単独所有のケースにおいて，判例は，法定地上権の成否を考えるにあたって，形式的な理由はともかく，**抵当権者の抵当権設定時の期待（抵当権の目的物の価値をどのように評価したか）を重視している**ということができる。

（c）建物が再築された場合

【設例6－4】

　Yは，債権者Aのために自己所有の甲土地に抵当権を設定した。Aが抵当権の設定を受けた当時，甲土地上にはY所有の乙建物が建っていたが，Yは，抵当権設定後，乙建物を取り壊し，新たな丙建物を建築した。その

後，甲土地の抵当権が実行され，Xが甲土地の買受人となった。

　この場合に，Xの土地明渡請求に対して，Yは，法定地上権の成立を主張して明渡しを拒絶することができるか。

　判例は，**土地に抵当権が設定された当時，建物が存在している場合には，後にその建物が改築されたり，滅失して再築されたりしたときでも法定地上権は成立する**としている（大判昭10・8・10民集14巻1549頁）。なぜなら，抵当権設定当時，建物が存在していたのであるから，抵当権者は，法定地上権の負担を覚悟していたはずなので，法定地上権の成立を認めても抵当権者に不利益はないからである。

　ただし，この**地上権の内容（地上権が成立する土地の範囲など）は，改築・再築前の建物が基準**となる[1]。もっとも，抵当権者が，抵当権設定当時，近い将来旧建物が取り壊され，堅固な建物を建築することを予定して土地の担保価値を算定したという，抵当権者の利益を害しない特段の事情がある場合には，新建物である堅固の建物の所有を目的とする法定地上権が成立するとされている（最判昭52・10・11民集31巻6号785頁）。

　なお，建物が再築される前に，抵当権が実行された場合に法定地上権が成立するか否かについては，学説において，争いがあるが，建物保護の目的が存在しないから，原則として，法定地上権は成立しないと解すべきである。

【設例6－5】共同抵当の目的である建物が再築された場合

　Yは，債権者Xのために自己所有の甲土地および乙建物に（根）抵当権（共同抵当権）を設定した。Yは，抵当権設定後，Xの承諾を得て，乙建物を取り壊し，甲土地を更地として再評価して（根）抵当権の極度額を増額した。その後，Yは，甲土地上に丙建物を再築した。

　この場合において，甲土地の抵当権が実行されたとき，丙建物のために法定地上権は成立するか。

　それでは，土地および建物に共同抵当権が設定された場合において，その建物が取り壊され，その後，新建物が再築されたとき，右土地上に法定地上権は成立

---

[1] 旧借地法下では，建物が堅固か否かにより借地権の存続期間が異なっていたため，再築により建物が堅固か否かが重要な問題だった。しかし，借地借家法下では，堅固・非堅固の区別を廃止し，一律に存続期間を30年としたため，存続期間の違いは問題ではなくなっている。

するか。

（ア）学　　説
　学説では，争いがある

A説：個別価値考慮説
　土地の価値とは，更地価格から土地利用権を控除した底地価格であり，また，建物の価値とは，土地利用権つきの建物の価格であるとして，土地と建物の価値を個別に考える。
　（抵当権者が把握している価値）
　土地：土地の価値－利用権の価値
　建物：建物の価値＋利用権の価値
　この説によれば，抵当権者が土地について把握している価値は，「土地の価値－利用権の価値」である。そのため，法定地上権の成立を認めても，抵当権者に不利益はないから，法定地上権が成立する。

B説：全体価値考慮説
　土地と建物の共同抵当権は，土地と建物のそれぞれが有する価値の全体を支配しており，建物が再築されても，土地の抵当権は，当該土地の交換価値全体を把握している。
　この説によれば，抵当権者が土地について把握している価値は，土地の交換価値全体（土地の価値）である。そのため，法定地上権の成立を認めると，利用権の価値だけ土地の価値が減少するため，抵当権者に不利であり，法定地上権の成立は認められない。

（イ）判　　例
　判例は，かつて，旧建物を基準とした法定地上権が成立すると考えていた（大判昭13・5・25民集17巻1100頁）。しかし，現在は，所有者が土地及び地上建物に共同抵当権を設定した後，右建物が取り壊され，右土地上に新たに建物が建築された場合には，**新建物の所有者が土地の所有者と同一であり，かつ，新建物が建築された時点での土地の抵当権者が新建物について土地の抵当権と同順位の共同抵当権の設定を受けたとき等特段の事情のない限り，新建物のために法定地上権は成立しないとしている**（最判平9・2・14民集51巻2号375頁）。なぜな

ら，建物が取り壊されたときは，土地について法定地上権の制約のない更地としての担保価値を把握しようとするのが，**抵当権設定当事者の合理的意思**であり，抵当権が設定されない新建物のために法定地上権の成立を認めるとすれば，抵当権者は，当初は土地全体の価値を把握していたのに，その担保価値が法定地上権の価額相当の価値だけ減少した土地の価値に限定されることになって，不測の損害を被る結果になるからである。

【参考判例】 最判平9・2・14民集51巻2号375頁

「所有者が土地及び地上建物に共同抵当権を設定した後，右建物が取り壊され，右土地上に新たに建物が建築された場合には，新建物の所有者が土地の所有者と同一であり，かつ，新建物が建築された時点での土地の抵当権者が新建物について土地の抵当権と同順位の共同抵当権の設定を受けたとき等特段の事情のない限り，新建物のために法定地上権は成立しないと解するのが相当である。けだし，土地及び地上建物に共同抵当権が設定された場合，抵当権者は土地及び建物全体の担保価値を把握しているから，抵当権の設定された建物が存続する限りは当該建物のために法定地上権が成立することを許容するが，建物が取り壊されたときは土地について法定地上権の制約のない更地としての担保価値を把握しようとするのが，抵当権設定当事者の合理的意思であり，抵当権が設定されない新建物のために法定地上権の成立を認めるとすれば，抵当権者は，当初は土地全体の価値を把握していたのに，その担保価値が法定地上権の価額相当の価値だけ減少した土地の価値に限定されることになって，不測の損害を被る結果になり，抵当権設定当事者の合理的な意思に反するからである。」

（2）抵当権設定当時に土地と建物が同一の所有者に帰属していたこと

法定地上権が成立するためには，第二に，**抵当権設定当時に土地と建物が同一の所有者に帰属していたこと**を要する。抵当権設定当時に，土地と建物がすでに異なった所有者に帰属している場合には，そのために利用権が設定されているはずであり，法定地上権を認める必要はない。そのため，法定地上権が成立するためには，抵当権設定当時に土地と建物が同一の所有者に帰属していたことが必要となる。

なお，判例（最判昭48・9・18民集27巻8号1066頁）は，法定地上権制度の根拠は，建物収去による社会経済上の不利益を防止する必要があるとともに，抵

当権設定者の建物のための土地利用の存続の意思と抵当権者のこのことに対する予期にあるとし，土地抵当権者は，現実に土地を見て地上建物の存在を了知しこれを前提として評価するのが通例であり，買受人は抵当権者と同視すべきであるから，**建物につき登記がなされているか，所有者が取得登記を経由しているか否かに関わらず，法定地上権の成立は認められる**としている。また，判例（最判昭53・9・29民集32巻6号1210頁）・多数説は，**建物抵当権設定時に，土地に建物所有者名義の移転登記がなされていなくともよい**としている。

　（a）抵当権設定後，土地・建物の一方または双方が第三者に譲渡された場合

【設例6－6】
　　甲土地および乙建物を所有するAは，甲土地に債権者Bのために抵当権を設定した。その後，乙建物がYに譲渡された。甲土地の抵当権が実行され，Xが甲土地の買受人になった場合，Xは，Yに対して，建物収去土地明渡しを請求できるか。

　【設例6－6】では，土地への抵当権設定当時には，土地も建物も，Aの所有に属していたが，その後，建物がYに譲渡され，抵当権が実行される際には，土地と建物が別異の所有者に帰属している。この場合に，法定地上権は成立するだろうか。

　判例（大連判大12・12・14民集2巻676頁）・通説は，法定地上権の成立を認めている。一見すると，土地に抵当権を設定した後，建物が第三者に譲渡され，利用権が設定された場合には，その利用権の存続さえ認めればよいかのように思われる。しかし，**抵当権設定後の利用権の設定は，原則として，抵当権者に対抗することができないから，これをそのまま存続させることはできない。それゆえ，法定地上権を認める必要がある**とする。また，この場合に法定地上権の成立を認めても，抵当権設定当時には，土地と建物は同一人に帰属しており，抵当権者は法定地上権の成立を覚悟しなければならないから，抵当権者に不利益はないからである。

【参考判例】大連判大12・12・14民集2巻676頁

　「土地及其ノ上ニ存スル建物ノ所有者カ土地又ハ建物ノミヲ抵当ト為シ其ノ一カ抵当権ニ基キ競売セラレ二者其ノ所有者ヲ異ニスルニ至リタル場合ニ於テ建物ノ所有者ハ土地使用ノ権利ナキカ故ヲ以テ建物ヲ収去スルヲ免レスト為サンカ建

物ノ利用ヲ害シ一般経済上不利ナルコト論ヲ俟タス民法第三百八十八条ハ此ノ不利ヲ避ケンカ為ニ建物所有者ニ地上権ヲ附与シタルモノナレハ土地ノミヲ抵当ト為シタル場合ニ於テハ同条ニ依リ地上権ヲ有スヘキ者ハ競売ノ時ニ於ケル建物所有者ナラサルヘカラス其ノ抵当権設定者タルト否トハ問フ所ニ非ス本件宅地ハ其ノ所有者斎田庄之助カ被上告人ノ為ニ抵当ト為シタルモノニシテ競売ノ結果被上告人ノ所有ニ帰シ宅地ノ上ニ存スル丙号建物ハ宅地ヲ抵当ト為シタル当時ニ在テハ庄之助ノ所有ニ属セシモ其ノ後上告人之ヲ買取リ宅地競売ノ当時ハ上告人ノ所有ニ属シタレハ正ニ民法第三百八十八条ノ適用ヲ見ルヘキ場合ニ該当シ上告人ハ同条ニ依リ本件宅地ノ上ニ地上権ヲ有スヘキ者ナリ」

（b）抵当権設定当時には，土地と建物が別異の者に帰属していたが，その後，同一人に帰属した場合

【設例6－7】

①　X所有の甲土地上の借地人Aは，自己（＝A）所有の乙建物に債権者Bのために抵当権を設定したが，その後，Xが乙建物を買い取り，甲土地と乙建物は同一人に帰属した。乙建物の抵当権が実行され，Yが乙建物を買い受けた。この場合に法定地上権は成立するか。

②　Yは，A所有の甲土地を賃借し，甲土地上に乙建物を建築し居住している。その後，Aは，甲土地に債権者Bのために抵当権を設定した。さらにその後，Yが甲土地を譲り受け，甲土地と乙建物は同一人に帰属した。甲土地の抵当権が実行され，Xが甲土地を買い受けた。この場合に法定地上権は成立するか。

③　Aは，甲土地の所有者であり，Yは，甲土地を賃借して乙建物を建てて住んでいる。Aは，債権者Bのために甲土地に抵当権を設定した。その後，Yが甲土地を単独相続した。Yは，債権者Cのために甲土地にさらに2番抵当権を設定した。抵当権が実行され，甲土地をXが買い受けた。この場合に法定地上権は成立するか。

④　③の事案において，甲土地の1番抵当権の設定契約が解除された場合に，Cが抵当権を実行したときはどうか。

⑤　Aは，Xから甲土地を賃借し，乙建物を所有していたが，債権者Bのために乙建物に抵当権を設定した。その後，Xは，Aから乙建物を譲り受けた。Xは，さらに債権者Cのために乙建物にさらに2番抵当権を設定した。抵当権が実行され，乙建物をYが買い受けた。この場合に法定地上権は成立するか。

（ア）建物に抵当権が設定された場合（【設例6－7】①）

抵当権の設定当時には，土地と建物が別異の所有者に帰属していたが，その後，土地と建物が同一の所有者に帰属した場合には，法定地上権は成立するだろうか。

建物に抵当権が設定された当時には，土地と建物が別異の所有者に帰属していたが，その後，建物が土地所有者に譲渡され，土地と建物が同一の所有者に帰属した事案（【設例6－7】①）において，判例は，法定地上権が成立するためには，**抵当権設定時に土地と建物が同一の所有者に帰属することを要するから，法定地上権の成立を否定している**（最判昭44・2・14民集23巻2号357頁）。

多数説は，建物のために賃借権が設定されている場合には，建物の抵当権は賃借権にも及び，Yは賃借権付建物を取得するから，法定地上権の成立を認める必要はなく，他方，建物のために賃借権が設定されていない場合には，賃借権の設定をしなかった場合にまで法定地上権の成立を認める必要はないとする[2]。

【参考判例】 最判昭44・2・14民集23巻2号357頁

「本件のように，抵当権設定当時において土地および建物の所有者が各別である以上，その土地または建物に対する抵当権の実行による競落のさい，たまたま，右土地および建物の所有権が同一の者に帰していたとしても，民法388条の規定が適用または準用されるいわれはなく，これと同一の判断を示した原判決…の結論は，相当である。」

【仮差押えの時点では，同一所有者，差押えの時点では，別異の所有者】

同一所有者の土地・建物に関して，建物に仮差押えがなされ，その後，土地所有権が譲渡された。さらに，その後，建物の仮差押えが差押え・執行に移行した。なお，差押えの時点では，土地と建物は，別異の所有者に帰属していた。強制競売手続において，建物が競売された。この場合に法定地上権は成立するか。

判例は，地上建物の仮差押えの時点で土地および地上建物が同一の所有者に属していた場合も，当該仮差押えの時点では土地の使用権を設定することができず，その後に土地が第三者に譲渡されたときにも地上建物につき土地

の使用権が設定されるとは限らないこと，また，建物に仮差押えをした債権者は，建物の存続を前提に仮差押えをしたものであるから，建物につき法定地上権が成立しないとすれば，不測の損害を被ることとなることから，民事執行法81条の適用を肯定している（最判平28・12・1民集70巻8号1793頁）。

【参考判例】最判平28・12・1民集70巻8号1793頁
「（1）地上建物に仮差押えがされ，その後，当該仮差押えが本執行に移行してされた強制競売手続における売却により買受人がその所有権を取得した場合において，土地及び地上建物が当該仮差押えの時点で同一の所有者に属していたときは，その後に土地が第三者に譲渡された結果，当該強制競売手続における差押えの時点では土地及び地上建物が同一の所有者に属していなかったとしても，法定地上権が成立するというべきである。その理由は次のとおりである。

　民事執行法81条の法定地上権の制度は，土地及び地上建物が同一の所有者に属する場合には，土地の使用権を設定することが法律上不可能であるので，強制競売手続により土地と地上建物の所有者を異にするに至ったときに地上建物の所有者のために地上権が設定されたものとみなすことにより，地上建物の収去を余儀なくされることによる社会経済上の損失を防止しようとするものである。そして，地上建物の仮差押えの時点で土地及び地上建物が同一の所有者に属していた場合も，当該仮差押えの時点では土地の使用権を設定することができず，その後に土地が第三者に譲渡されたときにも地上建物につき土地の使用権が設定されるとは限らないのであって，この場合に当該仮差押えが本執行に移行してされた強制競売手続により買受人が取得した地上建物につき法定地上権を成立させるものとすることは，地上建物の収去による社会経済上の損失を防止しようとする民事執行法81条の趣旨に沿うものである。また，この場合に地上建物に仮差押えをした債権者は，地上建物の存続を前提に仮差押えをしたものであるから，地上建物につき法定地上権が成立しないとすれば，不測の損害を被ることとなり，相当ではないというべきである。」

（イ）土地に抵当権が設定された場合（【設例6－7】②）
　土地に抵当権が設定された当時には，土地と建物が別異の所有者に帰属していたが，その後，土地が建物所有者に譲渡され，土地と建物が同一の者に帰属した

場合（【設例6－7】②）には，判例によれば，賃借権が対抗要件を具備したものであり，かつ，その対抗要件を具備した後に右土地に抵当権が設定されたときは，179条1項ただし書により，賃借権は消滅しないから（最判昭46・10・14民集25巻7号933頁），建物の賃借人は，賃借権を土地の買受人に対抗することができる。

なお，賃借権が対抗力を有しない場合や使用借権である場合には，土地の買受人にはこれらの権利を主張することはできないが，この場合にも，抵当権の設定当時，土地と建物が別異の所有者に属する以上，法定地上権の成立は認められないであろう。

【参考判例】最判昭46・10・14民集25巻7号933頁

「特定の土地につき所有権と賃借権とが同一人に帰属するに至った場合であっても，その賃借権が対抗要件を具備したものであり，かつ，その対抗要件を具備した後に右土地に抵当権が設定されていたときは，民法179条1項但書の準用により，賃借権は消滅しないものと解すべきである。」

　　　（ウ）土地への1番抵当権設定当時，土地と建物が別異の所有者，2番抵当権
　　　　　　設定当時，同一の所有者の場合（【設例6－7】③）

　土地への1番抵当権設定当時には，土地と建物の所有者が異なっていたが，2番抵当権設定当時には，土地と建物が同一人に帰属していた場合には，法定地上権は成立するか。

　判例は，この場合には，**法定地上権は成立しない**としている（最判平2・1・22民集44巻1号314頁）。なぜなら，土地について1番抵当権が設定された当時土地と地上建物の所有者が異なり，**法定地上権成立の要件が充足されていない場合には，1番抵当権者は，法定地上権の負担のないものとして，土地の担保価値を把握するのであるから，後に土地と地上建物が同一人に帰属し，後順位抵当権が設定されたことによって法定地上権が成立するものとすると，1番抵当権者が把握した担保価値を損なわせることになるからである。**

【参考判例】最判平2・1・22民集44巻1号314頁

「土地について1番抵当権が設定された当時土地と地上建物の所有者が異なり，法定地上権成立の要件が充足されていなかった場合には，土地と地上建物を

同一人が所有するに至った後に後順位抵当権が設定されたとしても，その後に抵当権が実行され，土地が競落されたことにより1番抵当権が消滅するときには，地上建物のための法定地上権は成立しないものと解するのが相当である。けだし，民法388条は，同一人の所有に属する土地及びその地上建物のいずれか又は双方に設定された抵当権が実行され，土地と建物の所有者を異にするに至った場合，土地について建物のための用益権がないことにより建物の維持存続が不可能となることによる社会経済上の損失を防止するため，地上建物のために地上権が設定されたものとみなすことにより地上建物の存続を図ろうとするものであるが，土地について1番抵当権が設定された当時土地と地上建物の所有者が異なり，法定地上権成立の要件が充足されていない場合には，1番抵当権者は，法定地上権の負担のないものとして，土地の担保価値を把握するのであるから，後に土地と地上建物が同一人に帰属し，後順位抵当権が設定されたことによって法定地上権が成立するものとすると，1番抵当権者が把握した担保価値を損なわせることになるからである。なお，原判決引用の判例（大審院昭和13年（オ）第2187号同14年7月26日判決・民集18巻772頁，最高裁昭和53年（オ）第533号同年9月29日第二小法廷判決・民集32巻6号1210頁）は，いずれも建物について設定された抵当権が実行された場合に，建物競落人が法定地上権を取得することを認めたものであり，建物についてはこのように解したとしても1番抵当権者が把握した担保価値を損なわせることにはならないから，土地の場合をこれと同視することはできない。」

（エ）2番抵当権設定後，1番抵当権が解除された場合（【設例6－7】④）

【設例6－7】③において土地に2番抵当権が設定された後，1番抵当権が解除され，その後，抵当権が実行された場合に，法定地上権は成立するか。この点，1番抵当権が設定された当時，土地と建物が別異の所有者に帰属したが，2番抵当権が設定された当時，土地と建物が同一の所有者に帰属する場合には，平成2年判決により，法定地上権の成立は認められないと考えることもできる。しかし，判例は，【設例6－7】④の場合には，法定地上権が成立するとしている（最判平19・7・6民集61巻5号1940頁）。なぜなら，**2番抵当権設定時には，土地と建物は同一の所有者に帰属しており，また，1番抵当権が被担保債権の弁済，設定契約の解除などによって消滅することもあることは，抵当権の性質上当然のことであるから，2番抵当権者としては，そのことを予測した上，その場合にお**

ける順位上昇の利益と法定地上権成立の不利益とを考慮して担保余力を把握すべきだからである。

【参考判例】最判平 19・7・6 民集 61 巻 5 号 1940 頁

「土地を目的とする先順位の甲抵当権と後順位の乙抵当権が設定された後，甲抵当権が設定契約の解除により消滅し，その後，乙抵当権の実行により土地と地上建物の所有者を異にするに至った場合において，当該土地と建物が，甲抵当権の設定時には同一の所有者に属していなかったとしても，乙抵当権の設定時に同一の所有者に属していたときは，法定地上権が成立するというべきである。その理由は，次のとおりである。

けだし，抵当権は，被担保債権の担保という目的の存する限度でのみ存続が予定されているものであって，甲抵当権が被担保債権の弁済，設定契約の解除等により消滅することもあることは抵当権の性質上当然のことであるから，乙抵当権者としては，そのことを予測した上，その場合における順位上昇の利益と法定地上権成立の不利益とを考慮して担保余力を把握すべきものであったというべきである。したがって，甲抵当権が消滅した後に行われる競売によって，法定地上権が成立することを認めても，乙抵当権者に不測の損害を与えるものとはいえない。そして，甲抵当権は競売前に既に消滅しているのであるから，競売による法定地上権の成否を判断するに当たり，甲抵当権者の利益を考慮する必要がないことは明らかである。」

　（オ）建物への 1 番抵当権設定当時，土地と建物が別異の所有者，2 番抵当権設定当時，同一の所有者の場合（【設例 6 − 7】⑤）

建物への 1 番抵当権設定当時には，土地と建物の所有者が異なっていたが，2 番抵当権設定当時には，土地と建物が同一人に帰属していた場合には，法定地上権は成立するか。

判例は，**法定地上権は成立する**としている（大判昭 14・7・26 民集 18 巻 772 頁，最判昭 53・9・29 民集 32 巻 6 号 1210 頁）。この場合には，法定地上権の成立を認めることが抵当権者の利益に適うからである（最判平 2・1・22 民集 44 巻 1 号 314 頁〔前掲〕参照）。

　（3）土地または建物に抵当権が設定されたこと

法定地上権が成立するためには，第三に，土地または建物に抵当権が設定され

たことを要する。もっとも，土地と建物の双方に抵当権が設定された場合にも，競売の結果，土地と建物の所有者が異なるに至ることがある。そのため，土地と建物の双方の上に抵当権が設定された場合でもよいとされている（最判昭 37・9・4 民集 16 巻 9 号 1854 頁）。

（4）競売の結果，土地と建物が別異の者に帰属するに至ること

法定地上権が成立するためには，第四に，競売の結果，土地と建物が別異の者に帰属するに至ることを要する。この競売は，担保権の実行としての競売でも強制競売でもよい。

6.2.3　共有ケース

これまでは，土地も建物も単独所有というケースを見てきた。それでは，土地または建物が共有の場合はどうなるだろうか。

（1）共有土地上の建物

> 【設例 6 − 8】
> 　Y と A が共有する甲土地の上に，Y が乙建物を所有している。Y は，甲土地に対する自己の共有持分の上に B のために抵当権を設定した。抵当権が実行されて X が買受人となった。X は，Y に対して建物収去土地明渡しを請求することができるか。

判例は，共有地全体に地上権を設定するには共有者全員の同意を必要とするとし，たまたま法定地上権の成立事由が単に土地共有者の 1 人だけについて発生したとしても，これによって，**他の共有者の意思如何にかかわらず，その者の持分まで無視されるべきいわれはない**として，**法定地上権の成立を否定**している（最判昭 29・12・23 民集 8 巻 12 号 2235 頁）。

もっとも，これは，他の共有者の意思に基づかないで当該共有者の土地に対する使用収益権を害することはできないということによるものであるから，他の共有者がかかる事態の生ずることを予め容認していたような場合においては，右の原則は妥当せず，法定地上権は成立するとしている（最判昭 44・11・4 民集 23 巻 11 号 1968 頁）。

【**参考判例**】最判昭 29・12・23 民集 8 巻 12 号 2235 頁

　「元来共有者は，各自，共有物について所有権と性質を同じくする独立の持分を有しているのであり，しかも共有地全体に対する地上権は共有者全員の負担となるのであるから，共有地全体に対する地上権の設定には共有者全員の同意を必要とすること原判決の判示前段のとおりである。換言すれば，共有者中一部の者だけがその共有地につき地上権設定行為をしたとしても，これに同意しなかった他の共有者の持分は，これによりその処分に服すべきいわれはないのであり，結局右の如く他の共有者の同意を欠く場合には，当該共有地についてはなんら地上権を発生するに由なきものといわざるを得ないのである。そして，この理は民法388条のいわゆる法定地上権についても同様であり偶々本件の如く，右法条により地上権を設定したものと看做すべき事由が単に土地共有者の1人だけについて発生したとしても，これがため他の共有者の意思如何に拘わらずそのものの持分までが無視さるべきいわれはないのであって，当該共有土地については地上権を設定したと看做すべきでないものといわなければならない。」

【参考判例】 最判昭44・11・4民集23巻11号1968頁

　「上告人とAとの間に締結された前示売買契約によって上告人とAとは従前の土地につき仮換地の地積の割合による持分に応じた共有関係を生じ，また，仮換地上の使用収益権についても準共有の関係を生じたこと前記のとおりであって，土地が共有である場合に，共有者の1人の所有にかかる地上建物が競落されるに至っても，共有土地の上に法定地上権の発生を認めることが原則として許されないことは所論のとおりであるが…，右は他の共有者の意思に基づかないで該共有者の土地に対する持分に基づく使用収益権を害することを得ないことによるものであるから，他の共有者がかかる事態の生ずることを予め容認していたような場合においては，右の原則は妥当しないものと解すべきである。しかるところ，本件において原審の確定したところによると，上告人がAから買い受けた21坪6合4勺の土地については，前記のようにその地上に上告人によって本件建物が建築されたころ，上告人とAとの間の協議により右の部分を上告人の所有とする旨の合意が成立していたというのであり，右合意は，とりもなおさず，Aが上告人に対する関係で従前の土地の共有持分に基づく仮換地上の共同使用収益権を，右買受部分に関するかぎり事実上放棄し，上告人の処分に委ねた趣旨に解することができるから，Aは法定地上権によって第三者が右土地を使用収益することをも容認していたものというべきである。したがって，本件において

は，被上告人が本件建物を競落したことにより従前の土地について被上告人のため法定地上権が成立し，被上告人は右法定地上権に基づいて仮換地としての本件建物の敷地を占有しうべき権原を取得したものと解するのが相当である。」

【チェックポイント】
　判例は，共有ケースにおいては，法定地上権の成否を判断するにあたって，**共有持分権者の利益**を重要な判断要素としている。それは，共有持分権者の利益が害されないようにという配慮に基づく。こうした観点から，土地共有の場合には，法定地上権の成立を否定する傾向にある。

44年判決によれば，他の共有者が法定地上権による土地の使用収益を予め容認していたような事情が存在する場合には法定地上権は成立する。それでは，次のケースはどうであろうか。

【設例 6 － 9】
　Ａ・Ｂ・Ｙが共有する甲土地上にＹその他 8 名が共有建物を所有している。債権者Ｃのために Ａ・Ｂ・Ｙ の甲土地の持分に抵当権が設定された。その後，抵当権が実行され，Ｘが甲土地を買い受けた。この場合に，Ｘは，Ｙらに対して建物収去土地明渡しを請求することができるか。

【設例 6 － 9】では，甲土地の共有者Ｙだけでなく，Ａ・Ｂも自己の持分権に抵当権を設定している。そのため，44年判決がいうところの「他の共有者がかかる事態の生ずることを予め容認していたような場合」にあたり，法定地上権の成立が認められるということになりそうである。しかし，判例は，「共有者は，各自，共有物について所有権と性質を同じくする独立の持分を有しているのであり，かつ，共有地全体に対する地上権は共有者全員の負担となるのであるから，土地共有者の 1 人だけについて民法 388 条本文により地上権を設定したものとみなすべき事由が生じたとしても，**他の共有者らがその持分に基づく土地に対する使用収益権を事実上放棄し，右土地共有者の処分にゆだねていたことなどにより法定地上権の発生をあらかじめ容認していたとみることができるような特段の事情がある場合でない限り，共有土地について法定地上権は成立しない**」としている（最判平 6・12・20 民集 48 巻 8 号 1470 頁）。

【参考判例】最判平 6・12・20 民集 48 巻 8 号 1470 頁

「1　共有者は，各自，共有物について所有権と性質を同じくする独立の持分を有しているのであり，かつ，共有地全体に対する地上権は共有者全員の負担となるのであるから，土地共有者の1人だけについて民法388条本文により地上権を設定したものとみなすべき事由が生じたとしても，他の共有者らがその持分に基づく土地に対する使用収益権を事実上放棄し，右土地共有者の処分にゆだねていたことなどにより法定地上権の発生をあらかじめ容認していたとみることができるような特段の事情がある場合でない限り，共有土地について法定地上権は成立しないといわなければならない…。

2　これを本件についてみるのに，原審の認定に係る前示事実関係によれば，①本件土地の共有者らは，共同して，本件土地の各持分について被上告人Yを債務者とする抵当権を設定しているのであり，Y以外の本件土地の共有者らはYの妻子であるというのであるから，同人らは，法定地上権の発生をあらかじめ容認していたとも考えられる。しかしながら，土地共有者間の人的関係のような事情は，登記簿の記載等によって客観的かつ明確に外部に公示されるものではなく，第三者にはうかがい知ることのできないものであるから，法定地上権発生の有無が，他の土地共有者らのみならず，右土地の競落人ら第三者の利害に影響するところが大きいことにかんがみれば，右のような事情の存否によって法定地上権の成否を決することは相当ではない。そうすると，本件の客観的事情としては，土地共有者らが共同して本件土地の各持分について本件建物の9名の共有者のうちの1名である被上告人Yを債務者とする抵当権を設定しているという事実に尽きるが，このような事実のみから被上告人Y以外の本件土地の共有者らが法定地上権の発生をあらかじめ容認していたとみることはできない。けだし，本件のように，9名の建物共有者のうちの1名にすぎない土地共有者の債務を担保するために，②他の土地共有者らがこれと共同して土地の各持分に抵当権を設定したという場合，なるほど他の土地共有者らは建物所有者らが当該土地を利用することを何らかの形で容認していたといえるとしても，③その事実のみから右土地共有者らが法定地上権の発生を容認していたとみるならば，右建物のために許容していた土地利用関係がにわかに地上権という強力な権利に転化することになり，ひいては，右土地の売却価格を著しく低下させることとなるのであって，そのような結果は，自己の持分の価値を十分に維持，活用しようとする土地共有者らの通常の意思に沿わないとみるべきだからである。また，右の結果は，第三者，すなわち土地共有者らの持分の有する価値について利害関係を有する一般債

権者や後順位抵当権者，あるいは土地の競落人等の期待や予測に反し，ひいては執行手続の法的安定を損なうものであって，許されないといわなければならない。」

【平成6年判決の理解】
　平成6年判決は，他の共有者らがその持分に基づく土地に対する使用収益権を事実上放棄し，右土地共有者の処分にゆだねていたことなどにより法定地上権の発生をあらかじめ容認していたとみることができるような特段の事情がある場合でない限り，共有土地について法定地上権は成立しないとする。
　しかし，平成6年判決の事案では，土地共有者A・Bも，Yの債務のために自己の持分に抵当権を設定しており，A・Bも，建物所有者らが当該土地を利用することを何らかの形で容認していたとも考えられる（上記【参考判例】波線①，②参照）。しかし，平成6年判決は，「建物のために許容していた土地利用関係がにわかに地上権という強力な権利に転化することになり，ひいては，右土地の売却価格を著しく低下させることとなるのであって，そのような結果は，自己の持分の価値を十分に維持，活用しようとする土地共有者らの通常の意思に沿わない」という理由から，土地共有者が当該土地の利用を容認していたとは言えないとしている（上記【参考判例】下線③参照）。

　また，抵当権の実行ではなく強制競売の事案であるが，土地と建物がA・Bの共有に属していたが，土地のAの持分が強制競売によって売却され，Cがそれを取得した場合に，Aが法定地上権の成立を主張したので，Cが法定地上権不存在の確認の訴えを提起した事案において，判例は，地上権の成立を認めなくても，「ただちに建物の収去を余儀なくされるという関係にはない」として，民事執行法81条の法定地上権の成立を否定している（最判平6・4・7民集48巻3号889頁）。

（2）抵当地上の共有建物

【設例6−10】
　Yの所有する甲土地の上にY・Aの共有する乙建物が存在する。Yが債権者Bのために甲土地に抵当権を設定した。その後，甲土地の抵当権が実行されて，Xが甲土地を買い受けた。XがYに対して建物収去土地明渡し

を請求した。

　最後に，【設例 6 - 10】のように，建物が共有の場合はどうなるか。判例は，
建物共有者の 1 人がその建物の敷地たる土地を単独で所有する場合においては，
同人は，自己のみならず他の土地共有者のためにも右土地の利用を認めていると
いうべきであるとして，単独で建物を所有する場合と同様，388 条の趣旨から，
法定地上権の成立を認めている（最判昭 46・12・21 民集 25 巻 9 号 1610 頁）。

【参考判例】 最判昭 46・12・21 民集 25 巻 9 号 1610 頁

　「建物の共有者の 1 人がその建物の敷地たる土地を単独で所有する場合におい
ては，同人は，自己のみならず他の建物共有者のためにも右土地の利用を認めて
いるものというべきであるから，同人が右土地に抵当権を設定し，この抵当権の
実行により，第三者が右土地を競落したときは，民法 388 条の趣旨により，抵当
権設定当時に同人が土地および建物を単独で所有していた場合と同様，右土地に
法定地上権が成立するものと解するのが相当である。」

6.2.4　法定地上権の内容

　388 条の要件が充足されると，法定地上権が成立する。その内容は，設定契約
によって成立する地上権（265 条以下）と同じである。法定地上権は，建物の敷
地のほか，その利用に必要な土地にも認められる（大判大 9・5・5 民録 26 輯
1005 頁）。地代が当事者の協議によって決定できない場合には，裁判所が決定す
る（388 条後段）。第三者に法定地上権を対抗するためには，地上権の登記また
は建物の登記が必要である（177 条，借地借家 10 条）。建物所有を目的とする地
上権は，借地借家法の適用を受けるため，その期間は，当事者に合意がない限
り，30 年となる（借地借家 3 条本文）。

6.2.5　一 括 競 売

【設例 6 - 3】で述べたように，更地に抵当権が設定された後に建物が建築さ
れた場合には，抵当権の実行により土地と建物の所有者が別異になったとして
も，法定地上権は成立しない（それについて，180 頁参照。）。また，抵当権の効
力は，抵当地上の建物には及ばないから（370 条本文），土地抵当権者は，建物
について競売の申立てをすることができない。その結果，土地の買人は，建物

の収去を請求することができる。

　しかし，このようなことは，抵当権設定者（建物所有者）にとって不利益であり，国民経済上好ましくない。

　そこで，民法は，**更地に抵当権が設定された後に建物が建築された場合に，土地抵当権者が土地と建物を一括して競売することを認めている**（389 条 1 項本文）。これを**一括競売**という。

　平成 15 年（2003 年）担保・執行法改正前の民法では，抵当権設定者以外の者が建築した建物については，一括競売ができなかったため，執行妨害がなされることもあった。そこで，平成 15 年の改正において，抵当権者に対抗することができる占有権原に基づいて建物が所有されている場合を除いて（同条 2 項），抵当権設定者以外の者が建築した建物についても一括競売の対象となるものとされた。

　もちろん，土地抵当権者は，土地の代価のみから優先弁済を受けることができ，建物の代価から優先弁済を受けることはできない（同条 1 項ただし書）。

7 物上代位権の行使による債権回収

【到達目標】
○抵当権に基づく物上代位権の行使が認められるのはどのような場合かについて，判例・学説の考え方を踏まえながら説明することができる。

7.1 意 義

【図1】

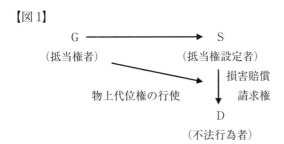

抵当権者は，その目的物の売却，賃貸，滅失または損傷によって債務者が受けるべき金銭その他の物に対しても，行使することができる（372条・304条）。これを**物上代位**という。たとえば，抵当権の目的物である家屋が第三者により滅失・毀損させられた場合，抵当権の効力は，抵当権設定者がその第三者に対して取得する不法行為に基づく損害賠償請求権（709条）に及ぶ。

7.2 物上代位の目的物

304条は，先取特権について，目的物の売却，賃貸，滅失または損傷により債務者が受けるべき金銭その他の物を物上代位権の行使の目的物としている。もっとも，これを抵当権の場合にもそのまま認めてよいかどうかについては議論がある。

7.2.1 売 買 代 金

【設例7−1】売買代金債権に対する物上代位権の行使
　Gは，Sに対して，貸金債権を有しており，その債権を担保するために，S所有の甲土地に抵当権の設定を受けている。Sは，甲土地をKに売り渡し

た。Gは，SがKに対して取得した売買代金債権に対して物上代位権を行使することができるか。

【図2】

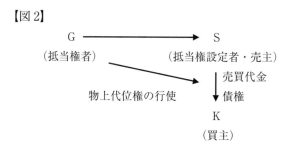

抵当権設定者は，抵当権設定後も，抵当不動産を第三者に売却することができる。それでは，抵当権者は，抵当権設定者が抵当不動産の買主に対して取得した売買代金債権に物上代位権を行使することができるだろうか（【設例7－1】）。

A説：否定説

動産先取特権の場合には，動産を第三者に引き渡すと，先取特権者は，もはや先取特権を行使することができないから（333条），売買代金債権に対する物上代位権の行使が認められている（304条1項）。これに対して，抵当権の場合には，目的不動産が第三者に譲渡されたとしても，抵当権者は，抵当権を失うわけではない。それゆえ，抵当不動産の売却代金債権に対して物上代位権の行使を認める必要はない。

【先取特権と売買代金債権に対する物上代位】
304条が売買代金債権に対して物上代位権の行使を認めている理由について，動産売買先取特権を例に考えてみよう。

【先取特権】
まず，先取特権とは，一定の類型に属する債権を有する者に付与される，債務者の財産について他の債権者に先立って債権の弁済を受ける権利をいう（303条）。いかなる債権について，先取特権が認められるかは，民法その他の法律に規定がある。
民法は，動産の売主の買主に対する売買代金債権を担保するために，動産売買代金債権に対して先取特権を認めている（311条5号・321条）。動産の

売主は，買主が代金の支払をしない場合，売却した動産を競売し，その代価から債権の満足を得ることができる。

【先取特権の追及力と物上代位】

　しかし，動産売買先取特権は，追及力がなく，売主が売却した動産が第三者に売却され引き渡されると，動産の売主は，先取特権を行使できなくなる（333条）。他方，民法は，先取特権の目的物の売却によって買主である債務者が取得する売買代金債権に対して権利行使することを売主に認めている（304条）。

　これによれば，売買代金債権に対する物上代位権の行使が認められるのは，先取特権に追及力がないからである。そのため，第三者に抵当不動産を売却されても何ら影響を受けない抵当権は，先取特権とは利益状況が異なるということになる。

B説：肯定説

　売買代金は，抵当不動産の交換価値を実現したものである。抵当権者は，追及効か物上代位のいずれかを選択して行使すべきである。

【設例7－2】買戻代金債権に対する物上代位権の行使

　Dは，Sに買戻特約付で甲土地を売却し，Sは，取得した甲土地に債権者Gのために抵当権を設定した。その後，甲土地の買戻しが行われた。抵当権者Gは，SがDに対して取得した買戻代金債権に対して物上代位権を行使することができるか。

【図3】

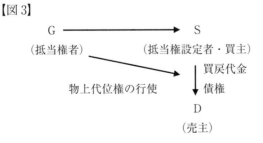

　【設例7－2】におけるように，抵当権の目的である不動産が買い戻された場合に，抵当権者が買戻代金債権に対して，物上代位権を行使することができるかについては，争いがある。

A説：否定説

　買戻しは，すでになされた売買契約の解除である（579条）。それゆえ，解除の遡及効により買戻特約の登記後になされた抵当権の設定ははじめからなかったことになり，抵当権自体が否定される結果，買戻代金債権に対する物上代位権の行使も認められない。

B：肯定説（判例）

　判例は，抵当権設定者である買主やその債権者等との関係においては，買戻権行使時まで存在していた抵当権の効力が買戻しによって覆滅されることはなく，また，買戻代金は，目的不動産の価値変形物と見られるとして，買戻代金債権に対する物上代位権の行使を肯定している（最判平11・11・30民集53巻8号1965頁）。

【参考判例】 最判平11・11・30民集53巻8号1965頁

　「買戻特約付売買の買主から目的不動産につき抵当権の設定を受けた者は，抵当権に基づく物上代位権の行使として，買戻権の行使により買主が取得した買戻代金債権を差し押さえることができると解するのが相当である。けだし，買戻特約の登記に後れて目的不動産に設定された抵当権は，買戻しによる目的不動産の所有権の買戻権者への復帰に伴って消滅するが，抵当権設定者である買主やその債権者等との関係においては，買戻権行使時まで抵当権が有効に存在していたことによって生じた法的効果までが買戻しによって覆滅されることはないと解すべきであり，また，買戻代金は，実質的には買戻権の行使による目的不動産の所有権の復帰についての対価と見ることができ，目的不動産の価値変形物として，民法372条により準用される304条にいう目的物の売却又は滅失によって債務者が受けるべき金銭に当たるといって差し支えないからである。」

7.2.2　賃料債権

【設例7－3】 賃料債権に対する物上代位権の行使
　Sは，債権者Gに対する貸金債権を担保するために，自己所有の甲土地に抵当権を設定した。また，Sは，甲土地をMに賃貸している。この場合に，Gは，SがMに対して取得した賃料債権につき物上代位権を行使することができるか。

【図4】

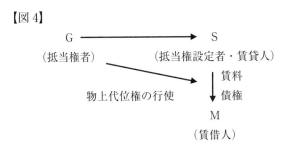

【設例7-3】におけるように，抵当権の目的である不動産が賃貸された場合に，抵当権設定者である賃貸人が賃借人に対して取得した賃料債権に対して，抵当権者が物上代位権を行使することができるか。

A説：否定説

　抵当権は，非占有担保であり，収益的効力を有しないという点にかんがみるならば，賃料債権は，抵当権設定者に帰属するはずであり，物上代位の対象とはならない。

B説：肯定説（判例）

　判例は，①372条によって先取特権に関する304条の規定が抵当権にも準用されていること，②抵当権は，目的物に対する占有を抵当権設定者の下にとどめ，設定者が目的物を自ら使用し，または第三者に使用させることを許す性質の担保権であるが，抵当権のこのような性質は先取特権と異なるものではないこと，③抵当権設定者が目的物を第三者に使用させることによって対価を取得した場合に，右対価について抵当権を行使することができるものと解したとしても，抵当権設定者の目的物に対する使用を妨げることにはならないことから，賃料債権について抵当権を行使することができないと解すべき理由はないとして，**賃料債権に対する物上代位権の行使を肯定している**（最判平元・10・27民集43巻9号1070頁）。

【参考判例】 最判平元・10・27民集43巻9号1070頁

　「抵当権の目的不動産が賃貸された場合においては，抵当権者は，民法372条，304条の規定の趣旨に従い，目的不動産の賃借人が供託した賃料の還付請求権についても抵当権を行使することができるものと解するのが相当である。けだ

し，民法372条によって先取特権に関する同法304条の規定が抵当権にも準用さ
れているところ，抵当権は，目的物に対する占有を抵当権設定者の下にとどめ，
設定者が目的物を自ら使用し又は第三者に使用させることを許す性質の担保権で
あるが，抵当権のこのような性質は先取特権と異なるものではないし，抵当権設
定者が目的物を第三者に使用させることによって対価を取得した場合に，右対価
について抵当権を行使することができるものと解したとしても，抵当権設定者の
目的物に対する使用を妨げることにはならないから，前記規定に反してまで目的
物の賃料について抵当権を行使することができないと解すべき理由はなく，また
賃料が供託された場合には，賃料債権に準ずるものとして供託金還付請求権につ
いて抵当権を行使することができるものというべきだからである。」

【考えてみよう！】
　　平成元年判決は，抵当権に基づく賃料債権への物上代位権の行使を認める
理由として，3つの理由を挙げている。これらの理由が抵当権に基づく賃料
債権への物上代位権の行使を認める理由として適切であるかを考えてみよ
う。

【設例7－4】転貸料債権に対する物上代位権の行使（発展）
　　【設例7－3】において，Mは，Sの承諾を得て，さらに甲土地をUに転
貸した。この場合に，Gは，MがUに対して取得した転貸料債権につき物
上代位権を行使することができるか。

【図5】

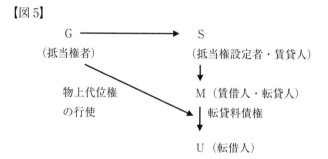

それでは，【設例7－4】におけるように，賃借人が賃貸人の承諾を得て抵当
不動産を転貸した場合，抵当権者は，賃借人である転貸人が転借人に対して取得
した転貸料債権に物上代位権を行使することができるか。

　判例は，抵当権設定者である抵当不動産の所有者は，被担保債権の履行について抵当不動産をもって物的責任を負担するものであるのに対し，**抵当不動産の賃借人は，このような責任を負担するものではなく，自己に属する債権を被担保債権の弁済に供されるべき立場にはなく**，また，**転貸料債権を物上代位の目的とすることができるとすると，正常な取引により成立した抵当不動産の転貸借関係における賃借人（転貸人）の利益を不当に害するから，転貸料債権に対する物上代位権の行使を否定している**（最判平 12・4・14 民集 54 巻 4 号 1552 頁）。

　もっとも，平成 12 年判決は，「所有者の取得すべき賃料を減少させ，又は抵当権の行使を妨げるために，人格を濫用し，若しくは賃貸借を仮装した上で，転貸借関係を作出したものであるなど，**抵当不動産の賃借人を所有者と同視することを相当とする場合には，その賃借人が取得すべき転貸賃料債権に対して抵当権に基づく物上代位権を行使することを許すべきものである**」としている。

【**参考判例**】最判平 12・4・14 民集 54 巻 4 号 1552 頁

　「民法 372 条によって抵当権に準用される同法 304 条 1 項に規定する「債務者」には，原則として，抵当不動産の賃借人（転貸人）は含まれないものと解すべきである。けだし，所有者は被担保債権の履行について抵当不動産をもって物的責任を負担するものであるのに対し，抵当不動産の賃借人は，このような責任を負担するものではなく，自己に属する債権を被担保債権の弁済に供されるべき立場にはないからである。…また，転貸賃料債権を物上代位の目的とすることができるとすると，正常な取引により成立した抵当不動産の転貸借関係における賃借人（転貸人）の利益を不当に害することにもなる。」

7.2.3　目的物の滅失・毀損により取得した債権

　抵当権者は，抵当目的物の滅失または毀損により債務者が受けるべき金銭その他の物に対しても，物上代位権を行使することができる。たとえば，抵当権の目的である建物の滅失または毀損により抵当権設定者が第三者に対して不法行為に基づく損害賠償請求権を取得したときは，抵当権者は，その賠償請求権に物上代位権を行使することができる。

【**設例 7 − 5**】保険金債権に対する物上代位権の行使
　Ｓは，債権者Ｇに対する貸金債権を担保するために，自己所有の甲建物に

抵当権を設定した。S は，甲建物に火災保険をかけていたが，その後，甲建物は，火災により焼失した。そのため，S は，保険会社 D に対して保険金債権を取得した。この場合に，G は，S が D に対して取得した保険金債権に対して物上代位権を行使することができるか。

【図 6】

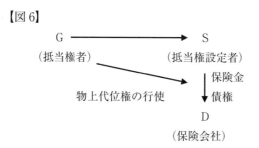

【設例 7 − 5】におけるように，抵当権設定者である債務者が保険会社に対して取得した保険金債権に対して，抵当権者が物上代位権を行使することができるかについては，争いがある。

A 説：否定説

　保険金は，保険料に対する対価であり，保険の目的物を代表するものと見ることはできない。また，保険金は，保険契約から生ずるものであり，物の滅失または毀損のみを原因として発生するものではない。

B 説：肯定説

　判例（大判明 40・3・12 民録 13 輯 265 頁など）・通説は，特に理論的な説明をしないまま，保険金債権について物上代位権の行使を認めている。

7.3　差押え

　物上代位権の行使（手続）については，債権執行の規定が準用される（民執 193 条）。「担保権を証する文章」を提出し，それによって，執行裁判所が差押命令を発することによって開始する。差押えは，債務者が代金，賃料または賠償金の払渡しまたは引渡しを受ける前にしなければならない（372 条・304 条 1 項ただし書）。

7.3.1 差押えの意義

「差押え」の意義については，判例・学説において議論がある。

A 説：特定性維持説

価値代表物の上に物上代位権の行使が認められるのは，担保目的物の価値を把握する担保物権の性質として当然のことであるが，金銭が債務者に支払われると債務者の財産と混同し，特定性を失う（優先権が認められる範囲が不明確になる）。そのため，払渡しまたは引渡しの前に差押えをして物上代位権の行使対象を特定しておく必要がある。

B 説：優先権保全説

目的物の滅失により担保物権は消滅する。しかし，担保物権者の保護のために法律が特別に優先的な効力を認めたものである。そのため，担保権者は，優先権を保全するため，自ら差押えをしなければならず，また他の債権者に先立って差押えをしなければならない。

C 説：第三債務者保護説

物上代位権の行使に対して直接の利害関係を有するのは，第三債務者であり，第三債務者は，物上代位権の行使により物上代位権者に支払義務を負うこととなるが，第三債務者は，通常，物上代位権者を知ることができず，抵当権設定者に弁済してしまい，二重弁済の危険に陥ることとなる。そこで，差押えにより第三債務者の弁済を防ぎ，第三債務者を二重弁済の危険から防ぐのがその目的である。

7.3.2 抵当権者自身による差押え

372 条・304 条によれば，物上代位権を行使するためには差押えが要件となるが，それでは，この差押えは，抵当権者自らが差押えをしなければならないのだろうか。

A 説：特定性維持説

他の債権者による差押えがあれば，払渡しまたは引渡しによる代位物の債務者の一般財産への混入が防止されて特定性が維持されるので，抵当権者自身が差し押さえる必要はない。

B説：優先権保全説

目的物の滅失により担保物権は消滅する。しかし，担保物権者の保護のために法律が特別に優先的な効力を認めたものである。そのため，担保権者は，優先権を保全するため，自ら差押えをしなければならない。

C説：第三債務者保護説

第三債務者を保護するための措置として，抵当権者自身による差押えが要求される。これによって，抵当権者が代位債権に対する抵当権の効力を第三債務者に主張することができる。

7.3.3　抵当権に基づく物上代位と他の制度との競合

【設例7－6】

　Cは，Aに対する貸金債権を担保するため，A所有の甲土地に抵当権の設定を受けた。また，Aは，Bに甲土地を賃貸している。

　この場合において，以下の事情のもとで，Cは，AのBに対する賃料債権を差し押さえて物上代位権を行使することができるか。

① 　AがBに対する賃料債権をDに譲渡した場合（債権譲渡ケース）。
② 　DがAのBに対する賃料債権につき転付命令を得た場合（転付命令ケース）。
③ 　Aの一般債権者DがAのBに対する賃料債権を差し押さえた場合（差押えケース）。

すでに述べたように，差押えは，債務者が代金，賃料または賠償金の払渡しまたは引渡しを受ける前にしなければならない（372条・304条1項ただし書）。それでは，【設例7－6】において，抵当権者は，代位債権を差し押さえて物上代位権を行使することができるだろうか。

（1）債権譲渡ケース（【設例 7 - 6】①）

【図 7】

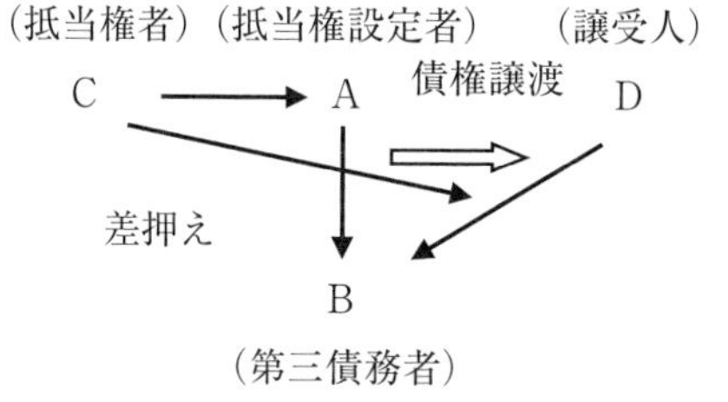

抵当権設定者が抵当不動産の賃借人に対して有する賃料債権が第三者に譲渡され，その対抗要件が具備された後でも，抵当権者は，賃料債権を差し押さえて物上代位権を行使することができるだろうか。

判例は，かつて代位債権が譲渡された後においては，抵当権設定者には第三債務者から弁済を受けるべき債権関係がないから，抵当権者は，物上代位権を行使することができないとしていた（大決昭 5・9・23 民集 9 巻 918 頁など）。しかし，その後，判例は，見解を改め，**抵当権者は，物上代位の目的債権が譲渡され第三者に対する対抗要件が備えられた後においても，自ら目的債権を差し押さえて物上代位権を行使することができる**としている（最判平 10・1・30 民集 52 巻 1 号 1 頁）。その理由は，**① 304 条 1 項の「払渡し又は引渡し」という言葉は当然には債権譲渡を含むものとは解されないこと，②第三債務者は，差押命令の送達を受ける前に債権譲受人に弁済した場合には，その消滅を抵当権者に対抗することができ，弁済をしていない場合には，供託すれば免責されるから，抵当権者に目的債権の譲渡後における物上代位権の行使を認めても第三債務者の利益が害されることとはならないこと，③抵当権の効力が物上代位の目的債権についても及ぶことは抵当権設定登記により公示されているとみることができること，および④対抗要件を備えた債権譲渡が物上代位に優先するものと解するならば，抵当権設定者は，抵当権者からの差押えの前に債権譲渡をすることによって容易に物上代位権の行使を免れることができるが，このことは抵当権者の利益を不当に害する**ものというべきだからである。

【参考判例】 最判平 10・1・30 民集 52 巻 1 号 1 頁

「1　民法 372 条において準用する 304 条 1 項ただし書が抵当権者が物上代位権を行使するには払渡し又は引渡しの前に差押えをすることを要するとした趣旨目

的は，主として，抵当権の効力が物上代位の目的となる債権にも及ぶことから，右債権の債務者（以下「第三債務者」という。）は，右債権の債権者である抵当不動産の所有者（以下「抵当権設定者」という。）に弁済をしても弁済による目的債権の消滅の効果を抵当権者に対抗できないという不安定な地位に置かれる可能性があるため，差押えを物上代位権行使の要件とし，第三債務者は，差押命令の送達を受ける前には抵当権設定者に弁済をすれば足り，右弁済による目的債権消滅の効果を抵当権者にも対抗することができることにして，二重弁済を強いられる危険から第三債務者を保護するという点にあると解される。

2　右のような民法304条1項の趣旨目的に照らすと，同項の「払渡又ハ引渡」には債権譲渡は含まれず，抵当権者は，物上代位の目的債権が譲渡され第三者に対する対抗要件が備えられた後においても，自ら目的債権を差し押さえて物上代位権を行使することができるものと解するのが相当である。

けだし，（1）民法304条1項の「払渡又ハ引渡」という言葉は当然には債権譲渡を含むものとは解されないし，物上代位の目的債権が譲渡されたことから必然的に抵当権の効力が右目的債権に及ばなくなるものと解すべき理由もないところ，（2）物上代位の目的債権が譲渡された後に抵当権者が物上代位権に基づき目的債権の差押えをした場合において，第三債務者は，差押命令の送達を受ける前に債権譲受人に弁済した債権についてはその消滅を抵当権者に対抗することができ，弁済をしていない債権についてはこれを供託すれば免責されるのであるから，抵当権者に目的債権の譲渡後における物上代位権の行使を認めても第三債務者の利益が害されることとはならず，（3）抵当権の効力が物上代位の目的債権についても及ぶことは抵当権設定登記により公示されているとみることができ，（4）対抗要件を備えた債権譲渡が物上代位に優先するものと解するならば，抵当権設定者は，抵当権者からの差押えの前に債権譲渡をすることによって容易に物上代位権の行使を免れることができるが，このことは抵当権者の利益を不当に害するものというべきだからである。

そして，以上の理は，物上代位による差押えの時点において債権譲渡に係る目的債権の弁済期が到来しているかどうかにかかわりなく，当てはまるものというべきである。」

【さらに深める】

【債権譲渡と先取特権に基づく物上代位権の行使】

【設例7－7】

　Cは，Aに動産を売却し，Aは，その動産をさらにBに転売した。Aは，Bに対して有する転売代金をDに譲渡した。この場合に，先取特権者Cは，AのBに対する転売代金債権を差し押さえて物上代位権を行使することができるか。

【図8】

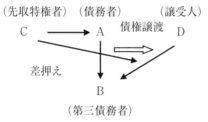

（先取特権者）　（債務者）　　　（譲受人）

C　　　　　→　A　　債権譲渡　　D

差押え

B

（第三債務者）

　【設例7－6】①と同様の問題は，先取特権についても生ずる。先取特権者は，債務者が第三債務者に対して有する売買代金債権に物上代位権を行使することができる（304条1項本文）。それでは，この売買代金債権が譲渡され，その対抗要件が具備された後でも，先取特権者は，売買代金債権を差し押さえて物上代位権を行使することができるだろうか。

　判例は，これを否定している。なぜなら，**抵当権とは異なり，公示方法が存在しない動産売買先取特権については，物上代位の目的債権の譲受人等の第三者の利益を保護する必要がある**からである（最判平17・2・22民集59巻2号314頁）。

【参考判例】 最判平17・2・22民集59巻2号314頁

　「民法304条1項ただし書は，先取特権者が物上代位権を行使するには払渡し又は引渡しの前に差押えをすることを要する旨を規定しているところ，この規定は，抵当権とは異なり公示方法が存在しない動産売買の先取特権については，物上代位の目的債権の譲受人等の第三者の利益を保護する趣旨を含むものというべきである。そうすると，動産売買の先取特権者は，物上代位の目的債権が譲渡され，第三者に対する対抗要件が備えられた後においては，目的債権を差し押さえて物上代位権を行使することはできないものと解

するのが相当である。」

【しっかり理解しよう！】

　同じく物上代位と債権譲渡が競合したケースについて，平成10年判決は，抵当権に基づく物上代位について，抵当権者の物上代位権の行使を肯定し，他方，平成17年判決は，先取特権に基づく物上代位について，先取特権者の物上代位権の行使を否定している。この違いはいかなる理由によるのだろうか。

　平成17年判決は，動産売買先取特権は，抵当権と異なり，公示方法がないから，目的債権の譲受人を保護する必要があるからであるとしている。この点，平成10年判決は，抵当権の効力が目的債権に及ぶことは抵当権の設定登記により公示されているとしている。つまり，平成10年判決と平成17年判決の違いは，**公示性の違いによる第三者保護の必要性の違いに基づくものである**ということができる。

（2）転付命令ケース（【設例7－6】②）

　　　【図9】

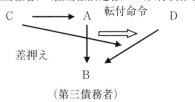

（抵当権者）（抵当権設定者）　（転付債権者）

C　　　　　A　　転付命令　　　D

差押え

B

（第三債務者）

【前提】

　【設例7－6】②では，抵当権者による物上代位権の行使と転付命令との関係が問題となっている。**転付命令とは，債権者が差し押さえた債務者の第三債務者に対して有する債権を，債務の支払に代えて券面額で差押債権者に転付（移転）する命令**をいう（民執159条1項）。

　それでは，転付命令が効力を生じた後でも，抵当権者は，抵当権に基づく物上代位権の行使として，抵当権設定者が第三債務者に対して有する債権を差し押さえることができるだろうか。

　判例はかつて，債権譲渡の場合と同じく，転付命令によって，抵当権設定者には第三債務者から弁済を受けるべき債権関係がないから，抵当権者は，物上代位権を行使することができないとしていた（大連判大 12・4・7 民集 2 巻 209 頁）。もっとも，近時，判例は，**転付命令が第三債務者に送達され確定したときは，抵当権者は，被転付債権について，抵当権の効力を主張することはできないとし，**結論としては，従来の判例の考え方を維持しながらも，その理由については，**抵当権者による物上代位権の差押えも，強制執行における差押えと異なるところはないから，転付命令が第三債務者に送達される時までに抵当権者が被転付債権の差押えをしなかったときは，転付命令の効力を妨げることはできないからである**としている（最判平 14・3・12 民集 56 巻 3 号 555 頁）。

【参考判例】　最判平 14・3・12 民集 56 巻 3 号 555 頁

　「転付命令に係る金銭債権（以下「被転付債権」という。）が抵当権の物上代位の目的となり得る場合においても，転付命令が第三債務者に送達される時までに抵当権者が被転付債権の差押えをしなかったときは，転付命令の効力を妨げることはできず，差押命令及び転付命令が確定したときには，転付命令が第三債務者に送達された時に被転付債権は差押債権者の債権及び執行費用の弁済に充当されたものとみなされ，抵当権者が被転付債権について抵当権の効力を主張することはできないものと解すべきである。けだし，転付命令は，金銭債権の実現のために差し押さえられた債権を換価するための一方法として，被転付債権を差押債権者に移転させるという法形式を採用したものであって，転付命令が第三債務者に送達された時に他の債権者が民事執行法 159 条 3 項に規定する差押等をしていないことを条件として，差押債権者に独占的満足を与えるものであり（民事執行法 159 条 3 項，160 条），他方，抵当権者が物上代位により被転付債権に対し抵当権の効力を及ぼすためには，自ら被転付債権を差し押さえることを要し，この差押えは債権執行における差押えと同様の規律に服すべきものであり（同法 193 条 1 項後段，2 項，194 条），同法 159 条 3 項に規定する差押えに物上代位による差押えが含まれることは文理上明らかであることに照らせば，抵当権の物上代位としての差押えについて強制執行における差押えと異なる取扱いをすべき理由はなく，これを反対に解するときは，転付命令を規定した趣旨に反することになるからである。」

【考えておこう！】

　債権譲渡も転付命令も，それによって債権は移転する。そのため，判例は，かつてもはや抵当権設定者のもとに被代位債権がない以上，物上代位権を行使することはできないとしていた。この点，平成14年判決は，結論としては，従来の判例の考え方を維持しながら，その理由は，手続法にその根拠を求めている。なぜ平成14年判決が理由づけを変更したのかを考えておこう。

（3）一般債権者の差押えケース（【設例7－6】③）

【図10】

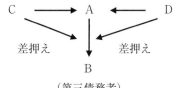

（抵当権者）（抵当権設定者）（一般債権者）

　C　　　→　　A　　←　　　D

差押え　　　　　　差押え

B

（第三債務者）

　【設例7－6】③では，抵当権者による物上代位権の行使と一般債権者による差押えとの関係が問題となっている。金銭債権の債権者は，強制執行によって，その債権の回収を図ることとなるが，その執行の対象が債権である場合には，債権者が債務者の第三債務者に対する債権を差し押さえることによって開始する（民執143条）（強制執行について詳しくは，第1編1.1を参照。）。

　それでは，一般債権者が債務者（抵当権設定者）の第三債務者に対する債権を差し押さえた後でも，抵当権者は，抵当権に基づく物上代位権の行使として，抵当権設定者が第三債務者に対して有する債権を差し押さえることができるだろうか。

　判例は，一般債権者の差押えと抵当権者の物上代位権に基づく差押えが競合した場合には，両者の優劣は，**一般債権者の申立てによる差押命令の第三債務者への送達と抵当権設定登記の先後によって決せられ**，右の差押命令の第三債務者への送達が抵当権者の抵当権設定登記より先であれば，抵当権者は配当を受けることができないとしている（最判平10・3・26民集52巻2号483頁）。

【参考判例】最判平10・3・26民集52巻2号483頁

　「一般債権者による債権の差押えの処分禁止効は差押命令の第三債務者への送

達によって生ずるものであり，他方，抵当権者が抵当権を第三者に対抗するには抵当権設定登記を経由することが必要であるから，債権について一般債権者の差押えと抵当権者の物上代位権に基づく差押えが競合した場合には，両者の優劣は一般債権者の申立てによる差押命令の第三債務者への送達と抵当権設定登記の先後によって決せられ，右の差押命令の第三債務者への送達が抵当権者の抵当権設定登記より先であれば，抵当権者は配当を受けることができないと解すべきである。」

【さらに深める】

【一般債権者の差押えと先取特権に基づく物上代位権の行使】

> **【設例7－8】**
> 　Cは，Aに動産を売却し，Aは，その動産をさらにBに転売した。Aの債権者Dが，AがBに対して有する転売代金債権を差し押さえた。この場合に，先取特権者Cは，AのBに対する転売代金債権を差し押さえて物上代位権を行使することができるか。

【図11】

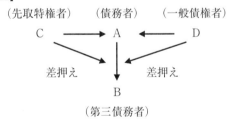

（先取特権者）　　（債務者）　　（一般債権者）

C ──────→ A ←────── D

　　差押え　　　　　　差押え

B

（第三債務者）

　【設例7－8】におけるように，一般債権者の差押えと先取特権者の物上代位権に基づく差押えが競合した事案において，判例は，**先取特権者による物上代位に基づく差押えの趣旨**を，債務者が第三債務者から債権を取立てまたはこれを第三者に譲渡することを禁止される結果，物上代位の目的となる債権の特定性が保持され，これにより，物上代位権の効力を保全せしめるとともに，他面，目的債権の弁済をした第三債務者または目的債権を譲り受け，もしくは目的債権につき転付命令を得た第三者等が不測の損害を被ることを防止しようとすることにあるとして，目的債権について，一般債権者が

差押えまたは仮差押えの執行をしたにすぎないときは，その後に先取特権者が目的債権に対し物上代位権を行使することを妨げられるものではないとしている（最判昭60・7・19民集39巻8号1326頁）。

【参考判例】最判昭60・7・19民集39巻8号1326頁

　「民法304条1項但書において，先取特権者が物上代位権を行使するためには物上代位の対象となる金銭その他の物の払渡又は引渡前に差押をしなければならないものと規定されている趣旨は，先取特権者のする右差押によって，第三債務者が金銭その他の物を債務者に払い渡し又は引き渡すことを禁止され，他方，債務者が第三債務者から債権を取立て又はこれを第三者に譲渡することを禁止される結果，物上代位の目的となる債権（以下「目的債権」という。）の特定性が保持され，これにより，物上代位権の効力を保全せしめるとともに，他面目的債権の弁済をした第三債務者又は目的債権を譲り受け若しくは目的債権につき転付命令を得た第三者等が不測の損害を被ることを防止しようとすることにあるから，目的債権について一般債権者が差押又は仮差押の執行をしたにすぎないときは，その後に先取特権者が目的債権に対し物上代位権を行使することを妨げられるものではないと解すべきである。」

7.4　物上代位をめぐるその他の問題

7.4.1　物上代位と相殺

【設例7－9】

　Aは，債権者Bのために自己所有の甲土地に抵当権を設定した。また，Aは，甲土地をCに賃貸している。Cは，その後，Aに対して保証金返還債権を取得した。後日，Bは，抵当権に基づく物上代位権の行使として，AがCに対して有する賃料債権を差し押さえた。この場合に，Cは，Bに対して，賃料債権と自己がAに対して有する保証金返還債権との相殺を主張することができるか。

【図12】

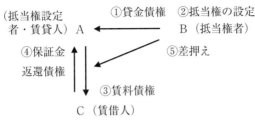

（抵当権設定
者・賃貸人）A　←──①貸金債権──　B（抵当権者）

④保証金　　　　　　　　　　⑤差押え
返還債権

③賃料債権

C（賃借人）

（1）相　　殺

　相殺とは，当事者が互いに相手に対して同種の債権を有している場合に，一方的な意思表示によって，双方の債権を対当額において消滅させる行為をいう（505条1項本文）。たとえば，AがBに対して10万円の金銭債権（α債権とする。）を有しており，他方，BがAに対して9万円の金銭債権（β債権とする。）を有している場合に，AがBに対して相殺の意思表示をすると，α債権とβ債権とは対当額（9万円）において消滅し，AのBに対する1万円の金銭債権が残ることとなる。

（2）相殺と差押え

【図13】

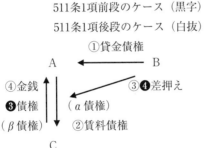

511条1項前段のケース（黒字）
511条1項後段のケース（白抜）

①貸金債権

A　←──　B

④金銭　　　　　③❹差押え
❸債権　（α債権）
（β債権）　②賃料債権

C

　当事者間に相殺ができる状態（これを**相殺適状**という[1]。）が存在していても，相殺が認められない場合がある。その1つとして，民法は，一定の場合に，差押えを受けた債権を受働債権とする相殺を禁止している（511条）。BがAに対し

---

[1] 相殺適状にあるとは，①同一当事者間に債権の対立があり，②両債権が同種の目的を有し，③両債権の弁済期が到来している場合をいう（505条1項本文）。

て貸金債権を有しており，AはCに対して金銭債権（α債権とする。）を有している。この場合において，BがAのCに対する債権（α債権）を差し押さえる前に，CがAに対して金銭債権（β債権とする。）を取得した場合には，Cは，β債権とα債権とを相殺したことをBに主張することができるが（511条1項後段），Bがα債権を差し押さえた後に，Cがβ債権を取得した場合には，原則として，Cは，β債権とα債権とを相殺したことをBに主張することができない（同項前段）。

（3）物上代位と相殺

以上によれば，【設例7－9】では，Cは，Aに対する保証金返還債権をBの差押え前に取得しているから，Cの相殺がBの差押えに優先するということになりそうである。

しかし，判例は，**Bが物上代位権を行使して債権の差押えをした後は，Cは，抵当権設定登記の後にAに対して取得した債権を自働債権とする相殺をもって，Bに対抗することはできない**としている（最判平13・3・13民集55巻2号363頁）。なぜなら，**差押えがされた後においては，抵当権の効力が物上代位の目的となった債権にも及ぶところ，物上代位により抵当権の効力が右債権に及ぶことは抵当権設定登記により公示されている**とみることができるからである。

【参考判例】最判平13・3・13民集55巻2号363頁

「抵当権者が物上代位権を行使して賃料債権の差押えをした後は，抵当不動産の賃借人は，抵当権設定登記の後に賃貸人に対して取得した債権を自働債権とする賃料債権との相殺をもって，抵当権者に対抗することはできないと解するのが相当である。けだし，物上代位権の行使としての差押えのされる前においては，賃借人のする相殺は何ら制限されるものではないが，上記の差押えがされた後においては，抵当権の効力が物上代位の目的となった賃料債権にも及ぶところ，物上代位により抵当権の効力が賃料債権に及ぶことは抵当権設定登記により公示されているとみることができるから，抵当権設定登記の後に取得した賃貸人に対する債権と物上代位の目的となった賃料債権とを相殺することに対する賃借人の期待を物上代位権の行使により賃料債権に及んでいる抵当権の効力に優先させる理由はないというべきであるからである。」

【考えておこう！】

　平成13年判決の射程を考えておこう。たとえば，CがAに対して取得した債権が必要費償還請求権であるような場合にも，平成13年判決の考え方はあてはまるだろうか。考えておこう。

7.4.2　物上代位と敷金

【設例7－10】

　Aは，債権者Bのために自己所有の甲土地に抵当権を設定した。また，Aは，甲土地をCに賃貸しており，CからAに敷金が支払われている。後日，Bは，抵当権に基づく物上代位権の行使として，AがCに対して有する賃料債権を差し押さえた。この場合に，Cは，Bに対して，敷金から未払賃料が差し引かれ，そのため，賃料債権は消滅していると主張することができるか。

（1）敷金およびその返還

　敷金とは，いかなる名目によるかを問わず，**賃料債務その他の賃貸借に基づいて生ずる賃借人の賃貸人に対する金銭の給付を目的とする債務を担保する目的で，賃借人が賃貸人に交付する金銭**をいう（622条の2第1項括弧書）。

　敷金として支払った額から賃貸借契約に基づいて生じた賃借人の賃貸人に対する債務の額を控除した残額が，賃貸借契約が終了し賃借物の返還を受けたときに，賃借人に返還される（同項）。

（2）物上代位と敷金

　そこで，【設例7－10】のように，抵当権者が抵当権に基づく物上代位権の行使として，抵当権設定者である賃貸人が賃借人に対して有する賃料債権を差し押さえた場合に，賃借人が，抵当権者に対して，敷金から未払賃料が差し引かれ，そのため，賃料債権は消滅していると主張することができるかが問題となる。

　判例は，敷金の充当による未払賃料等の消滅は，敷金契約から発生する効果であって，相殺のように当事者の意思表示を必要とするものではないから，**511条によって当然消滅の効果が妨げられない**こと，また，抵当権者は，物上代位権を行使して賃料債権を差し押さえる前は，原則として抵当不動産の用益関係に介入できないのであるから，抵当不動産の所有者等は，賃貸借契約に付随する契約として敷金契約を締結するか否かを自由に決定することができ，**敷金契約が締結された場合は，賃料債権は敷金の充当を予定した債権になり，このことを抵当権者**

に主張することができるというべきであるから，敷金が授受された賃貸借契約にかかる賃料債権につき抵当権者が物上代位権を行使してこれを差し押さえた場合においても，当該賃貸借契約が終了し，目的物が明け渡されたときは，賃料債権は，敷金の充当によりその限度で消滅するとしている（最判平 14・3・28 民集 56 巻 3 号 689 頁）。

【参考判例】最判平 14・3・28 民集 56 巻 3 号 689 頁

「目的物の返還時に残存する賃料債権等は敷金が存在する限度において敷金の充当により当然に消滅することになる。このような敷金の充当による未払賃料等の消滅は，敷金契約から発生する効果であって，相殺のように当事者の意思表示を必要とするものではないから，民法 511 条によって上記当然消滅の効果が妨げられないことは明らかである。

また，抵当権者は，物上代位権を行使して賃料債権を差し押さえる前は，原則として抵当不動産の用益関係に介入できないのであるから，抵当不動産の所有者等は，賃貸借契約に付随する契約として敷金契約を締結するか否かを自由に決定することができる。したがって，敷金契約が締結された場合は，賃料債権は敷金の充当を予定した債権になり，このことを抵当権者に主張することができるというべきである。

以上によれば，敷金が授受された賃貸借契約に係る賃料債権につき抵当権者が物上代位権を行使してこれを差し押さえた場合においても，当該賃貸借契約が終了し，目的物が明け渡されたときは，賃料債権は，敷金の充当によりその限度で消滅するというべきであり，これと同旨の見解に基づき，上告人の請求を棄却した原審の判断は，正当として是認することができ，原判決に所論の違法はない。」

8　抵当権の消滅

8.1　物権に共通の消滅原因

抵当権は，物権であるから，物権に共通する消滅原因，すなわち，目的物の滅失，放棄，混同（179条）によって消滅する。もっとも，目的物が滅失した場合でも，その価値代替物がある場合には，物上代位を生ずる（372条・304条。第3編7参照）。また，地上権や永小作権が抵当権の客体となっている場合には，地上権者や永小作権者が権利を放棄しても，抵当権者に対抗することができない（398条）。さらに，借地上の建物に抵当権が設定されている場合に，借地権者が借地権を放棄したり，借地契約を合意解除したりしても，抵当権者には対抗することができない（大判大11・11・24民集1巻738頁，大判大14・7・18新聞2463号14頁）。

8.2　担保物権に共通の消滅原因

抵当権は，担保物権であるから，担保物権に共通する消滅原因，すなわち，被担保債権の消滅によって消滅する（第3編2.1.2参照）。

8.3　代価弁済，抵当権消滅請求，競売

抵当権は，さらに，代価弁済（378条），抵当権消滅請求（379条。第3編4.3参照）および競売（第3編3.1.2参照）によって消滅する。

8.4　時　効

【設例8－1】
　Aは，債務者Bに対する貸金債権を担保するために，C所有の甲土地に抵当権の設定を受けた。その後，甲土地は，Dに譲渡された。弁済期到来後，Aは，Bに再三支払を請求し，そのたびにBは，債務の承認をした。そのまま弁済期から20年以上が経過した。
①　Dは，抵当権が消滅時効にかかったと主張することができるか。
②　Dは，甲土地を時効取得したことによって抵当権が消滅したと主張することができるか。

【図1】

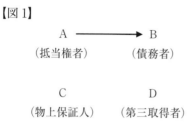

A ───────▶ B
（抵当権者）　　　（債務者）

C　　　　　　D
（物上保証人）　（第三取得者）

8.4.1　抵当権と消滅時効

【設例8−1】①では，弁済期が到来してから，20年以上が経過している。抵当権も，「債権又は所有権以外の財産権」であるから，抵当権も，権利を行使することができる時から20年間行使しないときは，時効によって消滅するはずである（166条2項）。しかし，抵当権は，債務者および抵当権設定者に対しては，その担保する債権と同時でなければ，時効によって消滅しない（396条）。抵当権は，債権の担保を目的とする権利であるから，債務を弁済しない債務者や自分の意思で抵当権を設定した物上保証人は，被担保債権が消滅しない限り，抵当権の消滅時効を援用することはできないという趣旨である。もっとも，抵当権の被担保債権が免責許可の決定の効力を受ける場合には，396条は適用されず，債務者および抵当権設定者に対する関係においても，抵当権は20年の消滅時効にかかる（最判平30・2・23民集72巻1号1頁）。なぜなら，396条は，抵当権は，債務者および抵当権設定者に対しては，被担保債権と同時でなければ，時効によって消滅しない旨を規定しているところ，この規定は，その文理に照らすと，被担保債権が時効により消滅する余地があることを前提としているものと解するのが相当であり，そのように解さないと，いかに長期間権利が行使されない状態が継続しても消滅することのない抵当権が存在することとなるが，民法が，そのような抵当権の存在を予定しているものとは考え難いからである。

　これに対して，第三取得者や後順位抵当権者との関係で，抵当権が時効によって消滅するかについては，争いがある。

A説：肯定説（判例・多数説）

　判例は，396条は，債務者と物上保証人との関係でのみ抵当権の消滅時効を否定したものであり，第三取得者や後順位抵当権者との関係では，166条2項によって抵当権も20年の消滅時効に服するとしている（大判昭15・11・26民集

19 巻 2100 頁）。

この見解では，396 条は，本来抵当権も消滅時効にかかるが，それを制限したものであると解することとなる。

B 説：否定説

有力説は，債権に付従する抵当権には独自の消滅時効は認められないとする。この見解では，抵当不動産の所有者が債務者または物上保証人である場合には，被担保債権の消滅時効によってのみ抵当権の消滅を主張することができ（396条）[1]，所有権が第三者に移転した場合には，第三取得者は，抵当不動産の取得時効によって抵当権の消滅を主張することができるとする（397条）。

8.4.2 抵当権と取得時効

それでは，【設例 8 - 1】②のように，D が甲土地を時効によって取得した場合，甲土地に設定されていた抵当権は消滅するだろうか。

債務者または物上保証人以外の者の占有下で，抵当不動産について取得時効が完成したとき，抵当権はこれによって消滅する（397条）。

これによれば，第三取得者がその要件を満たす場合には抵当権は消滅するように思われる。

しかし，判例は，第三取得者は，抵当不動産であることを知っていたか否かを問わず，397 条の適用はない（抵当権は消滅しない）としている（大判昭 15・8・12 民集 19 巻 1338 頁）。多数説も，第三取得者は，抵当権の負担を覚悟すべき立場にあり，物上保証人に準じて扱ってよいとしている。

もっとも，第三取得者が不動産につき所有権取得登記を経由しておらず，第三者に対抗することができない場合において，第三取得者が占有の目的物件に対し抵当権が設定されていること，さらに，その設定登記も経由されていることを知り，または，不注意により知らなかったときでも，所有権の存在について善意・無過失であれば，善意・無過失の占有ということができ，10 年の取得時効が成立し，第三取得者は，抵当権の負担のない所有権を取得することができる（最判昭 43・12・24 民集 22 巻 13 号 3366 頁）。

---

[1] 判例は，被担保債権の消滅時効が完成した場合には，第三取得者もそれを援用することができるとしている（最判昭 48・12・14 民集 27 巻 11 号 1586 頁）。

9　根抵当権

9.1　根抵当権の意義と機能

9.1.1　意　　義

　AがBから継続的に供給を受ける商品の代金を 500 万円の限度で担保するため，自己の土地に抵当権を設定する場合のように，**一定の範囲に属する不特定の債権を極度額の限度において担保する抵当権**を**根抵当権**という（398 条の 2 第 1 項）。

　「不特定」とは，**個々に発生する債権のうちいずれの債権が担保されるかが特定していないこと**をいう。根抵当権の確定によって担保される元本債権が特定する。それまでは，個々の債権の発生，消滅により根抵当権は影響を受けない。つまり，**根抵当権には付従性がない**。

9.1.2　機　　能

　普通抵当権においては，被担保債権に付従するため，反復継続的に融資が行われる場合には，その都度抵当権の設定・抹消を行う必要がある。しかし，これでは抵当権者が順位を確保できないおそれがある。また，普通抵当権では，費用や時間がかかるという問題がある。

　根抵当権によれば，極度額の範囲内であれば，被担保債権が何度発生しようと，すべて設定された根抵当権で担保されるし，根抵当権を設定した時点の順位が確保される。また，登記の設定費用も節約することができる。

9.2　根抵当権の設定

9.2.1　根抵当権設定契約

（1）設　定　行　為

　根抵当権は，**根抵当権者と根抵当権設定者との間の根抵当権設定契約によって**

設定される。根抵当権者は，債権者であるが，根抵当権設定者は，債務者のほか，債務者以外の第三者（物上保証人）である場合もある。

根抵当権では，その設定契約において，**被担保債権の範囲**と**極度額**を定めなければならない（398条の2第1項）。

（2）被担保債権の範囲

根抵当権によって担保される債権は，原則として，①債務者との特定の継続的取引によって生ずる債権（たとえば，X社とY銀行の間で，当座貸越契約を締結し，その契約に基づいて生ずる債権），②債務者との一定の種類の取引によって生ずる債権（たとえば，X社とY銀行との間の銀行取引から生ずる債権，「信用金庫による取引」として根抵当権が設定された場合における信用保証協会の債務者に対する保証債権〔最判平5・1・19民集47巻1号41頁〕）である（398条の2第2項）。また，③特定の原因に基づいて債務者との間に継続して生ずる債権（たとえば，特定の工場からの排水によって継続的に生じる損害賠償請求権），④手形・小切手上の請求権または電子記録債権も，根抵当権の被担保債権とすることができる（同条3項）。X社とY銀行との間に生ずる一切の債権を担保するという，無制限の，いわゆる包括根抵当は認められない。

（3）極　度　額

根抵当権の設定に際しては，**極度額**を定めなければならない。極度額とは，**根抵当権者が優先弁済を受けることができる上限**をいう（398条の3第1項）。

（4）元本確定期日

元本確定期日とは，**根抵当権によって担保される元本債権が確定すべき期日**をいう。元本確定期日は，定めなくてもよいが，定める場合には，5年以内としなければならない（398条の6第1項・3項）。

9.2.2　対　抗　要　件

根抵当権の設定は，登記をしなければ，第三者に対抗することができない（177条）。もっとも，登記が効力発生要件となっている場合がある（398条の4第3項・398の6第4項・398の8第4項・398条の16・398条の17第1項）。

9.3　確定前の根抵当権の変更

9.3.1　被担保債権の範囲および債務者の変更

　根抵当権者と設定者は，根抵当権の設定後も根抵当権設定時に定めた事項を変更することができる。

　被担保債権の範囲の変更および**債務者の変更**は，根抵当権者と設定者との合意でできる（398 条の 4 第 1 項）。後順位抵当権者その他の第三者（転抵当権者など）の承諾を得る必要はない（同条 2 項）。これらの者は，極度額の範囲で優先弁済の範囲を予測できるからである。ただし，根抵当権の確定前に登記をしないと，その効力を生じない（同条 3 項）。

9.3.2　極度額の変更

　極度額の変更については，確定後も可能であるが，これを増額する場合には，後順位抵当権者に，減額する場合には，転抵当権者などに不利益を及ぼすことから，利害関係人の承諾が必要とされる（398 条の 5）。

9.3.3　元本確定期日の変更

　元本確定期日を定めた場合には，**元本確定期日の変更**も，根抵当権者と設定者との合意でできる（398 条の 6 第 1 項）。後順位抵当権者など第三者の承諾を得る必要はない（同条 2 項）。変更した期日は，変更した日から 5 年以内としなければならない（同条 3 項）。さらに，根抵当権の確定前に登記をしないと，その効力を生じない（同条 4 項）。

9.4　根抵当権で担保される債権・債務の移転と承継

9.4.1　根抵当権の被担保債権の譲渡等

【図 1】被担保債権が譲渡された場合　　　【図 2】債務引受があった場合

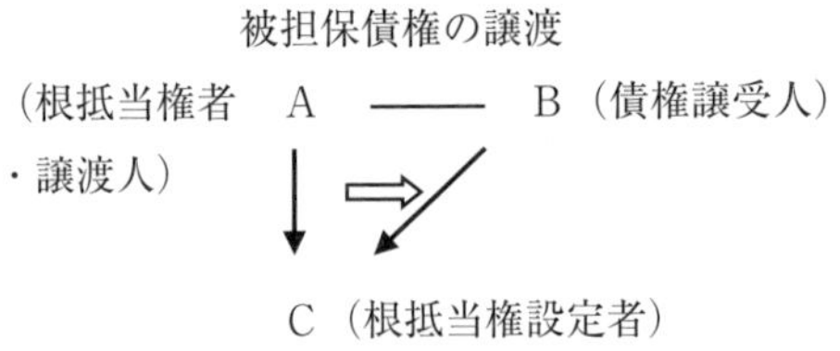

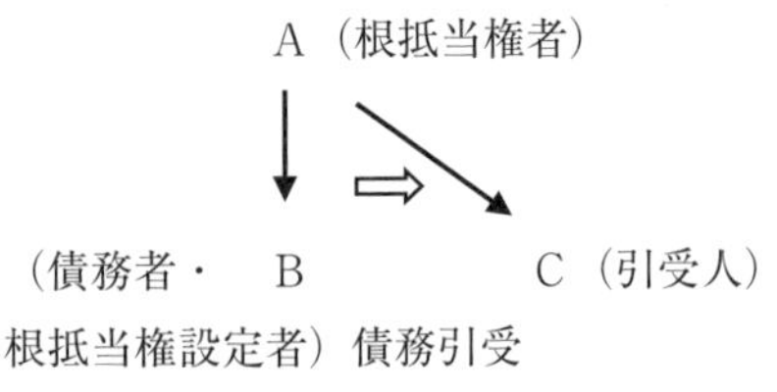

被担保債権の譲渡

（根抵当権者　A ──── B（債権譲受人）
・譲渡人）

C（根抵当権設定者）

A（根抵当権者）

（債務者・　B　　　　　C（引受人）
根抵当権設定者）債務引受

確定前の根抵当権は，被担保債権と根抵当権との間に結合関係がない。そのため，**確定前の根抵当権は，随伴性が否定されている**。そのため，元本確定前に根抵当権の被担保債権を譲り受けた者（【図1】のB）は，根抵当権を行使することができず，また，債務者のために，あるいは債務者に代わって弁済をした者も根抵当権を代位行使することができない（398条の7第1項）。

根抵当権の確定前に債務引受があったときにも，根抵当権者（【図2】のA）は，引受人の債務について，根抵当権を行使することができない（同条2項）。また，元本確定前に免責的債務引受があった場合における債権者は，根抵当権を引受人が負担する債務に移すことができない（同条3項）。

元本確定前に債権者の交替による更改があった場合における更改前の債権者，あるいは，債務者の交替による更改があった場合における債権者も，根抵当権を更改後の債務に移すことができない（同条4項）。

確定前の被担保債権について差押えや質権の設定があった場合には，債権者の変更は生じていないが，それによって，差押えや質権設定の効力が根抵当権に及ぶとすると，被担保債権の変更などにおいて，すべて被担保債権の差押債権者や質権者の承諾を必要とすることになり，これは，民法の予定していないところであるから，差押えや質権設定の効力は根抵当権に及ばないとされている。

9.4.2　根抵当権者または債務者の相続

【図3】根抵当権者に相続があった場合　　【図4】債務者に相続があった場合

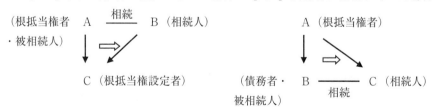

元本の確定前に根抵当権者について相続が開始したときは（【図3】参照），根抵当権は，相続開始の時に発生していた債権を担保するものとして確定する（398条の8第1項）。ただし，相続人と根抵当権設定者との合意がなされれば，相続人が相続開始後に取得する債権も担保される（同項）。

同様に，債務者について相続が開始したときも（【図4】参照），相続開始の時に発生していた債務のほか，根抵当権者と設定者との合意によって，相続人が相

続開始後に負担する債務を担保する（同条2項）。

これらの合意は，後順位抵当権者など第三者の承諾を必要としない（同条3項）。ただし，なされた合意は，相続開始後6か月以内に登記をしなければ，根抵当権の担保すべき元本は，相続開始の時に確定したものとみなされる（同条4項）。

9.4.3　根抵当権者または債務者の合併

元本確定前に根抵当権者である法人について合併があったときは，根抵当権は，合併の時に発生していた債権のほか，合併後の法人が取得する債権も担保する（398条の9第1項）。

同様に，債務者である法人に合併があったときにも，根抵当権は，確定することなく，合併時に存する債務のほか，合併後の法人が負担する債務を担保する（同条2項）。

これらの場合には，営業財産や取引関係が引き継がれるのが通常であることから，根抵当権の担保すべき元本が確定することはない。ただし，根抵当権設定者は，元本の確定を請求することができる（同条3項本文）。元本の確定請求があったときは，担保すべき元本は，合併の時に確定したものとみなされる（同条4項）。もっとも，債務者について合併があり，この債務者が設定者の場合には，確定請求をすることができない（同条3項ただし書）。また，法律関係を安定させる必要から，根抵当権設定者が合併のあったことを知った日から2週間，または，合併のあった日から1か月を経過すると，確定請求をすることができない（同条5項）。

9.4.4　根抵当権者または債務者の会社分割

元本確定前に根抵当権者を分割会社とする会社分割があったときは，根抵当権は，分割時に存する債権のほか，分割会社と設立会社（新設分割の場合）または承継会社（吸収分割の場合）が分割後に取得する債権を担保する（398条の10第1項）。

同じく，債務者を分割会社とする会社分割があったときも，根抵当権は，分割時に存する債務のほか，分割会社と設立会社または承継会社が分割後に負担する債務を担保する（同条2項）。

これらの場合にも，合併の場合の元本確定請求に関する規定が準用され，会社

分割された債務者が根抵当権設定者である場合を除いて，設定者は，元本の確定を請求することができる（同条 3 項）。

9.5　確定前の根抵当権の処分

通常の抵当権の処分は複雑であり，そのため，確定前の根抵当権においては，転抵当以外の処分は認められていない（398 条の 11 第 1 項）[1]。

しかし，それに代えて，根抵当権設定者の承諾を要件とする 3 つの処分方法が認められている。

9.5.1　根抵当権の全部譲渡

元本確定前においては，根抵当権者は，根抵当権設定者の承諾を得て，根抵当権を被担保債権と切り離して譲渡することができる（398 条の 12 第 1 項）。これを**根抵当権の全部譲渡**という。登記をしなければ，第三者に対抗することができない（177 条）。根抵当権の全部譲渡がなされた場合には，譲渡人の債権は，無担保債権となる。譲受人の債権が被担保債権の範囲内のものであれば，譲受時だけでなく，その後の債権も担保される。譲受人の債権が範囲外のものであるときは，被担保債権の範囲を変更しなければ（398 条の 4），担保されない。

9.5.2　根抵当権の分割譲渡

根抵当権者は，根抵当権を 2 個の根抵当権に分割して，その一方を，根抵当権設定者の承諾を得て，譲渡することができる（398 条の 12 第 2 項前段）。これを**根抵当権の分割譲渡**という。登記が対抗要件である（177 条）。譲渡された方の根抵当権については，分割前の根抵当権を目的とした権利（転抵当など）は消滅する（398 条の 12 第 2 項後段）。そのため，転抵当権者など利害関係人の承諾が必要となる（同条 3 項）。

分割の結果，極度額を二分した別個独立の同順位の根抵当権が生ずることになり，各根抵当権者は，それぞれの極度額を限度として優先弁済を受けることとなる。

---

[1] もっとも，根抵当権者が普通抵当権者から抵当権の順位の譲渡・放棄を受けることは認められている（398 条の 15 参照）。

9.5.3　根抵当権の一部譲渡

元本の確定前においては，根抵当権者は，根抵当権設定者の承諾を得て，根抵当権の一部を譲渡することができる（398条の13）。これを**根抵当権の一部譲渡**という。根抵当権の分割譲渡と異なって，一部譲渡においては，譲渡人と譲受人とが1個の根抵当権を共有することとなる。

この根抵当権が実行された場合，極度額を限度として，それぞれの債権額の割合に応じて優先弁済を受けることとなる（398条の14第1項本文）。ただし，元本の確定前に，これと異なる割合を定め，または，ある者が他の者に先立って弁済を受けるべきことを定めたときは，その定めに従う（同項ただし書）。また，根抵当権の共有者は，根抵当権設定者の承諾および他の共有者の同意を得て，持分権を譲り渡すことができる（同条2項）。

9.6　根抵当権の確定

根抵当権の元本の確定（根抵当権の確定）とは，**根抵当権が担保する債権を，その時に存する元本債権とその利息・遅延損害金等に特定させることをいう**。根抵当権の確定後に生ずる元本債権は担保されない。また，根抵当権においては，利息・遅延損害金について，375条の適用はない。

9.6.1　元本確定事由

根抵当権は，以下の事由が生じた場合に確定する。

（1）元本確定期日の到来

根抵当権者と根抵当権設定者とが合意によって定めた元本確定期日（398条の6）が到来したとき，根抵当権は確定する。

（2）元本確定請求

元本確定期日の定めがない場合で，根抵当権の設定から3年を経過したときは，根抵当権設定者は，元本の確定請求をすることができ，この請求の時から2週間を経過したとき根抵当権は確定する（398条の19第1項・3項）。他方，元本確定期日が定められていないときは，根抵当権者は，いつでも元本の確定を請求することができ，この請求の時点で根抵当権は確定する（同条2項・3項）。

根抵当権者または債務者について合併または会社分割がなされた場合に，根抵当権設定者が所定の期間内に確定を請求したときは，合併または会社分割の時

に，根抵当権は確定したものとみなされる（398条の9第3項ないし5項・398条の10第3項）。

（3）競売等の申立て

根抵当権者が抵当不動産について競売もしくは担保不動産収益執行または物上代位権の行使として差押えを申し立てたとき（398条の20第1項1号），滞納処分による差押えをしたとき（同項2号），他の債権者によって競売手続の開始または滞納処分による差押えがなされた場合には，根抵当権者がそれを知った時から2週間を経過したとき（同項3号），または，債務者もしくは根抵当権設定者が破産手続開始の決定を受けたときは（同項4号），根抵当権は確定する。

競売手続の開始もしくは差押えまたは破産手続開始の決定の効力が消滅したときは，確定を前提として根抵当権に関する権利を取得した第三者がいる場合を除いて，根抵当権は確定しなかったものとみなされる（同条2項）。

（4）相　　続

根抵当権者または債務者の相続の場合に，所定の期間内に合意の登記がされないときは，相続開始の時に根抵当権は確定したものとみなされる（398条の8第4項）。

9.6.2　根抵当権確定の効果

（1）一　　般

根抵当権が確定した時に存在する元本債権とその利息・遅延損害金等が終局的に担保されることになる。その限りでは，被担保債権は特定し，付従性や随伴性を取得し，普通抵当権に関する規定が適用される[2]。

もっとも，根抵当権が確定しても，これが即座に実行され，消滅するとは限らない。そこで，根抵当権設定者を長期に拘束することによる不都合を回避するために，根抵当権設定者に以下の2つの権利が認められている。

（2）極度額減額請求権

確定後の被担保債権が極度額を下回っている場合，根抵当権設定者（または第三取得者）は，極度額を，現に存する債権額と以後2年間に発生すべき利息・遅

---

[2] 利息や遅延損害金については，375条の制限がない。

延損害金を加えた額にまで減額することを請求することができる（398条の21第1項）。この権利は形成権である。

（3）根抵当権消滅請求権

元本の確定後に被担保債権の額が根抵当権の極度額を超えるときは，物上保証人または抵当不動産について所有権，地上権，永小作権もしくは第三者に対抗することができる賃借権を取得した第三者は，その極度額に相当する金額を払い渡し，または供託して，その根抵当権の消滅請求をすることができる（398条の22第1項前段）。この払渡しまたは供託は，弁済の効力を有する（同項後段）。なお，債務者は，被担保債権を全額弁済すべき地位にあるから，この権利は，債務者には認められない（同条3項）。

9.7　共同根抵当権

9.7.1　累積共同根抵当権

通常の抵当権に関する共同抵当（同一の債権を担保するために数個の不動産につき抵当権を有する場合）の規定は複雑であり，そのため，民法は，**各根抵当権の極度額の累計額に至るまで優先権を行使する**ことができる**累積共同根抵当権**（または**累積式共同根抵当権**とも呼ばれる。）（398条の18）を原則とし，392条および393条が適用される**狭義の共同根抵当権**または**純粋共同根抵当権**（398条の16）を例外として認めている。

たとえば，債権者が債務者に対する同一の債権を担保するために債務者所有の甲不動産，乙不動産にそれぞれ2000万円を極度額とする根抵当権の設定を受けている場合，累積根抵当では，債権者は，甲不動産および乙不動産の代価から，それぞれ2000万円まで優先弁済を受けることができ，そのため，合計4000万円の担保枠を支配していることになる。

9.7.2　狭義の共同根抵当権

根抵当権設定と同時に同一の債権の担保として数個の不動産の上に根抵当権が設定された旨を登記した場合には，392条・393条が適用される（398条の16）。これを**狭義の共同根抵当権**または**純粋共同根抵当権**という。たとえば，債権者が債務者に対する同一の債権を担保するために債務者所有の甲不動産，乙不動産に2000万円を極度額とする共同根抵当権の設定を受けている場合，狭義の

共同根抵当権では，392条によりこの2000万円は，甲不動産，乙不動産に割り付けられることになる。狭義の共同抵当権であるためには，被担保債権の範囲，債務者，極度額がそれぞれの不動産について同一でなければならない。また，被担保債権の範囲，債務者，極度額の変更，根抵当権の全部譲渡，一部譲渡も，それぞれの不動産について，同一に行い，登記をしなければ，その効力を生じない（398条の17第1項）。さらに，1つの不動産上の根抵当権について確定事由が生じると，すべての不動産上の根抵当権が確定する（同条2項）。

10　質　権

10.1　総　則

10.1.1　意　義

【図1】

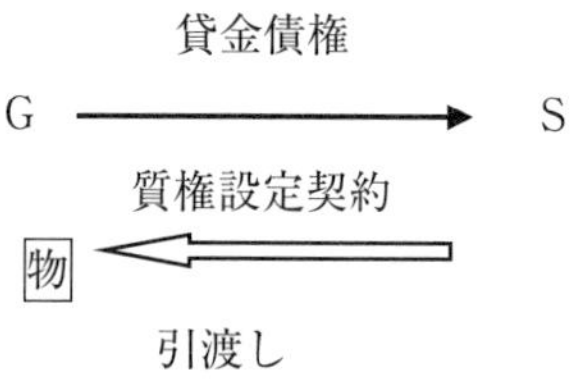

貸金債権

G ──────────────→ S

質権設定契約

物 ⇐══════════════

引渡し

　質権とは，**債権者が債権の担保として債務者または第三者から受け取った物を占有し，かつ，その物について他の債権者に先立って自己の債権の弁済を受ける権利**である（342条）。たとえば，GがSに金銭を貸す際に，GがSや第三者と質権の設定契約を結び，それとともに担保目的物の引渡しを受ける（【図1】参照）。Gは，Sから債務の弁済があるまでこの目的物を自己（＝G）の占有にとどめることができる。これによって担保目的物を返してもらいたいSに対して弁済を促すことができる。また，Sが債務の弁済をしない場合には，Gは，担保目的物を競売して，その売却代金から他の債権者に先立って弁済を受けることができる。

10.1.2　質権の性質

　質権は，債権者と債務者または第三者との合意によって設定される**約定担保物権**である。質権では，質権者が目的物である質物を占有し，債務者が弁済期に債務を弁済しなければ，質権設定者は，目的物の所有権を失う。そのため，質権には，このような心理的圧迫によって弁済を強制する**留置的効力**がある。また，質権者は，質物を競売して，その代金から優先弁済を受けることができる。つまり，**優先弁済的効力**がある。

質権は，担保物権であるから，担保物権に共通する性質として，なお，以下の性質を有する。

第一に，質権は，**付従性**を有し，その結果，被担保債権が存在しなければ，質権は成立しないし，債務の弁済などによって，被担保債権が消滅すれば，質権も消滅する。

第二に，質権は，**随伴性**を有し，被担保債権の移転に伴って質権も移転する。

第三に，質権は，**不可分性**を有し，質権者は，被担保債権の全部の弁済を受けるまで，質権の目的物の全部について，その権利を行使することができる（350条・296条）。

第四に，質権は，**物上代位性**を有し，質権の目的物の滅失などによって，質権設定者が質権の目的物に代えて取得したものがある場合には，質権者は，その価値代替物に対して，権利を行使することができる（350条・304条）。

10.2　動産質

民法は，質権の目的物に応じて，動産質，不動産質および権利質という3種類の質権について規定を置いている。そして，これらの質権に共通して適用される総則を置いている。もっとも，質権の目的物は，「物」とされ（342条），また，362条2項は，総則の規定を権利質に準用しており，その点では，総則の規定が主として念頭に置いているのは，物に対する質権である。さらに，不動産質には抵当権の規定が準用されるため（361条），総則の規定は，主として動産質を念頭に置いていることになる。

そこで，本書では，まず動産質に関して説明をし，その後，不動産質および権利質に関して，動産質と異なる点について説明をしていくこととする。

10.2.1　動産質の意義
動産質とは，**動産を目的とする質権**をいう（352条以下）。

10.2.2　動産質の設定
（1）設　定　契　約

債権者と債務者または第三者との間の設定契約（これを**質権設定契約**という。）によって行われる。質権設定契約は，質権という担保物権の設定を目的とする契約であるから，**物権契約**である。質権を設定する債務者や第三者を**質権設定者**と

いい，質権の設定を受ける債権者を**質権者**という。

　質権は，第三者も設定することができる（342条）。質権を設定した第三者を**物上保証人**という。物上保証人は，保証人とは異なり，債権者に対して債務を負わないが，債務者の不履行により質権が実行され，質物の所有権を失うという意味で，責任のみを負っている。物上保証人が質権の実行により質物の所有権を失った場合またはこれを回避するために第三者弁済をしたときは，保証債務の規定に従って，物上保証人は，債務者に求償をすることができる（351条・459条以下）。

　質権の設定は，処分行為であるから，質権の設定者には目的物について処分権能があることが必要である。もっとも，処分権能を有しない者によって質権が設定された場合であっても，即時取得（192条）によって，有効に質権が設定されることがある（大判昭7・2・23民集11巻148頁，最判昭45・12・4民集24巻13号1987頁）。そのため，Aの未登録自動車を預かって占有しているBがこの自動車にCのために質権を設定した場合に，Cが善意・無過失で質権の設定を受けたときは，Cは，有効に質権を取得することができる。

（2）引 渡 し

　質権の設定は，当事者の意思表示のみでは成立せず，その効力を生ずるために**引渡し**を要する（344条）。したがって，**要物契約**（当事者の合意以外に，物の引渡しがあってはじめて効力を生ずる契約）である。

　引渡しは，広義には178条の「物権の譲渡」と同義とされるが，**質権者は，質権設定者に，自己に代わって質物の占有をさせることができないため**（345条），**占有改定は，344条の引渡しに含まれない。**

【確認】

　占有の移転方法を確認しておこう（182条ないし184条）。特に，占有改定とは，どのような占有移転方法であるかを確認しておこう。占有の移転方法について詳しくは，『請求権から考える民法2』第2編5.2.2を参照。

　もっとも，動産質においては，質権者がいったん質物の引渡しを受けて，質権が有効に成立した後に，質権設定者に質物を占有させても質権が消滅するわけではなく，質権の設定を第三者に対抗することができなくなるだけであるとされている（大判大5・12・25民録22輯2509頁）。

（3）動産質の目的物

　動産質の目的物は，動産である。質権は，**譲り渡すことができない物をその目的物とすることができない**（343条）。質権は，引渡しをその効力発生要件とするため，譲渡できない動産は，その性質上質権の目的物とならない。

　そのほか，特別法により質権の設定が禁止されている物がある（商849条・850条，自抵20条，航抵23条など）。

（4）被担保債権

　被担保債権の種類について，通常は，金銭債権であるが，それに限られない。それ以外の債権（たとえば，物の引渡しを目的とする債権）も，その不履行があったときは，金銭債権に変わるから，質権を設定することができる。

　また，将来債権も被担保債権となる。継続的取引により発生する一定の範囲に属する不特定の債権も被担保債権となる。このように，継続的取引により発生する一定の範囲に属する不特定の債権を担保する質権を**根質**といい，その有効性が認められている。不動産質においては，根抵当権に関する規定が準用されるから（361条），包括根質権（債権者・債務者間のすべての債権を担保する質権）は許されない（398条の2）。しかし，動産質においては，判例は，包括根質権も許され，極度額の定めは必要ないとしている（大判大6・10・3民録23輯1639頁）。

10.2.3　動産質の対抗要件

　動産質権者は，継続して質物を占有しなければ，質権を第三者に対抗することができない（352条）。**第三者とは，債務者および質権設定者以外の者**をいう。

　占有の継続は，動産質の対抗要件であるから，動産質の設定後に質権者が質物の占有を失っても，質権は消滅しない。これに対して，動産質権者が任意に質物を債務者などに返還した場合に，質権が消滅するか否かについては，争いがある。

A説：質権消滅説

　占有の喪失により，留置的効力は認められなくなる。そのため，質権は消滅し，質権者は，設定者に対して，返還請求をすることはできない。また，占有回収の訴えをすることもできない。

B説：対抗要件消滅説

占有の喪失の結果，対抗要件は消滅するが，質権は消滅しない（大判大5・12・25 民録 22 輯 2509 頁）。344 条は，質権の成立要件を定めた規定であり，質権の存続要件を定めたものではない。

【参考判例】 大判大5・12・25 民録 22 輯 2509 頁

「然レトモ民法第三百四十五条ニハ単ニ質権者ハ質権設定者ヲシテ自己ニ代ハリテ質物ヲ占有セシムルコトヲ得サル旨ノ規定アルニ過キサルヲ以テ質権者カ一旦有効ニ質権ヲ設定シタル後右規定ニ違背シ質権設定者ヲシテ質物ヲ占有セシメタリトスルモ其占有カ法律上代理占有ノ効力ヲ生セサルニ止マリ之カ為メ質権カ消滅ニ帰スヘキモノニアラスト解スルヲ相当トス而シテ質権者カ有効ニ質権ヲ設定シタル後占有ヲ失ヒタル場合ニ於テハ動産質ニアリテハ其質権ヲ以テ第三者ニ対抗スルコトヲ得サル結果ヲ生スヘキ」

動産質権者が質物の占有を奪われたときは，占有回収の訴えによってのみ，その質物を回復することができる（353 条）。動産質は，公示手段がないから，質権者の占有を離れた場合に強力な効力を認めると，他の債権者を害するおそれがあるからである。

10.2.4　動産質の実行前に関する効力

（1）動産質の効力が及ぶ目的物の範囲

質権の効力は，質物の全体に対して及ぶ。付合によって，質物所有権の対象となった物（243 条・244 条）にも及ぶ。質物の従物についても，それが質権者に引き渡されれば，従物にも質権の効力が及ぶ（87 条2項）。果実については，動産質権者は，質物より生ずる果実を収取して他の債権者に先立って，これを自己の債権の弁済に充当することができるから（350 条・297 条），果実にも動産質の効力が及ぶ。

（2）留置的効力

質権者は，被担保債権全部の弁済を受けるまで質物全部を留置することができる（347 条本文）。これによって，動産質権者は，債務者の弁済を間接的に促すことができる。動産質では，質権者が執行官への質物の提出を拒絶することができ，他の債権者は，弁済によって質権を消滅させなければ競売手続を行うことができない。そのため，質権者は，事実上優先弁済を受けることができる。しか

し，先順位質権者（355条），一定の先取特権者（334条・330条2項・329条2項ただし書）など，質権者に優先する債権者には対抗することができない（347条ただし書）。もっとも，質権者は，競売手続内で，配当要求（民執192条・133条）をして，その順位に応じて配当を受けることができる。

　質権では，留置権と異なり，債務の弁済と目的物の返還とは同時履行の関係に立たない。したがって，所有者が質物の返還を請求した場合には，留置権のような引換給付判決ではなく，原告敗訴判決が下される（大判大9・3・29民録26輯411頁参照）。

（3）動産質権者の権利義務

　質物の留置に関する権利義務については，留置権に関する規定が準用される（350条）。そのため，動産質権者は，質物を善良なる管理者の注意をもって占有しなければならず（350条・298条1項），質権設定者の承諾を得なければ，原則として，質物を賃貸したり，保存目的以外で使用したりすることができない（350条・298条2項）。これに反した場合には，質物の所有者は，質権の消滅を請求することができる（350条・298条3項）。

　質権者が質物に必要費を支出したときは，質権者は，質物の所有者に対して，その費用の償還を請求することができる（350条・299条1項）。また，有益費を支出した場合には，その価格の増加が現存する場合に限り，所有者の選択に従い，その支出した金額または増価額を償還させることができる（350条・299条2項）。

　質権者は，質権が消滅したときは，質物を質権設定者に返還しなければならない。

（4）動産質の侵害

　動産質権者が質物の占有を奪われたときは，占有回収の訴えによってのみ，その質物を回復することができる（353条）。動産質は，公示手段がないから，質権者の占有を離れた場合に強力な効力を認めると，他の債権者を害するおそれがあるからである。

　損害賠償請求については，抵当権と同様に考えればよく，交換価値が減少し，被担保債権の満足が得られなくなった限度において認められる。

10.2.5　動産質による優先弁済権の実現

（1）質権の実行

動産質も，原則として，競売によって，優先弁済を受ける（342条）。競売手続は，動産執行に準じる（民執190条ないし192条）。

他の債権者が目的物を先に差し押さえた場合，質権の存在を証明する文書を提出すれば，配当要求をすることができる（同法133条）。

（2）被担保債権の範囲

質権は，設定行為に別段の定めがない限り，元本，利息，違約金，質権実行の費用，質物保存の費用および債務の不履行または質物の隠れた瑕疵によって生じた損害の賠償を担保する（346条）。抵当権と比較して，担保される債権の範囲が広いが，これは，質権者は，質物を占有しているため，後順位担保権者や第三取得者が現れることは実際上多くないからである。

（3）動産質の順位

【設例 10 − 1】
　動産所有者Aは，倉庫業者Bが保管している動産を，まずCのために質権を設定して指図による占有移転（184条）をし，次いで，Dのために質権を設定して指図による占有移転をした。この場合，C・Dのいずれが優先するか。

【設例 10 − 1】では，CもDもAから質権の設定を受けている。同一の動産について数個の質権が設定された場合には，その質権の順位は，設定の前後による（355条）。

【設例 10 − 1】では，Cの質権設定がDのそれよりも先である。そのため，Cの質権がDのそれに優先する。

10.2.6　簡易な弁済充当

動産質権者は，その債権の弁済を受けないとき，質物の価格が低いため競売手続によると費用倒れになりそうな場合や質物に公定価格があるため競売する必要がない場合など，正当な理由がある場合には，鑑定人の評価に従い質物をもってただちに弁済に充てることを裁判所に請求することができる（354条前段）。この場合には，動産質権者は，あらかじめ，その請求をする旨を債務者に通知しな

ければならない（同条後段）。

10.2.7　物上代位による債権回収

質権の目的物が第三者によって滅失または毀損された場合，質権設定者は，第三者に対して，損害賠償請求権を取得する。質権者は，物上代位権の行使として，この損害賠償請求権を差し押さえて債権の回収を図ることができる（350条・304条）。

10.2.8　転　　質

（1）意　　義

質権者は，自己の責任で質物にさらに質権を設定することができる（348条前段）。これを**転質**という。

【図2】

転質は，設定者の承諾を得てなされるのが通常であるが（これを**承諾転質**という。），設定者の承諾を得ないで自己の責任でなされる**責任転質**も許される。348条は，これを定める。承諾転質の要件・効果などは，承諾によって決せられる。実務では，責任転質はあまり利用されていない。

（2）転質の法律構成

転質の法律構成については，学説上争いがある。

A説：質物再度質入説（通説）

被担保債権から切り離された質物そのものを再度質入れすることであり，質権によって担保された債権の質入れとは別個の制度である。

B説：質権単独質入説

転質とは，原質権者が持つ質権そのものを質入れすることである。

C説：債権・質権共同質入説

質権とその被担保債権双方を質入れすることである。

（3）設　　定

原質権者と転質権者との間で締結される転質権設定契約と質物の引渡し（344条）によって成立する。質物所有者の承諾は不要である（大刑連決大14・7・14刑集4巻484頁）。なお，債権・質権共同質入説によると，原質権の被担保債権についての質権の対抗要件として，さらに質権の被担保債権の債務者に対する通知または債務者の承諾が必要となる（364条）。

原質権の被担保債権額，存続期間を超える転質権は有効であろうか。かつては，転質権の被担保債権額が原質権のそれを超えることができないとか，転質権の存続期間が原質権の存続期間内であることが転質権の有効要件であると主張されていた[1]。しかし，現在は，転質権者は，原質権の範囲内でしか権利行使ができないと解すればよいと考えられている。

（4）効　　果

原質権者は，不可抗力による場合であっても，転質をしなければ生じなかったであろう損害を賠償しなければならない（348条後段）。転質がなされた場合には，原質権者は，原質権を放棄したり，原質権の被担保債権を消滅させたりすることができない。もちろん，質権設定者は，転質権設定の通知・承諾がない限り，転質権者に弁済を対抗することができる。

転質権者は，転質権および原質権の被担保債権の弁済期が到来すれば，直接原質権を実行することができ，売得金から原質権者に優先して弁済を受けることができる。転質権の被担保債権額が原質権のそれを超過しているときは，転質権者は，原質権の被担保債権額を限度として優先弁済を受ける。原質権の被担保債権の弁済期が転質権の被担保債権のそれよりも先に到来したときは，質権設定者は，供託をなすことにより，原質権および転質権を消滅させることができる。原質権および転質権は，供託金の上に存続する。

---

[1] ただし，質権の存続期間は不動産質のみにかかわるため，動産質では，存続期間は問題とならない。

10.2.9　流質契約の禁止

　質権設定者が質権設定契約または債務の弁済期前の契約において，質権者に弁済として質物を取得させ，その他法律に定める方法によらないで質物を処分させることを約しても，その契約（これを**流質契約**という。）は無効である（349条）。

　これは，債権者が債務者の窮迫状態に乗じて，被担保債権額と比して高額な物件を質物として提供させ，暴利をむさぼること防止する趣旨である。

　これに対して，弁済期到来後になされた流質契約は禁止されていない。また，特別法により弁済期前の流質契約が許される場合がある（商515条，質屋18条）。

10.2.10　動産質の消滅

　動産質は，物権に共通の消滅原因（物の滅失，混同，放棄）によって消滅する。また，担保物権に共通の消滅原因である，被担保債権の消滅によって消滅する。さらに，留置権の規定が準用されるため，質物の保管義務違反に基づく消滅請求によっても消滅する（350条・298条3項）。

　加えて，民事再生手続においては，質物が再生債務者の事業の継続に欠くことのできないものであるときは，再生債務者等は，裁判所に対して，質物の価額に相当する金銭を裁判所に納付して質権を消滅させることについての許可の申立てをすることができる（民再148条1項）。また，会社更生手続においても，裁判所は，質物が更生会社の事業の更生のために必要であると認めるときは，管財人の申立てにより，質物の価額に相当する金銭を裁判所に納付して質権を消滅させることを許可する旨の決定をすることができる（会更104条1項）。さらに，破産手続においても，質物を任意に売却して質権を消滅させることが破産債権者の一般の利益に適合し，質権者の利益を不当に害さないときは，破産管財人は，裁判所に対して，質物を任意に売却し，相当額の金銭が裁判所に納付されることにより質権を消滅させることについての許可の申立てをすることができる（破186条1項）。

10.3　不動産質

不動産質とは，**不動産を目的とする質権**をいう。

10.3.1　不動産質の設定

債権者と債務者または第三者との間の設定契約によって設定される（342条）。

動産質と同じく，質権設定者が目的物の処分権能を有していることが必要である。不動産質権設定契約も要物契約であり（344条），占有改定は許されない（345条）。

不動産質の目的物は，不動産，すなわち，土地と建物である。

被担保債権は，金銭債権に限られない。もっとも，被担保債権額を登記しなければならない（不登83条1項1号）。

10.3.2　不動産質の対抗要件

不動産質の対抗要件は，登記である（177条）。不動産質権設定後に質物を質権設定者に返還しても，不動産質の効力に何ら影響を及ぼさない（大判大5・12・25民録22輯2509頁）。

10.3.3　存続期間

不動産質の存続期間は，10年を超えることができない（360条1項前段）[2]。これより長い期間を定めたときであっても，その期間は，10年に短縮される（同項後段）。この期間は，更新することができるが，10年を超えることができない（同条2項）。

10.3.4　不動産質の効力

（1）不動産質の効力が及ぶ目的物の範囲

不動産質には抵当権の規定が準用されるため，不動産質の効力が及ぶ目的物の範囲については，抵当権と基本的には同じである（361条・370条）。もっとも，不動産質権者は，質権の目的である不動産を使用収益することが認められているから（356条），天然果実，法定果実を収取することができる。

（2）留置的効力

不動産質も留置的効力を有する。他の債権者が目的不動産を競売した場合，不動産上の担保権は，原則として，競売による売却によって消滅するが（民執59条1項），最優先順位にあり，かつ，使用収益をしない旨の定めがない不動産質

2　弁済がなくとも，存続期間が経過すれば，質権は消滅し，その被担保債権は，無担保債権となる（大判大6・9・19民録23輯1483頁，大決大7・1・18民録24輯1頁）。

は消滅せず，買受人は，不動産質権者に被担保債権の弁済をしなければ目的不動産の引渡しを受けることができない（同法同条2項・4項）。

（3）不動産質権者の使用収益権

不動産質権者は，設定行為に別段の定めがある場合を除いて，質権の目的である不動産の用法に従い，その使用および収益をすることができる（356条・359条）。

それゆえ，不動産質権者は，目的不動産を自ら使用することができるだけでなく，第三者に賃貸することもできる[3]。他方，不動産質権者は，管理の費用を払い，その他不動産に関する負担を負う（357条）。また，債権の利息を請求することができない（358条）。被担保債権の利息と不動産の収益とがほぼ等価であるという経済観念に基づく。もっとも，設定行為に別段の定めがあるとき，または，担保不動産収益執行が開始されたときは，別である（359条）。

（4）不動産質の侵害

不動産質に対する侵害については，基本的には抵当権におけるのと同様に考えればよい。

10.3.5 不動産質の実行

不動産質の実行は，抵当権と同様である。動産質における簡易な弁済充当は認められない。流質契約は禁止される（349条）。

10.3.6 不動産質の消滅

担保物権一般に共通する消滅原因によるほか，存続期間の満了（360条），代価弁済，不動産質権消滅請求（361条・378条・379条以下）によって消滅する。

10.4 権利質

10.4.1 意　義

権利質とは，**権利を目的とする質権**をいう。権利質も，他の質権と同様に，目的物の交換価値を優先的に把握する権利であるが，権利そのものは，抵当権に

---

[3] 質権設定者がすでに目的不動産を賃貸している場合には，賃貸人たる地位は，不動産質権者に移転する（大判昭9・6・2民集13巻931頁）。

よって担保されないので，質権が重要な役割を果たす。金銭債権に限られず，賃借権，地上権，有価証券（株式，手形など），無体財産権（特許権，商標権など）なども質権の目的となる。民法は，実際上特に重要な債権を目的とする質権についてのみ規定を置いている。そこで，以下では，（指名）債権（債権者が特定している債権をいう。）を目的とする質権（これを〔指名〕**債権質**という。）について説明していくこととする。

10.4.2　債権質の設定

　債権者と債務者または第三者との間の設定契約によって設定される。債権質は，原則として，設定契約によってその効力を生ずる。

　譲渡ができない債権を質権の目的とすることはできない（343条）。性質上（一身専属的な債権）あるいは法律上譲渡を禁止されている債権（881条，国健保67条など）に質権を設定することはできない。これに対して，譲渡制限特約が付された債権については，質権者が善意かつ無重過失である場合には，質権は有効に成立する（466条2項・3項参照。大判大13・6・12民集3巻272頁）。

10.4.3　債権質の対抗要件

　債権質の対抗要件は，債権譲渡に準じる（364条・467条）。すなわち，債務者（第三債務者）に対しては，債務者に対する通知または債務者の承諾が必要であり，債務者以外の第三者に対しては，この通知・承諾が確定日付のある証書によってなされるか，または，債権譲渡登記ファイルへの質権設定登記を要する（364条，動産債権譲渡特14条1項・4条）。

10.4.4　債権質の効力

（1）目的債権の直接取立て

　債権質権者は，その債権の弁済を受けないときは，質権の目的である債権を直接に取り立てることができる（366条1項）。目的債権が利息付であるときは，利息を取り立てて被担保債権の弁済に充当することができる（362条2項・350条・297条）。目的債権に担保が付されている場合には，その担保を実行することもできる。

　目的債権が金銭債権である場合に，その債権額が被担保債権額を超えるときは，被担保債権額に限り，取り立てることができる（366条2項）。目的債権の

弁済期がまだ到来していないときは，第三債務者にその弁済すべき金額を供託させることができる（同条3項）。

目的債権が金銭債権ではない場合には，目的債権の弁済期の前後を問わず，債権質権者は，弁済として受領した物について質権を有する（同条4項）。

（2）質権設定者・第三債務者の拘束

目的債権が弁済などによって消滅すると担保の意味がなくなるので，質権設定者や第三債務者が目的債権を消滅させる行為をしないようにする必要がある。

（a）質権設定者に対する拘束

債権質権者の同意がない限り，質権設定者が目的債権の取立て，放棄，免除，他の債務との相殺を主張しても，これを債権質権者に対抗することができない（相殺について，大判大15・3・18民集5巻185頁）。また，債権質の設定者は，質権者の同意があるなどの特段の事情のない限り，当該債権に基づき債務者に対して破産の申立てをすることができない（最決平11・4・16民集53巻4号740頁）[4]。しかしながら，質権設定者は，債権質権設定後も，引き続き目的債権の債権者であり，これを第三者に譲渡することができる。ただし，債権質権者が対抗要件を具備している限り，債権の譲受人も，質権設定者と同様の拘束を受ける。

（b）第三債務者に対する拘束

第三債務者は，その債務を弁済しても，債権質権者に対抗することができず，債権質権者は，さらに弁済をなすべき旨を第三債務者に請求することができる（481条の類推適用）。第三債務者は，目的物を供託して，債務を免れることができ，債権質は，その供託金の上に存続する（通説）。債権質権設定・対抗要件具備後に第三債務者が質権設定者に対して取得した債権をもって相殺をしても，これを債権質権者に対抗することができない（大判大5・9・5民録22輯1670頁）。

---

4 時効の完成を阻止するための催告（150条・147条）や，債権存在確認の訴えを提起することはできる（大判昭5・6・27民集9巻619頁）。

11　非典型担保

11.1　非典型担保

11.1.1　意　　義
民法が規定していない担保方式を非典型担保という。

11.1.2　非典型担保の必要性
なぜ民法が規定していない担保方式が必要なのだろうか。それは，民法が規定
している典型担保にはデメリット（問題点）があるからである。それでは，典型
担保にはどのようなデメリット（問題点）があるのだろうか。

（1）法律上の制度の不十分さ

民法が規定している担保方式の中で，オーソドックスな担保方式は，抵当権や
根抵当権である。しかし，抵当権や根抵当権は，民法上，不動産，地上権，永小
作権にしか設定することができない（369条）。したがって，動産には抵当権を
設定することができない。そのため，たとえば，ビルの1室を借りてITビジネ
スを営んでいる者が銀行から融資を受けて営業を拡大したいと考えている場合，
その者が不動産を所有していなければ，抵当権を設定することは難しい。他方，
質権は，動産にも設定することができるが（342条・352条以下），営業で利用し
ているコンピューターに質権を設定すると，コンピューターを債権者に引き渡さ
なければならないから（344条），仕事に利用しているコンピューターに質権を
設定すると，債務者は，コンピューターの利用ができなくなる。このように，民
法が規定している担保方式では十分でない場合があるため，民法に規定がない担

保方式が利用される。

（2）手続の手間・費用

典型担保のもう1つのデメリット（問題点）は，その実行において，手続の手間や費用がかかるということである。民法が規定している担保方式は，その実行において，裁判所を通した競売手続等を前提にしている。そのため，費用がかかるし，時間もかかる。そのため，債権者にとっては，そうした手続によらずに，担保目的物やそれを売却した代金を自分のものとすることによって債権の回収を図る方法が要請される。

これらの問題を克服するために用いられるのが非典型担保なので，その実行方法は，私的実行が中心となる。

11.1.3　非典型担保の種類

非典型担保には，譲渡担保，仮登記担保，所有権留保，代理受領，振込指定など，さまざまな種類がある。

> 【代理受領】
> 　債権者が債務者に金銭を貸し付ける際に，債務者が第三債務者に対して有する債権について，その弁済を受領する権限を債権者が債務者から与えられ，債権者が受領した金銭を債権の弁済に充てることで債権を回収する方式である。
>
> 【振込指定】
> 　銀行などの金融機関が債務者に金銭を貸し付ける際に，債務者が第三債務者に対して有している債権の弁済について，第三債務者が当該金融機関の債務者の口座への振込みを指定し，当該金融機関が貸付債権と預金債権を相殺することで債権を回収する方法である。

11.1.4　非典型担保の実行

非典型担保の実行は，先に述べた理由から（11.1.2参照），私的実行（裁判所を通さずに，担保目的物を債権者のものとしたり，債権者が担保目的物を売却して，その代金から債権を回収したりすること）によって行われる。

11.2　譲渡担保

以下では，まず，非典型担保の代表例であり，実務的にも理論的にも重要な譲渡担保についてみて，その後，仮登記担保および所有権留保についてみることにしょう。

11.2.1　序

（1）意　　義

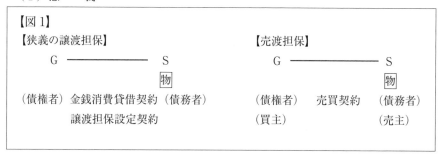

【図 1】
【狭義の譲渡担保】　　　　　　　　　　　　【売渡担保】
　　　G ——————— S　　　　　　　　G ——————— S
　　　　　　　　　　　物　　　　　　　　　　　　　　　　　物
（債権者）金銭消費貸借契約（債務者）　　（債権者）　売買契約　（債務者）
　　　　　譲渡担保設定契約　　　　　　　（買主）　　　　　　（売主）

　譲渡担保は，法形式から，狭義の譲渡担保と売渡担保にわけられる。**狭義の譲渡担保**とは，**金銭消費貸借契約を締結し，その貸金債権を担保するため目的物の所有権を移転する方法**である。債務者が借入金債務の弁済をすれば，担保目的物の所有権は債務者に戻る。しかし，債務者が債務の弁済をすることができない場合には，担保目的物の所有権は，確定的に債権者に帰属する。**売渡担保**とは，債務者が債権者に目的物を売り渡し，後に債務者が代金を返済することによって目的物を取り戻すという方法である。

（2）譲渡担保の必要性
（a）法律上の制度の不十分さ
　すでに非典型担保の必要性として述べたところであるが，譲渡担保が必要とされる理由としては，民法が規定している担保方式の不十分さが挙げられる。すなわち，抵当権や根抵当権は，動産には用いることができない。また，質権は，質物を債権者に引き渡さなければならない（344 条）という問題がある。

（b）手続の手間・費用
　譲渡担保が必要とされる，もう 1 つの理由は，典型担保は，その実行におい

て，手続の手間や費用がかかるということである。民法が規定している担保方式は，その実行において，裁判所を通した競売手続等を前提にしている。そのため，費用がかかるし，時間もかかる。そこで，債権者にとっては，そうした手続によらずに，担保目的物やそれを売却した代金を自分のものとすることによって債権の回収を図る方法が要請される。

（3）譲渡担保の有効性
かつて譲渡担保の有効性について，議論があった。

（a）通謀虚偽表示との関係
譲渡担保は，所有権移転の意思がないにもかかわらず，所有権移転の形式を含むから，通謀虚偽表示（94条1項）ではないかという議論があった。しかしながら，判例（大判明45・7・8民録18輯691頁，大判大3・11・2民録20輯865頁など）・通説は，当事者の意思は債権を担保することにあるが，担保の方式として所有権移転の効果を生じさせる意思で譲渡しているから，通謀虚偽表示ではないとしている。

（b）脱法行為との関係
とりわけ動産譲渡担保については，質権に関する規定との関係が問題とされた。もっとも，判例は，譲渡担保を禁止する法規がないことから，これを無効とする理由はないとしていた（大判大3・11・2民録20輯865頁）。また，譲渡担保の設定は，質権の設定と異なり，当事者間の所有権移転の形式に従い第三者との関係において所有権移転の効果を生ずる方法により債権担保の目的を達成しようとする意思表示であり，344条および345条の適用を受けないとした（大判大5・7・12民録22輯1507頁）。また，349条は，質権に関する規定にすぎず，これを広く担保に関する一般的禁止規定であると解することはできないとして，譲渡担保の有効性を認めている（大判大8・7・9民録25輯1373頁）。

【考えてみよう！】
質権では，流質契約が禁止されている（349条）。それでは，何故質権では，流質契約が禁止されているのだろうか。考えてみよう。また，その趣旨からして，はたして譲渡担保が許されるのかを考えてみよう。

（c）物権法定主義との関係

物権法定主義（175 条）との関係では，学説は，慣習法上の担保物権として，譲渡担保の物権性を肯定している。

（d）公序良俗違反との関係

担保目的物を債務の代物弁済に供する旨の約定を含む場合，被担保債権額に比較し担保目的物の価額が著しく高額であって，債務者の経済的困窮に乗じて約定をしたものとして，公序良俗違反として無効（90 条）とならないかどうかも問題となる。もっとも，判例は，そのような場合であっても，必ずしも譲渡担保契約全部が無効となるとは限らないとして，その有効性を肯定している（最判昭 38・1・18 民集 17 巻 1 号 25 頁）。また，現在では，目的物の価額が被担保債権額を上回る場合には，譲渡担保権者には**清算義務**が課されている（最判昭 46・3・25 民集 25 巻 2 号 208 頁）。

（4）法 律 構 成

譲渡担保をめぐる法律問題を解決するにあたって，譲渡担保の法律構成が問題とされる。

A 説：所有権的構成

債権者に担保目的物の所有権が移転し，債権者は，設定者に対して担保目的物を担保目的以外に利用しないという債務を負うにすぎない。

B 説：担保権的構成

債権者は，譲渡担保権という担保権の設定を受けたにとどまり，担保目的物の所有権は設定者にとどまる。

ただし，担保権的構成は，さらに以下の諸学説がある。

B1 説：担保権説

不動産の譲渡担保は，私的実行方法を伴う抵当権であり，動産の譲渡担保は，動産抵当，権利の譲渡担保は，私的実行方法を伴う権利質である。

B2 説：物権的期待権説

譲渡担保権者は，所有権を取得しうる地位を取得し，設定者も債務の弁済により所有権を留保または復帰させうる期待権を有する。

B3 説：二段階物権変動説

　所有権は，譲渡担保権者に移転し，再度設定者に設定者留保権が移転する。

B4 説：抵当権説

　譲渡担保においては，目的物の所有権は，譲渡担保権者に移転しないとし，譲渡担保権を抵当権に準じて考える。

【考えておこう！】
　こうした譲渡担保の法律構成が実際の譲渡担保をめぐる問題の解決にどの程度役立っているかを考えておこう。

11.2.2　譲渡担保の設定

（1）設　定　契　約

　譲渡担保の設定は，設定者と債権者間の諾成・無方式の譲渡担保設定契約による。譲渡担保設定契約とは，所有権その他の財産権を債権者に譲渡する行為と，それが債権担保の目的である旨の合意である。設定者は，第三者でもよい。

　譲渡担保の被担保債権は，通常，金銭債権であるが，その種類に制限はない。被担保債権は，将来債権または不特定の債権でもよい。したがって，根譲渡担保の設定も認められる（大判昭 5・3・3 新聞 3123 号 9 頁）。

　目的物については，譲渡性があればよい。不動産，動産，債権いずれも譲渡担保の対象となる。倉庫の在庫全部というような**集合物（一定の目的のもとに集められた数個の物の集団であって，その各個の物が各独自の存在性と取引価値を失うことなく，しかも集団自体も 1 個の統一的財産として特有単一の経済的価値を有し，取引上一体として扱われるものをいう。）**も，その種類，所在場所，量的範囲などによって目的物が特定されていれば，譲渡担保の対象となる（最判昭 54・2・15 民集 33 巻 1 号 51 頁など）。また，**現在および将来の債権を一括して (集合債権) 譲渡担保の目的とすることもできる**（最判平 12・4・21 民集 54 巻 4 号 1562 頁など）。

（2）対　抗　要　件

　譲渡担保も，当事者間では意思表示によって成立するが，譲渡担保の設定を第三者に対抗するためには，対抗要件の具備を必要とする。

（a）不 動 産

　不動産の譲渡担保では，**登記**である（177 条）。登記原因を「譲渡担保」とすることが認められているが，「売買」とする例も多い。

（b）動　　産

　動産の譲渡担保では，動産の**引渡し**である（178 条）。ただし，通常は，譲渡担保の目的物の占有を設定者のもとにとどめるために，**占有改定**（183 条）が用いられる。動産の譲渡担保設定契約が締結された場合に，債務者が引き続き担保目的物を占有しているときは，債務者は，占有の改定により爾後債権者のために占有するものであり，債権者は，これによって占有権を取得する（最判昭 30・6・2 民集 9 巻 7 号 855 頁）。また，銀行が，輸入業者である債務者の輸入する商品に関して信用状を発行し，これによって債務者が負担する償還債務等にかかる債権の担保として当該商品につき譲渡担保の設定を受けた場合に，銀行と債務者との間において，輸入業者から委託を受けた海運貨物取扱業者によって輸入商品の受領等が行われ，輸入業者が目的物を直接占有することなく転売を行うことが一般的であったという輸入取引の実情の下で，譲渡担保の設定に当たり，銀行が輸入業者に対し輸入商品の貸渡しを行ってその受領等の権限を与える旨の合意がされていたこと，および海運貨物取扱業者は，金融機関が譲渡担保権者として当該商品の引渡しを占有改定の方法により受けることとされていることを当然の前提として，輸入業者から当該商品の受領等の委託を受け，当該商品を受領するなどしたという事情のもとでは，輸入業者である債務者が当該商品を直接占有したことがなくても，銀行は，債務者から占有改定の方法により当該商品の引渡しを受けたものとされる（最判平 29・5・10 民集 71 巻 5 号 789 頁）。

　このほか，動産の譲渡担保の対抗要件の具備方法として，動産債権譲渡特例法による**登記**も用いられる（動産債権譲渡特 3 条 1 項）。

（c）権 利 等

　債権の譲渡担保など，権利に譲渡担保が設定された場合には，債権譲渡の対抗要件など，各権利の移転に関する対抗要件を具備することを要する。債権の譲渡担保においては，債務者に対する関係では，債務者に対する通知または債務者の承諾が必要であり（467 条 1 項），債務者以外の第三者に対しては，確定日付のある証書による通知または承諾が必要である（同条 2 項。集合債権譲渡担保について，最判平 13・11・22 民集 55 巻 6 号 1033 頁）。また，動産債権譲渡特例法に

よる登記を用いることもできる（動産債権譲渡特4条）。

11.2.3　譲渡担保の対内的効力
【図2】

G ————————— S
（譲渡担保権者）　　　　（譲渡担保権設定者）

目的物

（1）譲渡担保の効力が及ぶ目的物の範囲

通説は，抵当権に関する370条の規定が類推適用されるとする。譲渡担保の実質は担保であり，非占有担保の場合には，抵当権に類似するからである。そのため，付加一体物に譲渡担保の効力が及ぶ。

譲渡担保設定後の従物に譲渡担保の効力が及ぶか否かについては，争いがある。

A説：否定説

不動産譲渡担保において，譲渡担保権者が有するのは所有権の登記であり，第三者は登記を見て，付加一体物に譲渡担保の効力が及んでいないと考える可能性がある。また，このことは，動産譲渡担保の場合にも理論的には同じであるから，譲渡担保設定後の従物には譲渡担保の効力は及ばないと解するのが妥当である。

B説：肯定説

所有権登記と設定者の占有とが譲渡担保であることを表しており，第三者は，実地調査をすればわかるから，譲渡担保設定後の従物にも譲渡担保の効力が及ぶ。

従たる権利についても，譲渡担保の効力が及ぶとされている。判例も，借地上の建物に譲渡担保を設定した場合には，原則として，当該賃借権に譲渡担保の効力が及ぶとしている（最判昭51・9・21判時833号69頁）。

（2）目的物の利用関係

譲渡担保の目的物の利用関係は，当事者の合意で決まる。通常，設定者に占

有・利用が委ねられている。土地賃借人が借地上の建物を譲渡担保に供した場合，借地権も，従たる権利として譲渡担保の目的となるが（最判昭 51・9・21 判時 833 号 69 頁），設定者が引き続き建物の利用を継続する場合には，第三者に賃借物の使用収益をなさしめたものということはできず，612 条 2 項の解除権は発生しない（最判昭 40・12・17 民集 19 巻 9 号 2159 頁）。これに対して，譲渡担保権者が使用収益するときは，譲渡担保の実行前であっても，612 条が適用される（最判平 9・7・17 民集 51 巻 6 号 2882 頁）。

　設定者は，目的物の使用収益に際して，担保物の保管義務を負う。債務者が目的物を毀損した場合には，被担保債権につき期限の利益を喪失する（137 条 2 号）。また，目的物の保管義務の不履行ないし譲渡担保権者の有する所有権の侵害として，損害賠償義務を負う。

　他方，譲渡担保権者は，設定者に対して担保目的以外には目的物を利用しない義務を負い，債務の弁済期前に目的物を壊したり，第三者に譲渡したりした場合には，債務不履行責任を負う（最判昭 35・12・15 民集 14 巻 14 号 3060 頁）。

（3）優先弁済権
（a）私 的 実 行
　譲渡担保権者は，債務者が債務の履行をしない場合に，譲渡担保の目的物から債権の弁済を受ける権利を有する。これには，**譲渡担保権者が目的物の所有権を自己に帰属させる**ことによって，代物弁済的に債権の満足を得る**帰属清算型**と**譲渡担保権者が目的物を売却し，その代価から債権の弁済を受ける処分清算型**とがある。

　もっとも，いずれの場合にも，目的物の価額が被担保債権額を上回る場合には，譲渡担保権者には**清算義務**があり，譲渡担保権者は，差額を設定者に返還しなければならない（処分清算型について，最判昭 43・3・7 民集 22 巻 3 号 509 頁，帰属清算型について，最判昭 46・3・25 民集 25 巻 2 号 208 頁など）。

　譲渡担保権設定者は，清算金の提供があるまでは譲渡担保権者からの目的物の引渡請求に対して，清算金支払請求権を被担保債権として目的物を留置することができ，目的物の引渡しと清算金の支払とは同時履行の関係にある（最判平 15・3・27 金法 1702 号 72 頁）。そのため，譲渡担保権者は，譲渡担保権設定者から目的物の引渡しを受けるまでは，自己の清算金支払債務の全額について履行遅滞による責任を負わない。また，譲渡担保が実行されて目的物が譲渡されて

も，設定者は，清算金の支払があるまで目的物を留置することができる（最判平9・4・11 集民 183 号 241 頁）。

（b）譲渡担保の効力が及ぶ債権の範囲

譲渡担保によって担保される債権については，特別の制約はない。元本のほか，利息・違約金などにも及ぶ。抵当権のような制限はない（375 条参照）。ただし，判例によれば，譲渡担保権者が先順位担保権者の被担保債権を代位弁済したことにより取得した求償債権は，特約のない限り，被担保債権の範囲に含まれないとされている（最判昭 61・7・15 判時 1209 号 23 頁）。

（4）受　戻　し

譲渡担保は，目的物の所有権を債権者に移転するとしても，担保である以上，債務者が債務を弁済したならば，債務者は，債権者から目的物の所有権を取り戻すことができる。これを**受戻し**という。

（a）受戻権の存続

弁済期の経過後であっても，**債権者が担保権の実行を完了するまでの間**は，債務者は，債務の全額を弁済して譲渡担保を消滅させ，目的物の所有権を回復することができる（最判昭 62・2・12 民集 41 巻 1 号 67 頁）[1]。より具体的には，下記のとおりである。

（ア）帰属清算型
（ⅰ）目的物の価額が被担保債権額を上回る場合

債権者が目的物を適正に評価してその所有権を自己に帰属させる帰属清算型の譲渡担保においては，**債権者が債務者に対し清算金の支払またはその提供をするまで**，債務者は，債務の全額を弁済して譲渡担保を消滅させ，目的物の所有権を回復することができる（最判昭 62・2・12 民集 41 巻 1 号 67 頁）。

（ⅱ）目的物の価額が被担保債権額を下回る場合

債権者が債務者に対し通知をするまで，債務者は，債務の全額を弁済して譲渡担保を消滅させ，目的物の所有権を回復することができる（最判昭 62・2・12 民

---

[1] なお，判例は，受戻権は，時効によって消滅しないとしている（最判昭 57・1・22 民集 36 巻 1 号 92 頁）。

集 41 巻 1 号 67 頁)。

【参考判例】 最判昭 62・2・12 民集 41 巻 1 号 67 頁

　「弁済期の経過後であっても，債権者が担保権の実行を完了するまでの間，す
なわち，（イ）債権者が目的不動産を適正に評価してその所有権を自己に帰属さ
せる帰属清算型の譲渡担保においては，債権者が債務者に対し，目的不動産の適
正評価額が債務の額を上回る場合にあっては清算金の支払又はその提供をするま
での間，目的不動産の適正評価額が債務の額を上回らない場合にあってはその旨
の通知をするまでの間，（ロ）目的不動産を相当の価格で第三者に売却等をする
処分清算型の譲渡担保においては，その処分の時までの間は，債務者は，債務の
全額を弁済して譲渡担保権を消滅させ，目的不動産の所有権を回復すること（以
下，この権能を「受戻権」という。）ができるものと解するのが相当である…。
けだし，譲渡担保契約の目的は，債権者が目的不動産の所有権を取得すること自
体にあるのではなく，当該不動産の有する金銭的価値に着目し，その価値の実現
によって自己の債権の排他的満足を得ることにあり，目的不動産の所有権取得は
かかる金銭的価値の実現の手段にすぎないと考えられるからである。」

　（イ）処分清算型

　処分清算型の譲渡担保においては，**その処分の時まで**は，債務者は，債務の全
額を弁済して譲渡担保を消滅させ，目的物の所有権を回復することができる（最
判昭 57・1・22 民集 36 巻 1 号 92 頁など）。譲受人が背信的悪意者にあたる場合
も同様である（最判平 6・2・22 民集 48 巻 2 号 414 頁）。

【参考判例】 最判平 6・2・22 民集 48 巻 2 号 414 頁

　「不動産を目的とする譲渡担保契約において，債務者が弁済期に債務の弁済を
しない場合には，債権者は，右譲渡担保契約がいわゆる帰属清算型であると処分
清算型であるとを問わず，目的物を処分する権能を取得するから，債権者がこの
権能に基づいて目的物を第三者に譲渡したときは，原則として，譲受人は目的物
の所有権を確定的に取得し，債務者は，清算金がある場合に債権者に対してその
支払を求めることができるにとどまり，残債務を弁済して目的物を受け戻すこと
はできなくなるものと解するのが相当である…。この理は，譲渡を受けた第三者
がいわゆる背信的悪意者に当たる場合であっても異なるところはない。けだし，
そのように解さないと，権利関係の確定しない状態が続くばかりでなく，譲受人

が背信的悪意者に当たるかどうかを確知し得る立場にあるとは限らない債権者
に，不測の損害を被らせるおそれを生ずるからである。」

（ｂ）清算金の額の算定基準時
　清算金の額は，帰属清算型の譲渡担保においては，債権者が債務者に対して清
算金の支払もしくはその提供をした時点または目的物の適正評価額が債務の額を
上回らない旨の通知をした時を基準として判断される。債権者が債務者に対して
清算金の支払もしくはその提供をし，または目的物の適正評価額が債務の額を上
回らない旨の通知をしない限り，債務者は受戻権を有し，債務の全額を弁済して
譲渡担保を消滅させることができるから，債権者が単に目的物の所有権を確定的
に自己に帰属させる旨の意思表示をしただけでは，いまだ債務消滅の効果を生ぜ
ず，したがって，清算金の有無およびその額が確定しない（最判昭 62・2・12 民
集 41 巻 1 号 67 頁）。もっとも，債権者が清算金の支払もしくはその提供または
目的物の適正評価額が債務の額を上回らない旨の通知をせず，かつ，債務者も債
務の弁済をしないうちに，債権者が目的物を第三者に売却等をしたときは，債務
者は，その時点で受戻権および目的物の所有権を終局的に失い，同時に被担保債
権消滅の効果が発生するとともに，右時点を基準時として清算金の有無およびそ
の額が確定される。
　また，先順位の担保権が設定されている不動産を目的とする譲渡担保において
は，譲渡担保権者が把握できる目的不動産の金銭的価値は，目的不動産の価額か
ら先順位の担保権の被担保債権額を控除した残余価額にすぎないから，清算金債
権の有無および額を算定するにあたっては，目的不動産の価額から先順位の被担
保債権額を控除したうえ，その残額と譲渡担保の被担保債権額とが比較される
（最判昭 51・6・4 金法 798 号 33 頁）。同様に，譲渡担保の目的不動産につき先順
位の根抵当権が設定された場合に，譲渡担保が実行されたことに基づく清算金支
払債務の有無および数額を確定するにあたっても，特別の事情のない限り，目的
不動産の適正な評価額から根抵当権の極度額を控除したうえ，その残余価額と譲
渡担保の被担保債権額とが比較される（最判昭 51・9・21 判時 832 号 47 頁）[2]。

（c）受戻権の放棄

【設例 11 － 1】
　債務者 S は，債権者 G の貸金債権の担保として，自己所有の甲土地に譲渡担保を設定した。貸金債権の弁済期が経過した場合に，S は，受戻権を放棄して，G に対して，清算金の支払を請求することができるか。

【図 3】

清算金支払請求

S　───────▶　G
（債務者・譲渡担保　　　（債権者・譲渡
　権設定者）　　　　　　担保権者）

　譲渡担保権設定者は，譲渡担保権者が清算金の支払または提供をせず，清算金がない旨の通知もしない間に譲渡担保の目的物の受戻権を放棄して，譲渡担保権者に対して清算金の支払を請求することはできない（最判平 8・11・22 民集 50巻 10 号 2702 頁）。なぜなら，これが認められるならば，譲渡担保権設定者が受戻権を放棄することにより，**本来譲渡担保権者が有している譲渡担保の実行時期を自ら決定する自由を制約することになる**からである。

（5）物 上 代 位

【設例 11 － 2】
　債務者 S は，債権者 G のために自己所有の甲動産に譲渡担保を設定した。ところが，S は，甲を D に売却したが，その代金を受け取る前に破産宣告を受けた。譲渡担保権者 G は，S の D に対する売買代金債権に物上代位権を行使することができるか。

額を基準とすべきであり，敷地賃借権の譲渡について賃貸人の承諾またはこれに代わる許可の裁判を得ることが不可能または著しく困難な事情にあって，譲渡担保権者が建物の所有権を取得しても，建物買取請求権を行使するほかはないと認められるときは，右買取請求権を行使した場合における建物の時価を基準として清算金額を算定することが許される（最判昭 51・9・21 判時 833 号 69 頁）。

【図4】

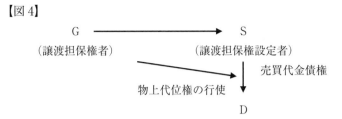

担保物権には，その通有性として，物上代位性があるとされている。それでは，譲渡担保権に基づく物上代位権の行使も認められるだろうか。

判例は，譲渡担保権設定者が第三者に担保目的物を売却した場合における売買代金債権につき，譲渡担保に基づく物上代位権の行使として売買代金債権を差し押さえることができるとしている（最判平11・5・17民集53巻5号863頁）。

ただし，平成11年判決は，「右の事実関係の下においては」と限定した表現を用いており，一般論として譲渡担保権に基づく物上代位権の行使が認められるかは，なお問題であるとされていた。

その後，判例は，集合動産譲渡担保において，構成部分の変動する集合動産を目的とする集合動産譲渡担保契約は，譲渡担保権設定者が目的動産を販売して営業を継続することを前提とするものであるから，**譲渡担保権設定者が通常の営業を継続している場合には，目的動産の滅失により上記請求権が発生したとしても，これに対して直ちに物上代位権を行使することができる旨が合意されているなどの特段の事情がない限り，譲渡担保権者が当該請求権に対して物上代位権を行使することは許されない**としている（最判平22・12・2民集64巻8号1990頁）。

【参考判例】 最判平11・5・17民集53巻5号863頁

「右の事実関係の下においては，信用状発行銀行である相手方は，輸入商品に対する譲渡担保権に基づく物上代位権の行使として，転売された輸入商品の売買代金債権を差し押さえることができ，このことは債務者である協光が破産宣告を受けた後に右差押えがされる場合であっても異なるところはないと解するのが相当である。これと同旨の原審の判断は，正当として是認することができる。」

【参考判例】 最判平22・12・2民集64巻8号1990頁

「構成部分の変動する集合動産を目的とする集合物譲渡担保権は，譲渡担保権

者において譲渡担保の目的である集合動産を構成するに至った動産（以下「目的動産」という。）の価値を担保として把握するものであるから，その効力は，目的動産が滅失した場合にその損害をてん補するために譲渡担保権設定者に対して支払われる損害保険金に係る請求権に及ぶと解するのが相当である。もっとも，構成部分の変動する集合動産を目的とする集合物譲渡担保契約は，譲渡担保権設定者が目的動産を販売して営業を継続することを前提とするものであるから，譲渡担保権設定者が通常の営業を継続している場合には，目的動産の滅失により上記請求権が発生したとしても，これに対して直ちに物上代位権を行使することができる旨が合意されているなどの特段の事情がない限り，譲渡担保権者が当該請求権に対して物上代位権を行使することは許されないというべきである。

　上記事実関係によれば，相手方が本件共済金請求権の差押えを申し立てた時点においては，抗告人は目的動産である本件養殖施設及び本件養殖施設内の養殖魚を用いた営業を廃止し，これらに対する譲渡担保権が実行されていたというのであって，抗告人において本件譲渡担保権の目的動産を用いた営業を継続する余地はなかったというべきであるから，相手方が，本件共済金請求権に対して物上代位権を行使することができることは明らかである。」

11.2.4　譲渡担保の対外的効力
（1）設定者と第三者との関係
（a）譲渡担保権者による処分
（ア）目的物の所有権の帰属

【設例 11 － 3】
　債務者 A は，債権者 B のために自己所有の甲不動産に譲渡担保を設定した。ところが，B は，甲不動産を C に売却し，登記の移転もすませた。A は，C に対して，甲不動産の登記の抹消を請求することができるか。

【図5】

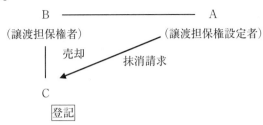

譲渡担保権者が譲渡担保の目的物を第三者に売却した場合，とりわけこうした問題は，不動産の譲渡担保において生じるが，その所有権は，譲渡担保権設定者または譲渡担保の目的物を買い受けた第三者のいずれに帰属するだろうか。

所有権的構成によれば，譲渡担保権者は，譲渡担保の目的物である不動産の所有者であるから，その譲受人は，悪意でも有効に所有権を取得することができる。

これに対して，担保権的構成によれば，譲渡担保権者は，譲渡担保権のみを有するから，譲受人は，所有権を取得することができない。もっとも，譲受人は，94条2項類推適用または192条により，完全な所有権を取得することができる。

判例は，譲渡担保権者は，外部関係では，譲渡担保の目的物の所有権を有するから，譲渡担保権設定者との間に，所有権が設定者に留保されている旨の特約があっても，**譲渡担保権者から目的物を譲り受けた第三者は，右特約につき善意であると悪意であるとを問わず，有効にその所有権を取得する**としている（大判大9・9・25民録26輯1389頁，最判昭34・9・3民集13巻11号1357頁）。また，不動産が譲渡担保の目的とされ，設定者から譲渡担保権者への所有権移転登記が経由された場合において，**被担保債務の弁済等により譲渡担保権が消滅した後に**目的不動産が譲渡担保権者から第三者に譲渡されたときは，右第三者がいわゆる背信的悪意者に当たる場合は格別，そうでない限り，**譲渡担保権設定者は，登記がなければ，その所有権を右第三者に対抗することができない**としている（最判昭62・11・12判時1261号71頁）。設定者が債務の全額を譲渡担保権者に弁済した後に，譲渡担保権者が第三者に当該不動産を売却した場合には，設定者の債務の弁済により譲渡担保権が消滅し，それによる譲渡担保権者から設定者への所有権の復帰と，譲渡担保権者から第三者への売買による所有権の移転とが対抗関係に立つと理解している。

【参考判例】 大判大 9・9・25 民録 26 輯 1389 頁

　「賣渡抵當ナル信託行爲ノ當事者間ニ存スル内部關係ニ他ナラサル特約ハ之ヲ以テ右特約ヲ知レル第三者ニ對シテモ對抗スルコトヲ得サルモノトス蓋第三者ニ對スル外部關係ニ在リテハ受託者ハ賣渡抵當ノ目的物ノ所有權ヲ有スルヲ以テ受託者ヨリ右目的物ヲ譲受ケタル第三者ハ善意ナルト惡意ナルトニ拘ハラス有效ニ所有權ヲ取得スルコトヲ得ルノ筋合ナレハナリ」

【参考判例】 最判昭 62・11・12 判時 1261 号 71 頁

　「不動産が譲渡担保の目的とされ，設定者から譲渡担保権者への所有権移転登記が経由された場合において，被担保債務の弁済等により譲渡担保権が消滅した後に目的不動産が譲渡担保権者から第三者に譲渡されたときは，右第三者がいわゆる背信的悪意者に当たる場合は格別，そうでない限り，譲渡担保設定者は，登記がなければ，その所有権を右第三者に対抗することができないものと解するのが相当である。」

（イ）設定者の留置権

> **【設例 11 − 4】**
> 　債務者 A は，債権者 B のために自己所有の甲土地に譲渡担保を設定し，その旨の登記を行ったが，A が甲土地を占有し続けている。ところが，B は，甲土地を C に売却し，登記の移転もすませた。以下の場合に，A は，C からの甲土地の引渡請求に対して，留置権を主張することができるか。
> ①　B が被担保債権の弁済期前に C に甲土地を譲渡したことによる，A の B に対する債務不履行に基づく損害賠償請求権に基づいて留置権を主張する場合
> ②　譲渡担保が実行された結果発生した A の B に対する清算金支払請求権に基づいて留置権を主張する場合

【図6】

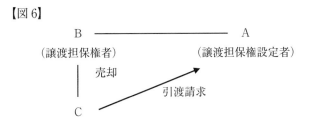

（ⅰ）債務不履行に基づく損害賠償請求権に基づく留置の可否（【設例11－4】
　　①）

　判例は，**不動産を譲渡担保に供した者は，担保権者が合意に反して担保不動産を他に譲渡したことにより，譲渡担保権者に対して取得した担保目的物の返還義務不履行による損害賠償債権をもって譲受人からの譲渡により当該不動産の所有権を取得した者の明渡請求に対し，留置権を主張することは許されないとしている**（最判昭34・9・3民集13巻11号1357頁）。譲渡担保権者は，設定者に対して不動産の返還を請求する関係になく，したがって，設定者が不動産の引渡しを拒絶することによって，譲渡担保権者の負う損害賠償義務の履行を間接的に強制する関係を生じないからである（最判昭43・11・21民集22巻12号2765頁参照）。

（ⅱ）清算金支払請求権に基づく留置の可否（【設例11－4】②）

　判例は，**譲渡担保権設定者は，譲渡担保権の実行として譲渡された不動産を取得した者からの明渡請求に対し，譲渡担保権者に対する清算金支払請求権を被担保債権とする留置権を主張することができる**としている（最判平9・4・11判時1193号175頁）[3]。

（ｂ）譲渡担保権者の債権者による差押え

【設例11－5】
　債務者Ａは，債権者Ｂのために自己所有の甲土地に譲渡担保を設定した。弁済期の経過後，譲渡担保権者Ｂの債権者Ｃが甲土地を差し押さえた

3　譲渡担保権者から被担保債権の弁済期後に目的不動産を譲り受けた第三者は，譲渡担保権者に対する清算金支払請求権を被担保債権として目的不動産について留置権を有する譲渡担保権設定者に対して，清算金支払請求権の消滅時効を援用することができる（最判平11・2・26判時1671号67頁）。

場合に，Aは，第三者異議の訴え（民執38条）を提起することができるか[4]。

【図7】

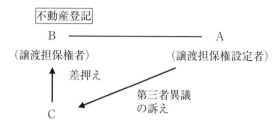

（ア）動　　産

動産譲渡担保については，設定者が目的物を執行官に提出しない限り，差押えをなし得ない（民執124条）。

（イ）不　動　産

譲渡担保権者の債権者が譲渡担保の目的たる不動産を差し押さえた場合，所有権的構成によれば，譲渡担保権者は，当該不動産の所有権を取得しているから，その債権者の差押えは完全に有効である。

これに対して，担保権的構成によれば，譲渡担保権設定者が目的不動産の所有者であるから，設定者は，第三者異議の訴えを提起することができる。もっとも，不動産の登記名義は，譲渡担保権者であるから，その債権者は，94条2項類推適用によって保護される。

判例は，設定者が債務の履行を遅滞したときは，譲渡担保権者は，目的不動産を処分する権能を取得するから，**被担保債権の弁済期後は，設定者としては，譲渡担保権者の債権者による目的不動産の強制競売による換価を，譲渡担保権者による換価処分と同様に受忍すべきであり**，目的不動産を差し押さえた譲渡担保権者の債権者との関係では，差押え後の受戻権行使による目的不動産の所有権の回復を主張することができなくてもやむを得ないというべきだから，**不動産を目的**

4　債務者の所有物でない物に対して強制執行がなされた場合，強制執行の目的物について所有権その他目的物の譲渡または引渡しを妨げる権利を有する第三者は，債権者に対して，その強制執行の不許を求めることができる（民執38条）。これを**第三者異議の訴え**という。

とする譲渡担保において，被担保債権の弁済期後に譲渡担保権者の債権者が目的不動産を差し押さえ，その旨の登記がされたときは，設定者は，差押えの登記後に債務の全額を弁済しても，第三者異議の訴えにより強制執行の不許を求めることはできないとしている（最判平 18・10・20 民集 60 巻 8 号 3098 頁）。

　もっとも，平成 18 年判決は，被担保債権の弁済期前に譲渡担保権者の債権者が目的不動産を差し押さえた場合に，設定者が弁済期までに債務の全額を弁済して目的不動産を受け戻したときは，設定者は，第三者異議の訴えにより強制執行の不許を求めることができるとしている。なぜなら，弁済期前においては，譲渡担保権者は，債権担保の目的を達するのに必要な範囲内で目的不動産の所有権を有するにすぎず，目的不動産を処分する権能を有しないから，このような差押えによって設定者による受戻権の行使が制限されると解すべき理由はないからである。

【参考判例】 最判平 18・10・20 民集 60 巻 8 号 3098 頁

　「不動産を目的とする譲渡担保において，被担保債権の弁済期後に譲渡担保権者の債権者が目的不動産を差し押さえ，その旨の登記がされたときは，設定者は，差押登記後に債務の全額を弁済しても，第三者異議の訴えにより強制執行の不許を求めることはできないと解するのが相当である。なぜなら，設定者が債務の履行を遅滞したときは，譲渡担保権者は目的不動産を処分する権能を取得するから，被担保債権の弁済期後は，設定者としては，目的不動産が換価処分されることを受忍すべき立場にあるというべきところ，譲渡担保権者の債権者による目的不動産の強制競売による換価も，譲渡担保権者による換価処分と同様に受忍すべきものということができるのであって，目的不動産を差し押さえた譲渡担保権者の債権者との関係では，差押え後の受戻権行使による目的不動産の所有権の回復を主張することができなくてもやむを得ないというべきだからである。

　上記と異なり，被担保債権の弁済期前に譲渡担保権者の債権者が目的不動産を差し押さえた場合は，少なくとも，設定者が弁済期までに債務の全額を弁済して目的不動産を受け戻したときは，設定者は，第三者異議の訴えにより強制執行の不許を求めることができると解するのが相当である。なぜなら，弁済期前においては，譲渡担保権者は，債権担保の目的を達するのに必要な範囲内で目的不動産の所有権を有するにすぎず，目的不動産を処分する権能を有しないから，このような差押えによって設定者による受戻権の行使が制限されると解すべき理由はな

いからである。」

（c）譲渡担保権者の破産

譲渡担保権者について破産手続が開始された場合に，設定者が譲渡担保の目的物を取り戻すことができるかが問題とされる。判例・通説は，被担保債権は破産財団に属するから，設定者は，債務を弁済しさえすれば，目的物を取り戻すことができるとしている（株券の返還について，大判昭13・10・12民集17巻2115頁）。

（2）譲渡担保権者と第三者との関係

（a）設定者による処分

【設例11－6】
　債務者Aは，債権者Bのために自己所有の甲動産に譲渡担保を設定した。ところが，Aは，甲をCに売却した。甲の所有権は，BまたはCのいずれに帰属するか。

【図8】

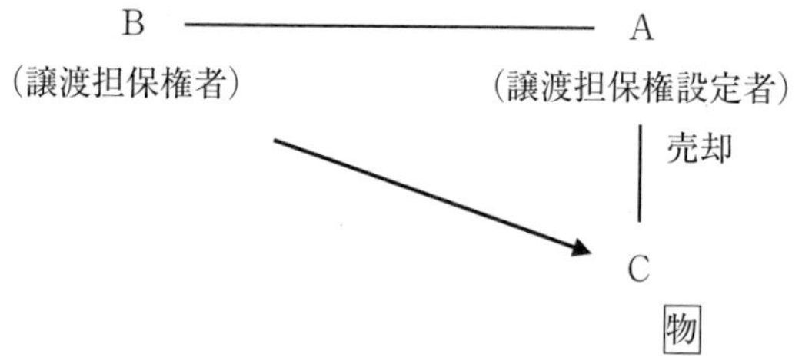

```
        B ——————————————————— A
   (譲渡担保権者)              (譲渡担保権設定者)
         ＼                          │ 売却
          ＼                         │
           ＼                        ↓
            ＼ →                    C
                                   [物]
```

（ア）不動産

不動産については，登記名義が譲渡担保権者にある以上，設定者による処分がなされることは考えにくい。

（イ）動産

所有権的構成によれば，譲渡担保権者の対抗要件の具備により，設定者は完全に所有権を失っているから，設定者からの譲受人は，善意取得によるのでなければ所有権を取得することができない。

他方，担保権的構成によれば，設定者は，実質的な所有者であるから，その譲受人は，譲渡担保権付の所有権を取得することとなる。ただし，譲受人が善意無

過失の場合には，善意取得により所有権を取得する。なお，設定者と譲受人との間の占有移転が占有改定による場合には，判例によれば，譲受人は，善意取得をすることができない（最判昭 35・2・11 民集 14 巻 2 号 168 頁など）。

（b）設定者の債権者による差押え

【設例 11 － 7】
　債務者 A は，債権者 B のために自己所有の甲動産に譲渡担保を設定した。その後，設定者 A の債権者 C が甲を差し押さえた場合に，B は，第三者異議の訴えを提起することができるか。

【図 9】

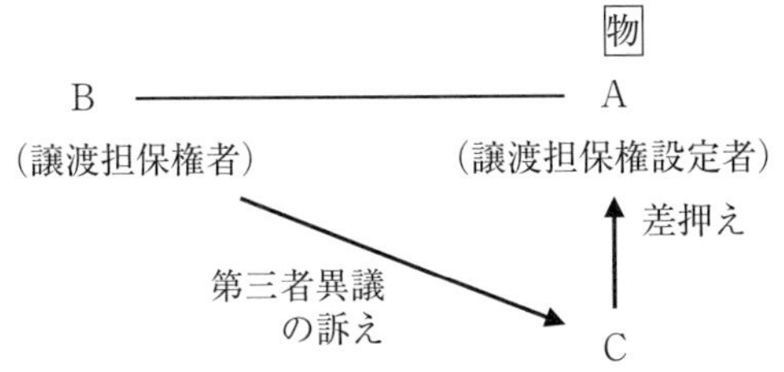

　所有権的構成によれば，譲渡担保権者は，譲渡担保の目的物である甲動産の所有者であるから，第三者異議の訴えにより設定者の債権者による強制執行を排除することができる。

　これに対して，担保権的構成によれば，譲渡担保権者は，担保権者にすぎないから，目的物の価額が被担保債権額を下回るような場合を除いて，第三者異議の訴えを認める必要はないはずである。しかし，民事執行法において優先弁済の訴えが廃止されたことから，第三者異議の訴えによるほかないと解されている（高松高判昭 57・2・24 金商 642 号 38 頁参照）。このほか，配当要求を認めれば足りる（民執 133 条の類推）とする見解や，第三者異議の訴えの一部認容判決として優先弁済を認める判決をなすべきとする見解も有力である。

　判例は，譲渡担保権者は，第三者異議の訴えにより設定者の債権者による強制執行を排除することができるとしている（大判大 3・11・2 民録 20 輯 865 頁）。さらに，譲渡担保権者がその目的物につき自己の債権者のために譲渡担保を設定した後においても，譲渡担保権者は，自己の有する担保権自体を失うものではなく，自己の債務を弁済してこれを取り戻し，これから自己の債権の満足を得る等

担保権の実行について固有の利益を有しているから，強制執行に対し譲渡担保権者たる地位に基づいてその排除を求めることができるとしている（最判昭56・12・17民集35巻9号1328頁）。

（ｃ）動産先取特権者との関係

【設例11－8】
　Aは，Bから甲動産を購入したが，甲にCのために譲渡担保を設定した。Bが先取特権を実行しようとした場合，Cは，第三者異議の訴えを提起することができるか。

【図10】

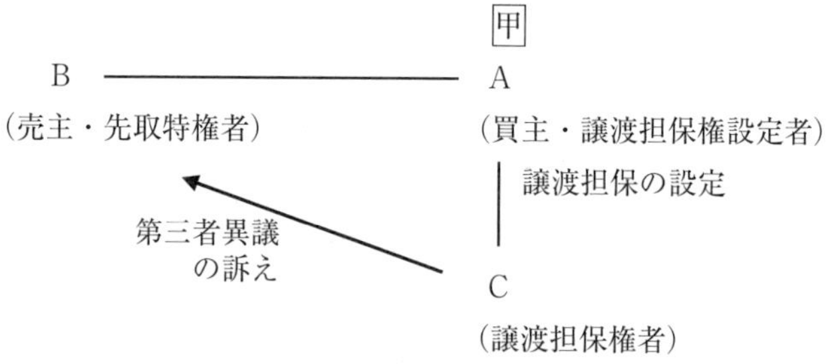

動産売買の先取特権には追及力がないため（333条），譲渡担保権者が333条にいう第三取得者にあたるか否かが問題となる。

　所有権的構成によれば，動産売買の先取特権の目的たる動産に譲渡担保が設定された場合には，譲渡担保権者は，その動産について引渡しを受けたものとして扱われる。そのため，先取特権者が先取特権に基づいて動産競売の申立てをしたときは，特段の事情のない限り，譲渡担保権者は，333条所定の第三取得者として，動産競売の不許を求めることができる。

　これに対して，担保権的構成によれば，譲渡担保権者は，所有権を取得しない以上，333条に定める第三取得者にはあたらない。

　判例は，集合動産譲渡担保について，**動産売買の先取特権の存在する動産が譲渡担保の目的である集合物の構成部分となった場合においては，債権者は，当該動産について引渡しを受けたものとして譲渡担保権を主張することができ，先取特権者が先取特権に基づいて動産競売の申立てをしたときは，特段の事情のない**

限り，333条所定の第三取得者に該当するものとして，訴えをもって，右動産競売の不許を求めることができるものというべきであるとしている（最判昭62・11・10民集41巻8号1559頁）。

【**参考判例**】最判昭62・11・10民集41巻8号1559頁

「債権者と債務者との間に，右のような集合物を目的とする譲渡担保権設定契約が締結され，債務者がその構成部分である動産の占有を取得したときは債権者が占有改定の方法によってその占有権を取得する旨の合意に基づき，債務者が右集合物の構成部分として現に存在する動産の占有を取得した場合には，債権者は，当該集合物を目的とする譲渡担保権につき対抗要件を具備するに至ったものということができ，この対抗要件具備の効力は，その後構成部分が変動したとしても，集合物としての同一性が損なわれない限り，新たにその構成部分となった動産を包含する集合物について及ぶものと解すべきである。したがって，動産売買の先取特権の存在する動産が右譲渡担保権の目的である集合物の構成部分となった場合においては，債権者は，右動産についても引渡を受けたものとして譲渡担保権を主張することができ，当該先取特権者が右先取特権に基づいて動産競売の申立をしたときは，特段の事情のない限り，民法333条所定の第三取得者に該当するものとして，訴えをもって，右動産競売の不許を求めることができるものというべきである。」

（d）設定者につき破産手続，会社更生手続などが開始された場合

（ア）不　動　産

不動産の譲渡担保においては，登記は，譲渡担保権者名義になっているため，破産財団に含まれず，また，会社更生手続などにおいても，譲渡担保権者は，取戻権を有すると解される（破62条，民再52条，会更64条）[5]。しかし，通説は，譲渡担保は，その実質は担保であることから，別除権ないし更生担保権として扱うべきであるとしている。

（イ）動　　　産

動産の譲渡担保において，設定者につき，破産手続などが開始された場合に

---

[5] 取戻権とは，破産者の財産に第三者の財産が組み入れられているとき，破産管財人に対して，その返還等を請求する権利をいう（破62条）。

は，所有権的構成によれば，譲渡担保権者は，所有者として取戻権を行使することができる（破62条，民再52条，会更64条）。

　他方，担保権的構成によれば，破産手続および民事再生手続の場合には，別除権者[6]として私的実行をなしうるが（破2条9項・65条，民再53条），会社更生手続の場合には，更生担保権[7]を行使できるにとどまる（会更2条10項）。

　判例は，会社更生手続につき，譲渡担保権者は，更生担保権者に準じてその権利の届出をなし，更生手続によってのみ権利行使をなすべきものであり，目的物に対する所有権を主張して，その引渡しを求めることはできないとしている（最判昭41・4・28民集20巻4号900頁）。

（3）第三者による侵害

【設例11－9】

　債務者Aは，債権者Bのために自己所有の甲動産に譲渡担保を設定した。以下の場合について，どうなるか考えなさい。

①　第三者Cが譲渡担保の目的物を侵奪した場合，譲渡担保権設定者Aは，Cに対して，動産の返還を請求することができるか。

②　第三者Cが譲渡担保の目的物を毀損した場合，A，Bは，それぞれCに対して，損害賠償を請求することができるか。また，できるとした場合，如何なる範囲で損害賠償を請求することができるか。

【図11】

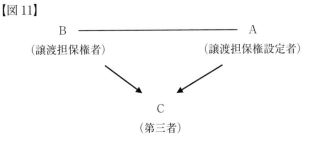

---

6 別除権とは，破産手続開始の時において破産財団に属する財産につき，特別の先取特権，質権または抵当権を有する者が，これらの権利の目的である財産について，破産手続によらないで行使することができる権利をいう（破2条9項・65条1項）。

7 更生担保権とは，更生手続開始前の原因に基づいて生じた債権で，更生手続開始当時に会社財産の上に存する特別の先取特権，質権，抵当権，商事留置権により担保された範囲のものをいう（会更2条10項）。別除権とは異なって，担保権の実行は禁止される。原則として，更生手続によらなければ弁済を受けることができない。

（a）目的物の侵奪の場合

第三者が譲渡担保の目的物を侵奪した場合，譲渡担保権設定者は，第三者に対して，動産の返還を請求することができるだろうか。

所有権的構成によれば，譲渡担保権者は，所有権に基づく返還請求ができ，譲渡担保権設定者は，目的物の占有を有する場合に限って，占有回収の訴えを提起することができる。

他方，担保権的構成によれば，譲渡担保権者は，譲渡担保に基づく物権的請求権を有し，譲渡担保権設定者は，所有権に基づく返還請求をすることができる。

判例は，**譲渡担保の趣旨および効力から，特段の事情のない限り，設定者は，占有侵奪者に対して，目的物の返還を請求することができる**としている（最判昭57・9・28判時1062号81頁）。

【参考判例】 最判昭57・9・28判時1062号81頁

「譲渡担保は，債権担保のために目的物件の所有権を移転するものであるが，右所有権移転の効力は債権担保の目的を達するのに必要な範囲内においてのみ認められるのであって，担保権者は，債務者が被担保債務の履行を遅滞したときに目的物件を処分する権能を取得し，この権能に基づいて目的物件を適正に評価された価額で確定的に自己の所有に帰せしめ又は第三者に売却等することによって換価処分し，優先的に被担保債務の弁済に充てることができるにとどまり，他方，設定者は，担保権者が右の換価処分を完結するまでは，被担保債務を弁済して目的物件についての完全な所有権を回復することができるのであるから，正当な権原なく目的物件を占有する者がある場合には，特段の事情のない限り，設定者は，前記のような譲渡担保の趣旨及び効力に鑑み，右占有者に対してその返還を請求することができる」。

（b）目的物の滅失・毀損の場合

第三者が譲渡担保の目的物を滅失・毀損した場合，譲渡担保権者，譲渡担保権設定者のいずれが，不法行為者に対して，損害賠償を請求することができるか。

所有権的構成によれば，譲渡担保権者は，不法行為者に対して，所有権侵害による不法行為に基づく損害賠償請求ができ，譲渡担保権設定者については，期待権ないし債権侵害による不法行為の問題となる。

担保権的構成によれば，譲渡担保権者については，譲渡担保権の侵害による不

法行為に基づく損害賠償請求が，譲渡担保権設定者については，所有権侵害による損害賠償請求ができる。

判例は，譲渡担保権者は，被担保債権額を限度とする賠償を受け（大判大12・7・11新聞2171号17頁），他方，設定者は，目的物価額から被担保債権額を差し引いた残額についてのみ賠償を受けるとしている（最判平5・2・26民集47巻2号1653頁も参照）。

【参考判例】最判平5・2・26民集47巻2号1653頁

「譲渡担保が設定された場合には，債権担保の目的を達するのに必要な範囲内においてのみ目的不動産の所有権移転の効力が生じるにすぎず，譲渡担保権者が目的不動産を確定的に自己の所有に帰させるには，自己の債権額と目的不動産の価額との清算手続をすることを要し，他方，譲渡担保設定者は，譲渡担保権者が右の換価処分を完結するまでは，被担保債務を弁済して目的不動産を受け戻し，その完全な所有権を回復することができる…中略…。このような譲渡担保の趣旨及び効力にかんがみると，<u>譲渡担保権者及び譲渡担保設定者は，共に，譲渡担保の目的不動産につき保険事故が発生することによる経済上の損害を受けるべき関係にあり，したがって，右不動産についていずれも被保険利益を有すると解するのが相当である。</u>」

11.2.5　譲渡担保の消滅

（1）被担保債権の消滅

債務者の弁済などにより被担保債権が消滅した場合には，譲渡担保も消滅する。

（2）目的物の滅失

譲渡担保の目的物が滅失すれば，譲渡担保は消滅する。

11.2.6　集合動産譲渡担保

（1）意　　義

一定の目的のもとに集められた数個の物の集団であって，その各個の物が各独自の存在性と取引価値を失うことなく，しかも集団自体も1個の統一的財産として特有単一の経済的価値を有し，取引上一体として扱われるものを集合物とい

う。このような集合物に対する譲渡担保の設定も認められている。**集合動産（集合物）譲渡担保**である。債務者が債権者から融資を受けるに際して，自己（＝債務者）所有の倉庫にある商品の在庫全部を一括して譲渡担保に供するのがその例である。

（2）集合動産譲渡担保の法律構成

以前は，個々の動産が，集合体に加入することを停止条件として譲渡担保の目的物となり，搬出されて集合体から離脱することを解除条件として譲渡担保の目的物でなくなると考えられていた（分析論）。

しかし，現在，通説は，集合物自体の上に1つの譲渡担保が成立するとする（集合論）。これによって，集合物の内容の変動にもかかわらず，譲渡担保の効力は，集合物を通じてその内容である個々の動産にも及ぶとする。判例も，集合論を前提として，目的物の特定や対抗要件について考えている（最判昭54・2・15民集33巻1号51頁など）。

（3）集合動産譲渡担保の設定

集合動産譲渡担保の設定も，債権者と債務者または第三者との譲渡担保の設定契約による。

もっとも，集合動産の譲渡担保が成立するためには，**種類，所在場所，量的範囲などによって目的物が特定されていること**を要する（最判昭54・2・15民集33巻1号51頁など）。

【特定性が肯定された例】
【参考判例】 最判昭62・11・10民集41巻8号1559頁

構成部分の変動する集合動産を目的とする集合物譲渡担保権設定契約において，目的動産の種類および量的範囲が普通棒鋼，異形棒鋼等一切の在庫商品と，その所在場所が譲渡担保権設定者の倉庫内および同敷地・ヤード内と指定されているときは，目的物の範囲が特定されているものというべきである。

【特定性が否定された例】
【参考判例】 最判昭54・2・15民集33巻1号51頁

甲が継続的倉庫寄託契約に基づき丙に寄託中の食用乾燥ネギフレーク44トン余りのうち28トンを乙に対する債務の譲渡担保とすること，乙はこれを売却処

分することができることを約し，在庫証明の趣旨で丙が作成した預り証を乙に交付したが，乙も在庫を確認したにとどまり，その後処分のために乙に引き渡された右乾燥ネギフレークの大部分は甲の工場から乙に直送され，残部は甲が丙から受け出して乙に送付したものである場合には，甲が乙に対し丙に寄託中の右乾燥ネギフレークのうち 28 トンを特定して譲渡担保に供したものとはいえない。

【参考判例】　最判昭 57・10・14 判時 1060 号 78 頁

「譲渡担保契約において，一応目的物につきその種類，所在及び量的範囲が指定されてはいるが，そのうち　『家財一切』とある部分は，そこにいう家財が営業用の物件を除き家庭内で家族全体の共同生活に供用されるある程度の恒常性と経済的価値を有する物件を指すものと解しうるとしても，家族の共同生活に使用される物件は多種多様であって，右のような指定だけでは個々の物件が具体的にこれに該当するかどうかを識別することが困難な場合が当然予想されるから，これだけでは譲渡担保の目的物の種類についての特定があったとするのに十分であるとは考えられないのみならず，右契約においては，譲渡担保の目的物として本件建物内に存すべき運搬具，什器，備品，家財一切のうち訴外人所有の物という限定が付されているところ，右にいう訴外人所有の物とそれ以外の物とを明確に識別する指標が示されるとか，また，現実に右の区別ができるような適宜な措置が講じられた形跡は全くないのであるから，これらの物件については本件譲渡担保契約は契約成立の要件としての目的物の外部的，客観的な特定を欠くものと解するのが相当である。」

（4）対抗要件

集合論によれば，集合動産譲渡担保の対抗要件は，集合物の引渡しであり（178条），通常，占有改定（183条）によって行われる。判例も，構成部分の変動する集合動産を目的とする集合物譲渡担保について，設定者がその構成部分である動産の占有を取得したときは，譲渡担保権者が占有改定の方法によって占有権を取得する旨の合意があり，設定者がその構成部分として現に存在する動産の占有を取得した場合には，譲渡担保権者は，右譲渡担保につき対抗要件を具備するに至り，右対抗要件具備の効力は，新たにその構成部分となった動産を包含する集合物に及ぶとしている（最判昭 62・11・10 民集 41 巻 8 号 1559 頁）。

譲渡担保設定者が法人である場合には，**動産債権譲渡特例法上の動産譲渡登記**

を行うことにより，対抗要件を具備することもできる（動産債権譲渡特 3 条 1 項）。

（5）集合動産譲渡担保の対内関係をめぐる問題

【設例 11 － 10】
　債務者 S は，債権者 G のために自己所有の甲動産の在庫に譲渡担保を設定した。その後，甲の在庫は，火災により焼失したが，S は，それに代えて，保険会社 D に保険金請求権を取得した。譲渡担保権者 G は，S の D に対する保険金請求権に物上代位権を行使することができるか。

【図 12】

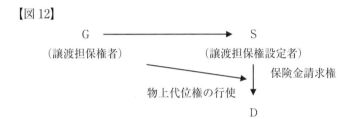

　判例は，集合動産譲渡担保において，構成部分の変動する集合動産を目的とする集合動産譲渡担保契約は，譲渡担保権設定者が目的動産を販売して営業を継続することを前提とするものであるから，**譲渡担保権設定者が通常の営業を継続している場合には，目的動産の滅失により上記請求権が発生したとしても，これに対して直ちに物上代位権を行使することができる旨が合意されているなどの特段の事情がない限り，譲渡担保権者が当該請求権に対して物上代位権を行使することは許されない**としている（最判平 22・12・2 民集 64 巻 8 号 1990 頁）。

【参考判例】最判平 22・12・2 民集 64 巻 8 号 1990 頁
　「構成部分の変動する集合動産を目的とする集合物譲渡担保権は，譲渡担保権者において譲渡担保の目的である集合動産を構成するに至った動産（以下「目的動産」という。）の価値を担保として把握するものであるから，その効力は，目的動産が滅失した場合にその損害をてん補するために譲渡担保権設定者に対して支払われる損害保険金に係る請求権に及ぶと解するのが相当である。もっとも，構成部分の変動する集合動産を目的とする集合物譲渡担保契約は，譲渡担保権設定者が目的動産を販売して営業を継続することを前提とするものであるから，譲

渡担保権設定者が通常の営業を継続している場合には，目的動産の滅失により上記請求権が発生したとしても，これに対して直ちに物上代位権を行使することができる旨が合意されているなどの特段の事情がない限り，譲渡担保権者が当該請求権に対して物上代位権を行使することは許されないというべきである。

　上記事実関係によれば，相手方が本件共済金請求権の差押えを申し立てた時点においては，抗告人は目的動産である本件養殖施設及び本件養殖施設内の養殖魚を用いた営業を廃止し，これらに対する譲渡担保権が実行されていたというのであって，抗告人において本件譲渡担保権の目的動産を用いた営業を継続する余地はなかったというべきであるから，相手方が，本件共済金請求権に対して物上代位権を行使することができることは明らかである。」

（6）集合動産譲渡担保の対外関係をめぐる問題
（a）動産先取特権者との関係

【設例 11 － 11】
　Ａは，Ｂから甲動産を購入したが，甲の在庫にＣのために譲渡担保を設定した。Ｂが先取特権を実行しようとした場合，Ｃは，第三者異議の訴えを提起することができるか。

【図 13】

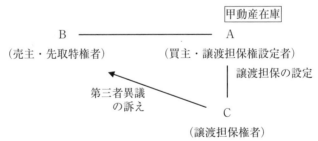

判例は，**動産売買の先取特権の存在する動産が譲渡担保権の目的である集合物の構成部分となった場合においては，債権者は，当該動産について引渡しを受けたものとして譲渡担保権を主張することができ，先取特権者が先取特権に基づいて動産競売の申立てをしたときは，特段の事情のない限り，333条所定の第三取得者に該当するものとして，訴えをもって，動産競売の不許を求めることができる**としている（最判昭 62・11・10 民集 41 巻 8 号 1559 頁）。

（ｂ）通常の営業の範囲を超える売却処分

【設例 11 － 12】
　債務者Ｓは，債権者Ｇのために自己所有の甲動産の在庫に譲渡担保を設定した。その後，Ｓは，甲の在庫全部をＤに売却した。Ｄは，甲の在庫全部の所有権を取得することができるか。

【図 14】

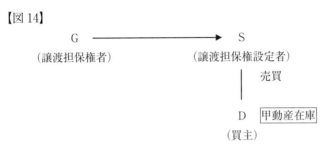

　集合動産の譲渡担保の設定者が目的動産につき通常の営業の範囲を超える売却処分をした場合に，処分の相手方は，その目的物の所有権を取得することができるだろうか。

　判例は，構成部分の変動する集合動産を目的とする対抗要件を備えた譲渡担保の設定者が，その目的物である動産につき通常の営業の範囲を超える売却処分をした場合には，当該譲渡担保の目的である集合物から離脱したと認められない限り，当該処分の相手方は，目的物の所有権を承継取得することはできないとしている（最判平 18・7・20 民集 60 巻 6 号 2499 頁）。

【参考判例】 最判平 18・7・20 民集 60 巻 6 号 2499 頁

　「構成部分の変動する集合動産を目的とする譲渡担保においては，集合物の内容が譲渡担保設定者の営業活動を通じて当然に変動することが予定されているのであるから，譲渡担保設定者には，その通常の営業の範囲内で，譲渡担保の目的を構成する動産を処分する権限が付与されており，この権限内でされた処分の相手方は，当該動産について，譲渡担保の拘束を受けることなく確定的に所有権を取得することができると解するのが相当である。上告人と麒麟麦酒及びシセイとの間の各譲渡担保契約の前記条項…は，以上の趣旨を確認的に規定したものと解される。他方，対抗要件を備えた集合動産譲渡担保の設定者がその目的物である動産につき通常の営業の範囲を超える売却処分をした場合，当該処分は上記権限

に基づかないものである以上，譲渡担保契約に定められた保管場所から搬出されるなどして当該譲渡担保の目的である集合物から離脱したと認められる場合でない限り，当該処分の相手方は目的物の所有権を承継取得することはできないというべきである。」

11.2.7　集合債権譲渡担保

（1）意　　義

集合債権譲渡担保とは，現在および将来の債権を一括して担保のために譲渡するものである。リース会社の有するリース料債権や医師の診療報酬債権，不動産の賃料債権などを目的として行われることが多い。企業金融の領域における債権の流動化や証券化とあいまって，重要な金融担保手段として広く用いられるようになってきた。

（2）集合債権譲渡担保の有効性

（a）将来債権の譲渡の有効性

集合債権譲渡担保が有効であるか否かが問題となる。なぜなら，集合債権譲渡担保は，将来債権の譲渡をも目的とするものであるから，まず，将来債権の譲渡が有効であるか否かが問題となるからである。

学説では，将来発生する法律的な可能性（契約の存在）が存在することを要するとする見解（法律的可能性説）と，事実的な可能性があれば足りるという見解（事実的可能性説）が対立していた。

判例は，当初，診療報酬債権につき，医師が通常の診療業務を継続している限り，将来生じるものであっても，それほど遠い将来のものでなければ，特段の事情のない限り，始期と終期を特定して，その権利の範囲を確定することによって，これを有効に譲渡することができるとしていた（最判昭53・12・15判時916号25頁）。しかし，その後，将来債権を目的とする債権譲渡契約にあっては，契約当事者は，譲渡の目的とされる債権の発生の基礎をなす事情をしんしゃくし，その事情のもとにおける債権発生の可能性の程度を考慮した上，右債権が見込みどおり発生しなかった場合に譲受人に生ずる不利益については譲渡人の契約上の責任の追及により清算することとして，契約を締結するものと見るべきであるから，**契約の締結時において，債権発生の可能性が低かったことは，契約の効力を当然に左右するものではない**として（最判平11・1・29民集53巻1号

151頁），事実上債権の発生可能性を考慮することなく，その譲渡の有効性を認めている（466条の6第1項参照）。

　なお，将来発生すべき債権を目的として譲渡担保契約が締結され，第三者に対する対抗要件が具備されていた場合には，すでに生じ，または，将来生ずべき債権は，譲渡契約時に当然に譲渡されたこととなる（最判平13・11・22民集55巻6号1056頁，最判平19・2・15民集61巻1号243頁）。

（b）譲渡される債権の特定性

　集合債権譲渡担保の有効性をめぐる第二の問題は，譲渡の目的となる債権の範囲の明確性（特定性）の問題である。集合債権の譲渡担保が成立するためには，譲渡の目的となる債権の範囲が特定していなければならない。譲渡担保の目的となる債権の発生原因，債権の発生時期，金額，債務者などによって，目的となる債権の範囲が明確になっていれば，特定性が充たされるとされている。

　判例は，たとえば，債権譲渡の予約に関して，目的債権の特定性が問題となった事案において，**予約完結時に譲渡の目的となるべき債権を譲渡人が有する他の債権から識別することができる程度に特定されていれば足り**，債権者および債務者が特定され，発生原因が特定の商品についての売買取引とされている場合には，他の債権から識別ができる程度に目的となる債権が特定されているとしている（最判平12・4・21民集54巻4号1562頁）。

（c）将来債権の包括的譲渡の有効性

　さらに，将来発生すべき債権を包括的に譲渡することは，債務者の経済活動を阻害し，他方，特定の債権者に経済的な価値の独占を許すことになり，他の債権者の利益を害するおそれがある。そのため，包括的に債権を譲渡することの有効性が問題とされる。判例は，契約締結時における譲渡人の資産状況，譲渡人の営業等の推移に関する見込み，契約内容，契約が締結された経緯等を総合的に考慮し，右期間の長さ等の契約内容が譲渡人の営業活動等に対して社会通念に照らし相当とされる範囲を著しく逸脱する制限を加え，または他の債権者に不当な不利益を与えるものであると見られるなどの特段の事情の認められる場合には，その契約は，公序良俗違反として，その効力の全部または一部が否定されるとしている（最判平11・1・29民集53巻1号151頁）。

（3）対 抗 要 件

　集合債権の譲渡担保も，民法による場合には，**債権譲渡の対抗要件を具備する必要がある**（467条。最判平13・11・22民集55巻6号1056頁など）。そのため，債務者との関係では，債務者に対する通知または債務者の承諾が必要になり（同条1項），その他の第三者との関係では，その通知・承諾が確定日付のある証書によってなされることが必要になる（同条2項）。この通知・承諾に際しては，まず，債務者が確定していなければならない。また，通知・承諾は，どの債権が譲渡の目的となっているかが債務者に認識できるものでなければならない。

　また，**動産債権譲渡特例法上の登記**を用いることもできる（動産債権譲渡特4条）。この場合には，債務者が特定していない将来債権も登記することができるため，より広範な債権を譲渡担保の対象とすることができる。もっとも，目的となる債権は，指名債権であって，金銭の支払を目的とするものに限定されるとともに，これを利用できるのは，法人に限定される。

11.3　仮登記担保

11.3.1　意　　義

　債務者が債務を弁済できない場合に備えて，債務者に属する所有権その他の権利を債権者に移転する旨をあらかじめ合意し，これに基づく債権者の権利について仮登記・仮登録しておく方法により債権担保の目的を達成しようとする担保方法を**仮登記担保**という。

　かつて仮登記担保は，抵当権と併用して，あるいは単独でよく利用されていたが，金銭債権が弁済されない場合に，債権者が物の所有権を取得することから，債権者の暴利行為を助長するおそれがあり，1979（昭和54）年に「仮登記担保契約に関する法律」（以下，「仮登記担保法」という。）が施行されるなど，規制が強化された。

11.3.2　仮登記担保の設定

　仮登記担保の設定は，**仮登記担保契約**による。仮登記担保契約とは，**金銭債務を担保するため，その不履行があるときは債権者に債務者または第三者に属する所有権その他の権利の移転等をすることを目的としてされた代物弁済の予約，停止条件付代物弁済契約その他の契約で，その契約による権利について仮登記または仮登録のできるもの**をいう（仮登記担保1条）。

　仮登記担保の目的は，通常，土地や建物等の所有権であるが（仮登記担保2条1項参照），仮登記または仮登録できる権利であれば足りる（たとえば，地上権，永小作権，特許権など）。

　仮登記担保の被担保債権は，金銭債権に限定されている（仮登記担保1条）。不特定の債権でもよいが，その契約の時に特定されていない場合には，強制競売等においては，その効力を有しない（仮登記担保14条）。

11.3.3　公示方法

仮登記または仮登録が用いられる。

11.3.4　仮登記担保の効力

（1）対内的効力

（a）目的物の使用収益

　仮登記担保においては，設定者の債務不履行があるまでは，設定者が仮登記担保の目的物の所有者であり（仮登記担保1条），設定者は，従来通り，目的物の使用収益をすることができる。

　設定者は，目的物を処分（譲渡したり，抵当権を設定したり）することもできる。もっとも，仮登記担保権が実行され，本登記がなされた場合には，その処分は，本登記に順位において劣後することとなる。

（b）目的物の受戻し

　債務者等は，清算金の支払を受けるまでは，債権が消滅しなかったとすれば，債務者が支払うべき債権等の額に相当する金銭を債権者に提供して，土地等の所有権の**受戻し**を請求することができる（仮登記担保11条本文）。ただし，清算期間が経過した時から5年が経過したとき，または第三者が所有権を取得したときは，債務者等は，受戻しを請求することができない（同条ただし書）。

（2）対外的効力

（a）仮登記担保の実行

（ア）所有権の取得

　仮登記担保の実行は，原則として，仮登記担保権者が目的物の所有権その他の権利を取得することによって行われる。ただし，担保仮登記がされている土地等につき強制競売等の開始の決定があった場合に，その決定が清算金の支払の債務

の弁済前（清算金がないときは，清算期間の経過前）にされた申立てに基づくときは，仮登記担保権者は，その仮登記に基づく本登記の請求をすることができない（仮登記担保 15 条 1 項）[8]。

仮登記担保権者が土地等の所有権を取得するためには，予約を完結する意思を表示した日，停止条件が成就した日その他のその契約において所有権を移転するものとされている日以後に，債権者が清算金の見積額（清算金がないと認めるときは，その旨）をその契約の相手方である債務者等に通知し，かつ，その通知が債務者等に到達した日から 2 か月を経過しなければならない（仮登記担保 2 条 1 項）。

（イ）清算義務

清算期間が経過した時の土地等の価額がその時の被担保債権額を超えるときは，仮登記担保権者は，清算金を債務者等に支払わなければならない（仮登記担保 3 条 1 項）。債務者等は，清算金の支払を受けるまで，所有権移転の本登記および引渡しを拒むことができる（同条 2 項，民法 533 条）。これに反する特約で債務者等に不利なものは無効となる（同条 3 項）。

（ウ）競売手続の申立て

仮登記担保においては，仮登記担保権者が仮登記担保権の実行としての競売申立てをすることはできない（最大判昭 49・10・23 民集 28 巻 10 号 1473 頁）。他の債権者が目的物の競売手続を申し立てた場合には，仮登記担保権は，手続の中では抵当権とみなされ，その担保仮登記のされた時にその抵当権の設定の登記がされたものとして，その順位に従って，債権の弁済を受けることができる（仮登記担保 13 条 1 項）。

（b）仮登記担保権者と第三者との関係
（ア）先順位の制限物権等の登記がある場合

仮登記担保権も，担保の目的である土地等について先順位の権利者がいる場合には，それらの者に後れることはいうまでもない。登記された先取特権，質権，

---

[8] これに対して，強制競売等の開始の決定があった場合に，その決定が清算金の支払の債務の弁済後（清算金がないときは，清算期間の経過後）にされた申立てに基づくときは，仮登記担保権者は，その土地等の所有権の取得をもって差押債権者に対抗することができる（仮登記担保 15 条 2 項）。

抵当権あるいは地上権，対抗力を具備した賃借権などがある土地等についてされた仮登記担保契約においては，債権者が仮登記担保を実行しても，債権者は，これらの権利の制限を受けた所有権を取得するにすぎない。この場合，清算金の算定の基礎になる土地の価額は，これらの権利の制限を受けた土地等の価額である。

（イ）後順位の権利の登記がある場合

担保仮登記に後れる権利の取得や設定は，仮登記担保権の実行（の完了〔清算金の支払〕）によりその効力を失う。

しかし，これを無条件に認めることは，仮登記担保権の本質が担保権であり，常に清算を必要とするという考え方と矛盾することから，法律は，仮登記担保権者と後順位権利者との利害を調整するため，いくつかの措置を講じている。

まず，仮登記担保権に後れる担保権者がいるときは，債権者は，これらの者に対し，実行通知が債務者等に到達した時に，遅滞なく，実行通知をした旨，その通知が債務者等に到達した日および実行通知に記載した事項を通知しなければならない（仮登記担保5条1項）。担保仮登記に基づく本登記につき登記上利害関係を有する第三者がいるときは，債権者は，その第三者に対して，債務者等に実行通知をした旨および債務者等に通知した債権等の額を通知しなければならない（同条2項）。

また，後順位の担保権者に通知にかかる清算金の見積額を限度として債務者等が支払を受けるべき清算金に対して，物上代位権の行使を認めている（仮登記担保4条）。

さらに，後順位の担保権者は，清算期間内は，これらの権利によって担保される債権の弁済期の到来前であっても，土地等の競売を請求することができる（仮登記担保12条）。この場合，仮登記担保権者は，登記の順位に従って，その債権の弁済を受けることができる（仮登記担保13条1項）。

（ウ）強制競売手続等における仮登記担保の取り扱い

仮登記担保においては，仮登記担保権者が仮登記担保の実行として競売申立てをすることはできない（最大判昭49・10・23民集28巻10号1473頁）。もっとも，担保仮登記がされている土地等に対する強制競売，担保権の実行としての競売手続等においては，仮登記担保権は，抵当権とみなされ，その担保仮登記のされた時にその抵当権の設定の登記がされたものとして，その順位に従って，債権

の弁済を受けることができる（仮登記担保 13 条 1 項）。この場合，仮登記担保権者が利息その他の定期金を請求する権利を有するときは，その満期となった最後の 2 年分についてのみ，権利を行うことができる（同条 2 項）。債務の不履行によって生じた損害の賠償を請求する権利についても，同様である（同条 3 項本文）。ただし，利息その他の定期金と通算して，2 年分を超えることができない（同項ただし書）。

　破産手続，民事再生手続，会社更生手続においても，仮登記担保権は，抵当権として扱われる（仮登記担保 19 条 1 項・3 項・4 項）。

11.3.5　仮登記担保と利用権

（1）利　用　権

（a）仮登記前の利用権

仮登記担保権の設定前に対抗力を具備した利用権（賃借権など）が設定された場合には，その利用権は，仮登記担保権者に対抗することができる。この場合，債権者が仮登記担保を実行しても，債権者は，利用権の制限を受けた所有権を取得するにすぎない。

（b）仮登記後の利用権

　これに対して，仮登記担保権の設定後に対抗力を具備した利用権（賃借権など）が設定された場合には，395 条が類推適用されるか否かが問題となる。学説は，仮登記担保の場合にも同条の趣旨はあてはまるから，同条を類推適用すべきであるとしている。

（2）法定借地権

　土地およびその上にある建物が同一の所有者に属する場合において，その土地につき担保仮登記がされたときは，その仮登記に基づく本登記がされる場合につき，その建物の所有を目的として土地の賃貸借がされたものとみなされる（仮登記担保 10 条前段）。抵当権における法定地上権（民法 388 条）と同趣旨に基づくものである。その成立要件は，①土地および建物が同一の所有者に属すること，②土地につき担保仮登記がなされたこと，③その仮登記に基づく本登記がなされたことである。法定借地権の存続期間および借賃は，当事者の請求により，裁判所が定める（仮登記担保 10 条後段）。

11.3.6　仮登記担保の消滅

　仮登記担保も，担保権の一種であるから，被担保債権が弁済などによって消滅した場合には，それによって消滅する。強制競売等によって土地等が売却された場合も同様である（仮登記担保 16 条）。

11.4　所有権留保

11.4.1　意　　義
【図 15】

　A が B 自動車ディーラーから月賦販売で自動車を購入する際，B が自動車の代金が完済されるまで自動車の所有権を留保することがある。このような担保方法を**所有権留保**という。買主が残代金の支払をしないとき，売主は，売買契約を解除して，所有権に基づいて目的物の返還を請求することができる。

　所有権留保は，自動車，ピアノその他の消費的商品の割賦販売につき行われることが多い。割賦販売法は，一定の指定商品の販売について，当該商品の所有権は，賦払金の全部の支払の義務が履行される時までは，割賦販売業者に留保されたものと推定している（割賦 7 条）。

11.4.2　所有権留保の法律構成

　所有権留保の法律構成には，所有権的構成と担保権的構成とがある。

A 説：所有権的構成
　目的物の所有権は，売主に帰属する。

B 説：担保権的構成
　目的物の所有権は，買主に移転し，売主は，代金債権を被担保債権とする担保権者としての地位を有する。

11.4.3　所有権留保の設定・公示方法

（1）設　　定

　所有権留保は，目的物の売買契約において，目的物の所有権移転時期を買主による代金完済の時点とする旨を特約することによって行われる。

（2）公 示 方 法

　所有権留保の公示方法は，外形的な所有権の移転が生じていないから必要がない。実務では，売買目的物の所有権が売主に存することを表示するために，ネームプレートが用いられる。

11.4.4　所有権留保の効力

（1）所有権留保の実行

　買主の履行遅滞があると，留保売主は，売買契約を解除して[9]，原状回復請求権に基づいて目的物の返還を請求する（545条1項）。その際，売主は，受領していた分の代金から損害賠償金等を差し引いた残額を買主に返還する義務を負う（清算義務）。この清算金支払請求権と目的物の引渡請求権とは，引換給付関係に立ち，さらに，買主は，留置権を有するとされている。

（2）所有権留保の対外的効力

（a）留保買主による目的物の売却

【設例 11 − 13】

　自動車のディーラー A は，サブディーラーである B に所有権を留保して自動車を売却し，引き渡した。その後，B は，右自動車を C に売却し，自動車を引き渡した。B が割賦金の支払を怠ったため，A は，B との売買契約を解除し，留保していた所有権に基づいて，C に対して，自動車の引渡しを求めた。認められるか。

9　通説は，所有権留保の実行として解除権の行使が必要であるとするが，留保された所有権に基づいて目的物の返還を求めることができるという見解もある。

【図 16】

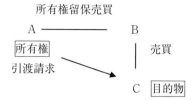

　原則として，Bが代金を支払わない場合には，Aは，所有権に基づいて自動車を引き上げることができる。

　もっとも，自動車の販売では，所有権留保買主がさらに目的物を転売することが予定されている場合がある。判例は，このような場合，留保売主からの権利行使は，権利の濫用にあたるとして，売主の引渡請求権の行使を否定している（最判昭 50・2・28 民集 29 巻 2 号 193 頁）。

【参考判例】最判昭 50・2・28 民集 29 巻 2 号 193 頁

　「上告人は，ディーラーとして，サブディーラーである国際自動車が本件自動車をユーザーである被上告人に販売するについては，前述のとおりその売買契約の履行に協力しておきながら，その後国際自動車との間で締結した本件自動車の所有権留保特約付売買について代金の完済を受けないからといって，すでに代金を完済して自動車の引渡しを受けた被上告人に対し，留保された所有権に基づいてその引渡しを求めるものであり，右引渡請求は，本来上告人においてサブディーラーである国際自動車に対してみずから負担すべき代金回収不能の危険をユーザーである被上告人に転嫁しようとするものであり，自己の利益のために代金を完済した被上告人に不測の損害を蒙らせるものであって，権利の濫用として許されない」。

（b）留保買主の債権者による差押え

【設例 11 － 14】
　Aは，Bに自己（＝ A）所有の甲船舶を売却し，引き渡した。その際，Aは，甲船舶の所有権を留保した。その後，Bの債権者Cが甲船舶に対して，強制執行として差押えを行った。そこで，Aは，第三者異議の訴えを提起した。認められるか。

【図17】

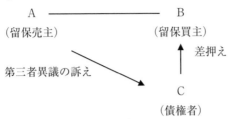

　所有権留保売買の目的物を買主の債権者が差し押さえた場合，売主は，所有権に基づいて第三者異議の訴え（民執38条）を提起することができるだろうか。

　判例は，留保買主の債権者が船舶に対して強制執行してきた場合，留保売主は，所有権に基づいて第三者異議の訴えを提起することができるとしている（最判昭49・7・18民集28巻5号743頁）。

（c）留保売主の撤去義務・不法行為責任

【設例 11 － 15】
　Aは，B自動車販売店から自動車を月賦販売にて購入した。その際，Bは自動車の所有権を留保した。その後，Aは，Cから自動車の駐車場を借りた。ところが，その後，Aは，駐車場代の支払を怠るようになり，行方をくらました。そこで，Cは，Bに対して自動車の撤去等を請求した。認められるか。

【図18】

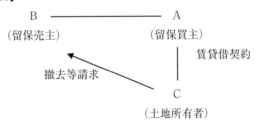

　土地の所有権が侵害されている場合，土地の所有者は，現実に侵害物を所有することによって，その土地を占有し，土地所有権を侵害している者を相手として明渡請求をしなければならない（最判昭35・6・17民集14巻8号1396頁など。それについて詳しくは，『請求権から考える民法2』第2編5.3.3を参照。）。

　それでは，侵害の目的物が所有権留保されているとき，土地の所有者は，だれを相手に土地の明渡しを請求し，不法行為責任を追及すればよいだろうか。

　判例は，**残債務弁済期が経過した後は，留保売主は，所有権が担保権の性質を有するからといって，撤去義務や不法行為責任を免れることはないとしている**（最判平21・3・10民集63巻3号385頁）。なぜなら，**留保所有権者が有する留保所有権は，原則として，残債務弁済期が到来するまでは，当該動産の交換価値を把握するにとどまるが，残債務弁済期の経過後は，当該動産を占有し，処分することができる権能を有するからである。**

　もっとも，平成21年判決は，不法行為責任については，残債務弁済期の経過後であっても，留保所有権者は，原則として，当該動産が第三者の土地所有権の行使を妨害している事実を知らなければ不法行為責任を問われることはなく，上記妨害の事実を告げられるなどしてこれを知ったときに不法行為責任を負うとしている。また，残債務弁済期が到来するまでは，留保所有権者は，当該動産が第三者の土地上に存在して第三者の土地所有権の行使を妨害しているとしても，特段の事情がない限り，当該動産の撤去義務や不法行為責任を負うことはないとしている。

【参考判例】 最判平21・3・10民集63巻3号385頁

　「動産の購入代金を立替払する者が立替金債務が完済されるまで同債務の担保として当該動産の所有権を留保する場合において，所有権を留保した者（以下，「留保所有権者」といい，留保所有権者の有する所有権を「留保所有権」という。）の有する権原が，期限の利益喪失による残債務全額の弁済期（以下「残債務弁済期」という。）の到来の前後で上記のように異なるときは，留保所有権者は，残債務弁済期が到来するまでは，当該動産が第三者の土地上に存在して第三者の土地所有権の行使を妨害しているとしても，特段の事情がない限り，当該動産の撤去義務や不法行為責任を負うことはないが，残債務弁済期が経過した後は，留保所有権が担保権の性質を有するからといって上記撤去義務や不法行為責任を免れることはないと解するのが相当である。なぜなら，上記のような留保所有権者が有する留保所有権は，原則として，残債務弁済期が到来するまでは，当該動産の交換価値を把握するにとどまるが，残債務弁済期の経過後は，当該動産を占有し，処分することができる権能を有するものと解されるからである。もっとも，残債務弁済期の経過後であっても，留保所有権者は，原則として，当該動産が第

三者の土地所有権の行使を妨害している事実を知らなければ不法行為責任を問われることはなく，上記妨害の事実を告げられるなどしてこれを知ったときに不法行為責任を負うと解するのが相当である。」

12　留置権

12.1　留置権の意義等

12.1.1　意　義

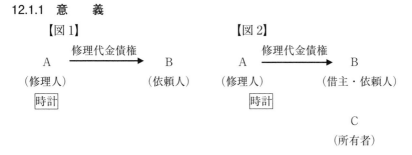

【図1】　　　　　　　　　　　　　　　【図2】

留置権とは，他人の物を占有している者がその物に関して生じた債権を有する場合に，その弁済を受けるまでその物を留置することによって，債務者の弁済を間接的に強制する担保物権である。公平の観念に基づく。たとえば，Bから依頼されて時計の修理をしたAは，Bが時計の修理代金を支払ってくれるまで時計の返還を拒むことができる（【図1】参照）。留置権は，その要件が充足されれば法律上当然に認められる法定担保物権である。

12.1.2　留置権の性質

留置権は，法律の規定によって当然に発生する**法定担保物権**である。留置権には，留置権者が目的物を占有し，それによって，債務者の弁済を間接的に強制する**留置的効力**がある。しかし，留置権者は，留置物を競売して，その代金から優先弁済を受けることができない。つまり，留置権には優先弁済的効力がない。

また，留置権は，担保物権であるから，担保物権に共通する性質として，なお，以下の性質を有する。

　第一に，留置権は，**付従性**を有し，その結果，被担保債権が存在しなければ，留置権は成立しない。また，債務の弁済などによって，被担保債権が消滅すれば，留置権も消滅する。

　第二に，留置権は，**随伴性**を有し，被担保債権の移転に伴って留置権も移転する。かつては，特定承継の場合には，随伴性を否定する見解もあったが，近時は，肯定されている。

　第三に，留置権は，**不可分性**を有し，留置権者は，被担保債権の全部の弁済を受けるまで，留置権の目的物の全部についてその権利を行使することができる（296条）。

　なお，留置権は，優先弁済的効力を有しないため，物上代位性はない。

12.1.3　同時履行の抗弁権との関係

　相手方が債務の履行をしてくれるまで，自己の債務の履行を拒むことができるという点では，留置権は，同時履行の抗弁権（533条）と類似している。

【同時履行の抗弁権】

　売買契約のように，契約当事者が互いに対価的な意義を有する債務を負う契約を双務契約という。双務契約においては，相手方が債務の履行の提供をするまで，自己の債務の履行を拒むことができる（533条）。これを**同時履行の抗弁権**という。

もっとも，留置権と同時履行の抗弁権には，以下のような違いがある。
① 留置権は，物権であり，だれに対しても，主張することができるが（最判昭47・11・16民集26巻9号1619頁），同時履行の抗弁権は，契約当事者だけに対する抗弁権である。それゆえ，留置権は，第三者から留置物の引渡しを請求された場合においてもなお物を留置することができるけれども，同時履行の抗弁権は，第三者に対して請求を拒絶する権利を与えない。たとえば，上記の例で，BがAに修理を依頼した時計が，BがCから借りたものであった場合（【図2】参照），AB間には，請負契約があるため，Aは，同時履行の抗弁権に基づいて，Bからの時計の返還請求を拒むことができるが，時計の所有者Cから時計の返還を請求された場合には，Aは，同時履行の抗弁権によって時計の返還を拒むことはできないが，留置権によってそ

の返還を拒むことができる。

② 同時履行の抗弁権は，双務契約から生ずるものであり，双務契約の性質上双方の債務が互いに対価的な関係にあるということから成立するものである。したがって，双務契約以外には適用がない。これに対して，留置権は，物と債権との間の牽連関係に基づくものであり，双務契約のみに適用されるものではない。

③ 留置権は相当の担保を供することによってこれを消滅させることができるけれども（301条），同時履行の抗弁権はこれを認めない。これは，双務契約において給付を交換することはその性質上当然の結果であると考えられたためである。

留置権と同時履行の抗弁権の適用関係が問題とされる。

A説：非競合説

同時履行の抗弁権が成立する限り，留置権の主張は認められない。

B説：競合説（通説）

両者の競合が認められ，いずれを行使してもよい。

12.2　留置権の成立要件

留置権の成立要件は，以下の通りである。

（1）　他人の物を占有していること
（2）　その物に関して生じた債権を有すること
（3）　債権が弁済期にあること
（4）　占有が不法行為によって始まったものでないこと

12.2.1　他人の物を占有していること

（1）「他人」の物

【設例12 - 1】
　Aは，Bから借りている時計をCのもとに修理に出した。Bが所有権に基づいてCに対して時計の返還を請求してきた場合に，Cは，留置権の成立を主張して時計の引渡しを拒絶することができるか。

【図3】

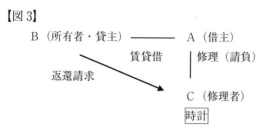

　他人とは，占有者以外の者をいう。それでは，留置権の目的物は，債務者の所有物であることを要するか。

A説：非限定説（判例・通説）

　他人の物であることをもって足り，債務者の所有物であることを要しない（大判昭13・4・19民集17巻758頁，大判昭14・4・28民集18巻484頁など）。

　この見解によれば，たとえば，物の賃借人または保管人が自己の名で他人に修繕させたときは，修繕者は，修繕費の請求権につきその物の上に留置権を有する。また，物の修繕を依頼した所有者がその後その物を第三者に譲渡したときは，修繕者は依頼者に対する修繕費用請求権について第三者の所有物の上に留置権を有する（売主に関して，最判昭47・11・16民集26巻9号1619頁，仮登記担保における債務者に関して，最判昭58・3・31民集37巻2号152頁）。

B説：限定説（有力説）

　第三者の所有物について無条件に留置権の成立を認めることは公平ではないこと，298条および301条が「債務者」と規定していること，さもなければ，債務の弁済を促進する効果をもたないことから，債務者の所有物であることを要する。

　なお，商事留置権の目的物は，債務者の所有物でなければならない（商521条）。

（2）他人の「物」

　動産であるか，不動産であるかを問わない。不動産の場合に留置権を主張するために登記をしている必要はない。

（3）占　　有

占有は，留置権の成立要件であるだけでなく，対抗要件でもある（302条）。占有は，代理人による占有でもよい。

12.2.2　その物に関して生じた債権を有すること（物と債権との牽連関係）

留置権が成立するためには，第二に，占有者が「その物に関して生じた債権を有する」ことを要する。言い換えると，物と債権との間に牽連関係があることを要する[1]。従来，判例・学説は，「その物に関して生じた債権」を，①物自体から生じた債権と，②物の返還請求権と同一の法律関係または生活関係から生じた債権とにわけて議論してきた。

（1）物自体から生じた債権

たとえば，物の瑕疵による損害賠償請求権，物に加えた必要費および有益費の償還請求権（196条・608条）などがこれにあたる（家屋の賃借人の支出した費用償還請求権について，大判昭14・4・28民集18巻484頁〔必要費〕，大判昭10・5・13民集14巻876頁〔有益費〕）。

【設例12−2】
　Ａ がＢに土地を賃貸したが，Ｂが賃借権の対抗要件を具備しないうちに，Ａ は，その土地をＣに売却し登記をすませた。この場合，Ｂ は，Ｃからの土地の明渡請求に対し，ＢのＡに対する使用収益権に基づき留置権を行使できるか。

【図4】

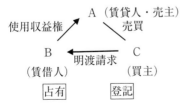

Ｂの賃借権が対抗要件を具備している場合には，Ｂ は，賃借権を土地の買主であるＣに対して主張することができる（605条，借地借家10条参照）。しかし，

---

[1] 商事留置権（商521条）においては，物と債権との間の牽連関係は要件とされていない。

【設例 12 - 2】では，Bの賃借権は対抗要件を具備しておらず，Bは，土地の買主であるCに対して，賃借権を対抗することができない。

そのため，Cは，Bに対して，土地の明渡しを請求することができるが，それに対して，Bは，使用収益権に基づいて留置権を行使することができるかが問題とされた。判例は，**賃借権は，物自体を目的とする債権であって，物自体を目的とする債権は，その権利の実行によって弁済を受けることができるから，留置権を認める必要はない**としている（大判大 11・8・21 民集 1 巻 498 頁）。

（2）物の返還請求権と同一の法律関係または生活関係から生じた債権

たとえば，売買契約の取消しにおける買主の代金返還請求権や物の修理代金債権などがこれにあたる。

【設例 12 - 3】

　AがBに不動産を売却したが，代金はまだ支払われていない。Bは，その不動産をCに売却した。この場合に，Aは，Cからの不動産の明渡請求に対し，Bに対する代金請求権に基づき留置権を行使できるか。

【図 5】

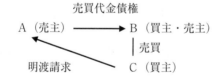

判例は，**Aの売買代金債権は，不動産の明渡請求権と同一の売買契約によって生じた債権**であるから，295 条の規定により，Aは，Bに対し，残代金の弁済を受けるまで，不動産につき留置権を行使してその明渡しを拒絶することができ，**留置権が成立したのちBからその目的物を譲り受けたCに対しても，その留置権を主張することができる**としている（最判昭 47・11・16 民集 26 巻 9 号 1619 頁）。

（3）具　体　例

従来，判例・学説は，「その物に関して生じた債権」を，①物自体から生じた債権と，②物の返還請求権と同一の法律関係または生活関係から生じた債権とにわけて議論してきたが，これらの基準は，それ自体抽象的であるため，具体的な

事案において，「その物に関して生じた債権」を判断するための基準として十分に機能していなかった。そのため，「その物に関して生じた債権」にあたるか否かは，結局のところ，個別的かつ具体的に判断せざるを得ない。

　そこで，以下では，判例において「その物に関して生じた債権」にあたるか否かが問題になったいくつかの事案を取り上げていくこととする。

（a）造作買取請求権に基づく代金債権と建物の明渡し

> **【設例12－4】**
> 　Aは，B所有の家屋を賃借し，同家屋に畳や建具などを備え付けた。その後，右家屋の賃貸借契約が終了した。そこで，Bは，家屋の明渡しをAに請求した。この場合に，Aは，造作買取請求権に基づく代金支払請求権を有するとして建物の明渡しを拒絶することができるか。

　建物の賃貸借期間の満了によって建物の賃貸借契約が終了した場合，建物の賃借人は，賃貸人に対して，建物に備え付けた造作を買い取るべきことを請求することができる（借地借家33条）。この権利は，形成権であり，買取請求がなされた時点で，賃貸人の意思にかかわらず，造作の売買契約が成立する。そこで，建物の賃借人が，この賃貸人に対する造作の売買代金の支払請求権に基づき，賃貸人による建物の明渡請求を拒むことができるか否かが問題とされる。

A説：否定説（判例）

　造作買取請求権の行使による代金債権については，造作に関して生じた債権であり，建物に関して生じた債権ではないから，建物について留置権は認められない（大判昭6・1・17民集10巻6頁，最判昭29・1・14民集8巻1号16頁など）。

【参考判例】 最判昭29・1・14民集8巻1号16頁

　「造作買取代金債権は造作に関して生じた債権で，建物に関して生じた債権ではないと解するを相当とする」

B説：肯定説（通説）

　留置権，造作買取請求権の趣旨，有益費との均衡あるいは建物と造作との間の経済的一体性から，建物について留置権を認めるべきである。修繕費については建物の留置権を認めながら，これと同趣旨の造作買取請求権について留置権を否

定するのは妥当ではない。

（b）賃借建物に関して生じた債権と建物の明渡し

【設例 12 − 5】
　Aは，B所有の土地を賃借し，同土地上に建物を建築した。その後，Aは，この建物をCに賃貸したが，AB間の賃貸借契約が，Aの債務不履行によって解除された。この場合に，Cは，Aに対する費用償還請求権に基づいて，Bからの土地の明渡請求を拒むことができるか。

【図6】

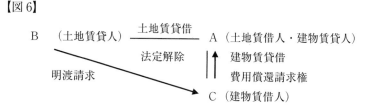

　【設例 12 − 5】のように，AB間の賃貸借契約がAの債務不履行により解除された場合には，Bは，解除をCに対抗することができる（大判昭 10・11・18 民集 14 巻 1845 頁。613 条 3 項ただし書参照。）[2]。

　この場合に，Cは，Aに対する費用償還請求権に基づいて，Bからの土地の明渡請求を拒むことができるか。判例は，**借地上にある家屋の賃借人がその家屋について工事を施したことに基づく費用償還請求権は，建物に関して生じた債権であって，敷地に関して生じた債権ではないとして，敷地を留置することはできない**としている（大判昭 9・6・30 民集 13 巻 1247 頁，最判昭 44・11・6 判時 579 号 52 頁）。

【参考判例】最判昭 44・11・6 判時 579 号 52 頁
　「借地上にある家屋の賃借人がその家屋について工事を施したことにもとづくその費用の償還請求権は，借地自体に関して生じた債権でもなければ，借地の所有者に対して取得した債権でもないから，借地の賃貸借契約が有効に解除された後，その借地の所有者が借家人に対して右家屋からの退去およびその敷地部分の

---

2 賃貸人は，賃借人に対して催告をすれば足り，転借人に支払の機会を与える必要はない（最判昭 37・3・29 民集 16 巻 3 号 662 頁）。

明渡を求めた場合においては，その借家人には右費用の償還を受けるまでその家屋の敷地部分を留置しうる権利は認められない，との見解に立って，上告人の所論の留置権にもとづく本件家屋部分からの退去拒絶の抗弁を排斥した原審の判断は，正当として是認することができる。」

（c）建物買取請求権に基づく代金債権と土地の明渡し

【設例 12 − 6】

　Ａは，Ｂ所有の土地を賃借し，同土地上に建物を建築した。その後，右土地の賃貸借契約が終了した。そこで，Ｂは，土地の明渡しをＡに請求した。この場合に，Ａは，建物買取請求権に基づく代金支払請求権を有するとして土地の明渡しを拒絶することができるか。

　土地の賃貸借期間の満了によって土地の賃貸借契約が終了した場合，土地の賃借人は，賃貸人に対して，借地上に存する建物を買い取るべきことを請求することができる（借地借家13・14条）。この権利は，形成権であり，買取請求がなされた時点で，賃貸人の意思にかかわらず，建物の売買契約が成立する。そこで，土地の賃借人が，この賃貸人に対する建物の売買代金の支払請求権に基づき，賃貸人による土地の明渡請求を拒むことができるか否かが問題とされる。

　判例・通説は，建物買取請求権の行使による代金債権について，建物だけでなく敷地についても留置することができるとしている（同時履行の抗弁権について，大判昭7・1・26民集11巻169頁，大判昭18・2・18民集22巻99頁参照）[3]。

　もっとも，敷地を占有使用することによって得る賃料相当額の利益は不当利得として返還しなければならない。

（d）敷金返還請求権と不動産の明渡し

【設例 12 − 7】

　Ａは，Ｂに建物を賃貸した。その後，右契約は終了した。そこで，Ａは，Ｂに対し建物の明渡しを求めたが，Ｂは，敷金を返還してくれなければ建物を明け渡さないと主張している。Ｂの主張は認められるか。

3　なお，大判昭7・1・26民集11巻169頁は，同時履行の抗弁権によって，地上物件の引渡しを拒絶できるとしている。

（ア）敷　　金

敷金とは，いかなる名目によるかを問わず，**賃料債務その他の賃貸借に基づい
て生ずる賃借人の賃貸人に対する金銭の給付を目的とする債務を担保する目的
で，賃借人が賃貸人に交付する金銭**をいう（622条の2第1項括弧書）。

なお，敷金は，賃貸借契約とは別個の（敷金）契約によって交付される。

（イ）敷金返還請求権の発生時期

賃貸人は，敷金を受け取っている場合には，賃貸借が終了し，かつ，賃貸物の
返還を受けたときに，賃借人に対し，その受け取った敷金の額から賃貸借に基づ
いて生じた賃借人の賃貸人に対する金銭の給付を目的とする債務の額を控除した
残額を返還しなければならない（622条の2第1項1号）。

（ウ）敷金返還請求権による不動産の明渡しの拒絶

622条の2第1項1号によれば，**敷金の返還請求権は，賃貸借が終了し，か
つ，賃貸物の返還を受けたときに発生する。**そのため，賃借人の賃貸物の返還義
務と賃貸人の敷金返還義務は，同時履行の関係にたたない（賃貸物の返還義務が
先履行となる。最判昭49・9・2民集28巻6号1152頁参照）。

（e）損害賠償請求権と不動産の明渡し

【設例12−8】
　Aは，Bに不動産を売却したが，その後Aは，さらに右不動産をCに譲
渡し登記をすませた場合，Bは，Cからの不動産明渡請求に対し，BのA
に対する損害賠償請求権に基づき留置権を行使できるか。

【図7】

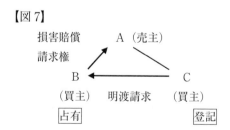

不動産の二重譲渡において，第一買主が売主に対して有する損害賠償請求権に
基づいて，第一買主に優先する第二買主の明渡請求を拒絶することができるか。

判例（最判昭 43・11・21 民集 22 巻 12 号 2765 頁，譲渡担保権者に対する損害賠償請求権に基づく譲渡担保権設定者の留置権の行使について，最判昭 34・9・3 民集 13 巻 11 号 1357 頁）・通説は，留置権の成立を否定する。なぜなら，A は，B に対して不動産の返還を請求する関係になく，したがって，B が不動産の明渡しを拒絶することによって A の負う損害賠償義務の履行を間接的に強制する関係を生じないからである。

【参考判例】 最判昭 43・11・21 民集 22 巻 12 号 2765 頁
　「上告人ら主張の債権はいずれもその物自体を目的とする債権がその態様を変じたものであり，このような債権はその物に関し生じた債権とはいえない旨の原審の認定判断は，原判決挙示の証拠関係に照らして首肯できる。」

12.2.3　債権が弁済期にあること
　債権が弁済期にあることを要する（295 条 1 項ただし書）。弁済期前に留置権が成立するとなると，結果的に弁済期前に債務の履行を強制することとなるからである。弁済期の定めのない債務については，弁済を請求することによって（412 条 3 項），留置権を主張することが可能となる（大判明 37・3・25 民録 10 輯 330 頁）。

12.2.4　占有が不法行為によって始まったものでないこと
（1）一　　般
　留置権者の占有が不法行為によって始まったものでないことを要する（295 条 2 項）。留置権は，公平の理念から認められた権利だからである。そのため，たとえば，他人の物を盗んだ者がその物について修繕費を支出しても留置権は成立しない。

（2）後に占有権原がなくなった場合
　占有開始後占有権原がなくなった場合に留置権が成立するかについて争いがある。

【設例 12 − 9】
　Ａ（賃貸人）とＢ（賃借人）は，家屋について賃貸借契約を締結していたが，賃貸借契約が期間満了あるいはＢの不履行に基づく解除によって終了

した。それにもかかわらず，Bは，家屋に住み続け，家屋の修理を行った。後に，Aが家屋の明渡しを請求してきたとき，Bは，修理費用を支出したことを理由に家屋の明渡しを拒絶することができるか。

【図8】

賃貸人　　　　　賃借人
　　　　明渡請求
　A ━━━━━━━▶ B

家屋

　判例は，賃料不払による建物賃貸借契約の解除後に修繕費（大判大10・12・23民録27輯2175頁）や有益費（最判昭46・7・16民集25巻5号749頁）を支出した事案および代金不払による建物売買契約の解除後に修繕費や有益費を支出した事案（最判昭41・3・3民集20巻3号386頁）において，295条2項を類推適用して，占有権原のないことについて債権者が悪意である場合だけでなく，善意・有過失の場合にも留置権は成立しないとしている（最判昭51・6・17民集30巻6号616頁）。

12.3　留置権の効力

12.3.1　留置的効力
（1）物 の 留 置
　留置権者は，債権の弁済があるまで，目的物を留置して，間接的に債権の弁済を強制することができる（295条・296条）。**留置**するとは，**引渡しを拒絶して占有を継続する**ことである。留置権は，だれに対しても主張することができる（目的物の譲受人について，大判昭14・4・28民集18巻488頁，最判昭47・11・16民集26巻9号1619頁など，競売における買受人について，大判大7・10・29新聞1498号21頁，大判昭13・4・19民集17巻758頁）。

（2）引換給付判決
　目的物の引渡請求に対して，被告が留置権を主張して引渡しを拒絶した場合には，引換給付判決がなされる（最判昭33・3・13民集12巻3号524頁，通説）。

（3）他の制度との関係
　目的物が不動産であり，それについて競売がなされた場合には，留置権につい

て引受主義が採られ（民執59条4項・188条），買受人は，留置権によって担保
される債権を弁済しなければ，目的物の引渡しを受けることができない。つま
り，事実上，優先弁済権が認められている。留置物が動産であるときは，留置権
者が留置物の提出を拒む限り，留置物について強制競売の手続を進めることがで
きない（民執124条・190条）。そのため，他の債権者は，被担保債権を弁済し
てからでないと，事実上，手続を進めることができない。

　破産手続においては，民事留置権は消滅する（破66条3項）。商事留置権は，
特別の先取特権とみなされ，別除権が与えられる（破同条1項・2条9項）[4]。留
置的効力もなくならない（最判平10・7・14民集52巻5号1261頁）。民事再生
手続や会社更生手続においては，民事留置権は，更生担保権として扱われない
が，存続する[5]。これに対して，商事留置権は，民事再生手続においては，別除
権として扱われ（民再53条），会社更生手続においては，更生担保権として扱わ
れる（会更2条10項）。

12.3.2　留置権に基づく競売権

　留置権には優先弁済的効力がない。しかし，留置権者には競売の申立てが認め
られている（民執195条）。留置権による競売は，留置権者が留置権の目的物を
占有保管する負担を軽減するため，換価して代金の上に留置権を存続させること
としたものであり，広義の**形式競売**の一種である[6]。この手続において，目的物
が換価されると，その換価金は，留置権者に交付されるが，留置権者は，交付さ
れた換価金を所有者に返還する債務を負担する。所有者と債務者が同一人である
場合には，留置権者は，金銭の返還債務と被担保債権とを相殺することができ，
事実上の優先弁済を受けることができる。

4　別除権とは，破産手続開始の時において破産財団に属する財産につき，特別の先取特権，質
権または抵当権を有する者が，これらの権利の目的である財産について，破産手続によらない
で行使することができる権利をいう（破2条9項・65条1項）。

5　更生担保権とは，更生手続開始前の原因に基づいて生じた債権で，更生手続開始当時に会社
財産の上に存する特別の先取特権，質権，抵当権，商事留置権により担保された範囲のものを
いう（会更2条10項）。別除権とは異なって，担保権の実行は禁止される。原則として，更生
手続によらなければ弁済を受けることができない。

6　形式競売とは，形式的には民事執行法による競売の手続を使って財産を換価するが，本来の
目的はそうでない手続をいう。たとえば，遺産分割において，遺産が現物として分割できない
ときには，遺産を金銭に換えてそれを分割するが，この遺産の換価手続も形式競売である。

12.3.3 果実収取権

留置権者は，留置物から生ずる果実を収取し，他の債権者に先立って，これをその債権の弁済に充当する権利を有する（297条1項）。果実には，天然果実のほか法定果実も含まれる（大判大7・10・29新聞1498号21頁）。なお，留置権者は，果実収取の義務はないが，善良なる管理者の注意をもって留置物を占有することを要するので（298条1項），たとえば，腐敗，毀損のおそれがある天然果実を放置することはできない。

充当の順序については，まず利息に充当し，なお残余があるときは，元本に充当しなければならない（297条2項）。

12.3.4 留置物の保管義務

留置権者は，善良な管理者の注意をもって，留置物を保管しなければならない（298条1項）。また，留置権者は，債務者の承諾を得なければ，留置物を使用し，賃貸し，または担保に供することができない（同条2項本文）。ただし，留置物の保存に必要な範囲内において，留置物を使用することができる（同項ただし書）。たとえば，家屋の賃借人が賃借中に支出した費用の償還請求権に基づいて留置権を行使するときは，その償還を受けるまでは，従前のとおりその家屋に居住することができる（大判昭10・5・13民集14巻876頁）。これに対して，木造帆船の買主が売買契約の解除前に支出した修繕費の償還請求権につき右帆船を留置する場合において，これを遠方に航行せしめて運送業務のため使用することは，たとえ解除前と同一の使用状態を継続するにすぎないとしても，留置物の保存に必要な使用をなすものとはいえない（最判昭30・3・4民集9巻3号229頁）。なお，継続使用が認められる場合には，保存に必要な使用の継続による利益は，不当利得として，留置物の所有者に償還すべきである（大判昭10・5・13民集14巻876頁）。

留置権者が以上に違反したときは，債務者は，留置権の消滅を請求することができる（同条3項）。留置物の所有者は，違反行為が終了したかどうか，また，これによって損害を受けたかどうかを問わず，留置権の消滅を請求することができる（最判昭38・5・31民集17巻4号570頁）。留置物の所有権が譲渡等により第三者に移転した場合に，譲渡について対抗要件を具備するよりも前に留置権者が留置物の使用または賃貸についての承諾を受けていたときは，新所有者は，留置権者に対して，使用等を理由に留置権の消滅請求をすることができない（最判

平 9・7・3 民集 51 巻 6 号 2500 頁）。

12.3.5　費用償還請求権

　留置権者は，留置物の所有者に対し留置物につき支出した費用の償還請求権を
有する。

（1）必　要　費

　必要費については，その支出した費用を償還させることができる（299 条 1
項）。留置権者が必要費を被担保債権として建物を留置中，留置物についてさら
に必要費を支出したときは，契約終了前にすでに生じた費用償還請求権ととも
に，その弁済を受けるまでは，建物を留置してその明渡しを拒むことができる
（最判昭 33・1・17 民集 12 巻 1 号 55 頁）。

（2）有　益　費

　有益費については，その価格の増加が現存する場合に限り，所有者の選択に従
い，その支出した金額または増価額を償還させることができる（299 条 2 項本
文）。しかしながら，この場合には，裁判所は，所有者の請求によって，これに
相当な期限を許与することができる（同項ただし書）。このときは，留置権は成
立しない。占有者の有益費償還請求権の場合（196 条 2 項ただし書）と異なっ
て，留置権者の善意・悪意を問わない。

12.4　留置権の消滅

12.4.1　留置権の一般的な消滅原因

　留置権は，債権の消滅など，担保物権一般に共通する消滅原因によって消滅す
る。

12.4.2　留置権に特有の消滅原因

　留置権に特有な消滅原因は，以下の通りである。

（1）占有の喪失

　留置権は，物の留置を本質とする権利であるから，占有の喪失によって消滅す
る（302 条本文）。ただし，298 条 2 項の規定により留置物を賃貸し，または質権
の目的とした場合には，留置権者は，留置物の直接占有を失うが，間接占有を有

するから，留置権は消滅しない（同条ただし書）。

（2）留置権の被担保債権の消滅時効

留置権が担保する債権が消滅するときは，留置権は消滅する。民法は，留置権の行使は，債権の消滅時効の進行を妨げないものとしている（300条）。

それでは，債務者からの物の引渡請求訴訟において，債権者が，被担保債権の存在を理由として留置権の抗弁を主張した場合に，被担保債権の消滅時効の完成を阻止することができるだろうか。判例は，民法改正前のものであるが，訴訟上の留置権の主張は，反訴の提起ではなく，単なる抗弁にすぎないので，目的物の引渡訴訟において，留置権の抗弁を提出し，その理由として被担保債権の存在を主張したからといって，被担保債権について訴えの提起に準ずる効力はないが，**被担保債権について消滅時効中断（現行：消滅時効の完成猶予）の効力があり，かつ，その効力は，右抗弁の撤回されないかぎり，その訴訟係属中存続する**としている（最大判昭38・10・30民集17巻9号1252頁）。

（3）相当の担保を供すること

債務者は，相当の担保を提供して，留置権の消滅を請求することができる（301条）。代担保は，物的担保でも，人的担保でもよい。もっとも，代担保の提供には留置権者の承諾が必要である。留置権者の承諾がない場合には，これに代わる判決（414条1項）を得て消滅請求をすることとなる。

（4）留置権者の義務違反による留置権消滅請求

留置権者が善良なる管理者の注意をもって物を占有する義務（298条1項）または物の保存に必要な場合のほか債務者の承諾なしに留置物を使用し，賃貸し，または担保に供しない義務（同条2項）に違反したときは，債務者は，留置権の消滅を請求することができる（同条3項）。判例は，債務者のほか，第三取得者も消滅請求をすることができるとしている（最判昭40・7・15民集19巻5号1275頁）。消滅請求権は，その権利行使によって消滅の効果を生じさせるので，その権利の本質は，請求権ではなく，形成権である（通説）。

13　先取特権

13.1　意義等

13.1.1　意　　義

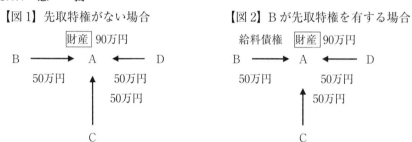

【図1】先取特権がない場合　　　　　　【図2】Bが先取特権を有する場合

先取特権とは，**法律に規定された債権の債権者がその債務者の財産からその他の債権者に先立って自己の債権の弁済を受ける権利**をいう（303条）。

債権者は，それぞれの債権額に応じて案分して債権の弁済を受けるのが原則（**債権者平等の原則**）であるが，先取特権者は，他の債権者に先立って自己の債権を回収することができる。【図1】のケース（B・C・DのAに対する金銭債権の額が各50万円で，配当額90万円）では，債権者平等の原則に従い，B，C，Dは，それぞれ30万円の配当を受ける。これに対して，【図2】のケースでは，給料債権には先取特権が付与されるから（306条2号），給料債権の債権者であるBは，C・Dに優先して，Aの総財産から弁済を受けることができる。そのため，Bは，債権額の50万円の配当を受けることができ，C・Dは，残りの40万円について，各債権額に応じて配当を受ける（各20万円）こととなる。

13.1.2　民法以外の法律による先取特権

　先取特権は，民法以外の特別法によって認められる場合がある。たとえば，商法 703 条・802 条，国税徴収法 8 条，地方税法 14 条などがある。

13.1.3　先取特権の性質

　先取特権は，法律の規定によって発生する**法定担保物権**である。先取特権は，担保目的物の交換価値を把握することを内容とする担保物権であり，先取特権者は，他の債権者に先立って自己の債権の弁済を受けることができる。つまり，先取特権には**優先弁済的効力**がある。

　先取特権は，担保物権であるから，担保物権に共通する性質として，なお，以下の性質を有する。

　第一に，先取特権は，**付従性**を有する。

　第二に，先取特権が**随伴性**を有するか否かについては，学説上議論があるが，通説は肯定している。

　第三に，先取特権は，**不可分性**を有し，先取特権者は，被担保債権の全部の弁済を受けるまで，先取特権の目的物の全部について，その権利を行使することができる（305 条・296 条）。

　第四に，先取特権は，**物上代位性**を有し，先取特権の目的物が滅失したことなどによって，債務者が先取特権の目的物に代えて取得したものがある場合には，先取特権者は，そのものに対して権利を行使することができる（304 条）。

13.2　先取特権の種類

13.2.1　序

【図 3】

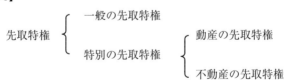

　先取特権は，いかなる債権が担保されるか，すなわち，担保される債権の種類によって，これを区別することができる。また，債務者のいかなる財産の上に存するか，すなわち，目的物の種類によって，これを区別することができる。その目的物によって，一般の先取特権，特別の先取特権に区別することができる（【図

3】参照）。**一般の先取特権**とは，**債務者の総財産の上に存する先取特権**である。**特別の先取特権**とは，**債務者の特定の財産上に存する先取特権**である。特別の先取特権には，さらに，**特定の動産の上に存する先取特権（動産の先取特権）**と，**特定の不動産の上に存する先取特権（不動産の先取特権）**がある。

　そして，以上3種類の先取特権は，その担保する債権の種類によって，各種の先取特権にわけることができる。

13.2.2　一般の先取特権

（1）意　　義

　一般の先取特権とは，**債務者の総財産，すなわち，動産，不動産その他すべての財産の上に存する先取特権**である。これは，次の4種類がある（306条）。

① 　共益の費用
② 　雇用関係
③ 　葬式の費用
④ 　日用品の供給

以下では，これらの一般の先取特権について説明していこう。

（2）共益の費用の先取特権

　共益の費用の先取特権とは，各債権者の共同の利益のためにされた債務者の財産の保存，清算または配当に関する費用について債務者の総財産の上に存する先取特権をいう（306条1号・307条）。各債権者の共同の利益となる費用（共益費用）は，債権者共同の担保を保存したものであり，総債権者の利益に帰したものである。それゆえ，この費用について債権を有する者は，債務者の総財産の上に先取特権を有し，他の債権者に先立ってその費用の弁済を受けることができるものとしている。

　これが認められるには，債務者の財産の保存，清算または配当に関する費用を支出したこと（307条1項），その費用が各債権者の共同の利益となったことを要する。財産の**保存**とは，債務者の財産の現状を維持する行為をいう。債務者に代位して時効を更新する行為（423条）や，詐害行為取消権を行使して債務者の財産の現状を維持する行為（424条）などがこれにあたる。また，**清算**とは，債務者の死亡，破産，法人の解散などの場合に財産を整理し財産目録を調製し，債

権の取立て，財産の換価，債務の弁済などをいう。さらに，**配当**とは，債権を調査して配当表を作成し配当を実施することをいう。費用が一部の債権者にしか有益でなかったときは，その利益となった債権者に対してのみ先取特権は存在する（同条2項）。詐害行為取消権の行使によって，他の債権者が利益を受けない場合には，その債権者に対しては，先取特権の主張は認められない。

（3）雇用関係の先取特権

雇用関係の先取特権とは，雇用関係に基づいて生じた，使用人の給料その他の債権を担保する先取特権である（306条2号・308条）。使用人の生活を保護するため社会政策的な観点から認められたものである。使用人とは，雇用関係によって労務を供給する者であれば足りる（最判昭47・9・7民集26巻7号1314頁）。そのため，パートやアルバイトであってもよい。雇用関係に基づいて生じた債権とは，給料や退職金の債権のほか，雇用関係のもとで生じた損害賠償請求権も含まれる。

（4）葬式の費用の先取特権

葬式の費用の先取特権とは，債務者のためにされた葬式または債務者がその扶養すべき親族のためにした葬式のための費用のうち相当な額について成立する先取特権である（306条3号・309条）。死体の埋葬は，衛生上および社会道徳上容易かつ迅速に行わせることを必要とするからである。

（5）日用品の供給の先取特権

日用品の供給の先取特権とは，債務者またはその扶養すべき同居の親族およびその家事使用人の生活に必要な最後の6か月間の飲食料品，燃料および電気の供給について存在する先取特権である（306条4号・310条）。日用必需品の供給を容易ならしめ，貧困者の生活を保護するためである。内縁の妻は，債務者の扶養すべき同居の親族に含まれる（大判大11・6・3民集1巻280頁）。他方，310条の債務者は，自然人に限られ，そのため，会社が使用した水道料金債権について，先取特権は認められない（最判昭46・10・21民集25巻7号969頁）。

13.2.3　動産の先取特権

動産の先取特権とは，債務者の財産中特定の動産の上に存する先取特権である。民法が動産の先取特権を与えた債権は，以下の8種類の原因に基づく債権で

ある（311条）。

① 不動産の賃貸借
② 旅館の宿泊
③ 旅客または荷物の運輸
④ 動産の保存
⑤ 動産の売買
⑥ 種苗または肥料（蚕種または蚕の飼養に供した桑葉を含む。）の供給
⑦ 農業の労務
⑧ 工業の労務

民法がこれらの先取特権を与えた理由は，必ずしも同一ではない。1号ないし3号は，当事者間の関係および物の性質上その動産をもって担保に供する黙示の契約があると認めることができ，当事者の意思の推認に基づいてこれを認めたものである。また，4号，5号は，公平の原則に基づく。さらに，6号ないし8号は，公平の観念および産業政策に基づく。

以下では，これらの動産の先取特権について説明していこう。

（1）不動産の賃貸借

不動産の賃貸借の先取特権とは，不動産の賃料その他賃貸借関係から生じた賃借人の債務に関し，賃借人の動産について存在する先取特権をいう（311条1号・312条）。これは，主として当事者の意思の推測に基づくものである。

（a）被担保債権

不動産の賃貸借の先取特権は，原則として，不動産の賃料債権など，不動産の賃貸借関係から生じた，賃借人に対するすべての債権を担保する（312条）。

もっとも，賃借人が破産したとか，賃借人である法人が解散するなど，賃借人の財産を総清算する場合には，不動産の賃貸借の先取特権は，前期・当期・次期の賃料その他の債務および前期と当期に生じた損害賠償債務についてのみ存在する（315条）。また，賃貸人が敷金を受け取っている場合には，賃貸人は，その敷金をもって弁済を受けない債権の部分に限り，先取特権を有する（316条）。

（b）先取特権の目的物の範囲

不動産の賃貸借の先取特権は，**土地の賃貸借**においては，当該土地またはその

利用のための建物に備え付けられた動産，その土地の利用に供された動産および賃借人が占有する当該土地の果実について存在する（313条1項）。

　他方，**建物の賃貸借**においては，賃借人が建物に備え付けた動産について存在する（同条2項）。判例は，313条2項にいう動産について，ある程度継続して存置するために持ち込まれた物であればよいとして，金銭，有価証券，宝石も同条項の動産に含まれるとしている（大判大3・7・4民録20輯587頁）。

　また，**賃借権が譲渡されたり，転貸されたりした場合**（612条1項）には，譲受人または転借人の動産のほか，譲渡人または転貸人が受けるべき金銭に先取特権が及ぶ（314条）。

　さらに，賃借人が他人の動産を不動産に備え付けた場合でも，即時取得の規定（192条）が準用され（319条），その結果，賃貸人が備付け時に善意無過失であったときは，その動産の上にも先取特権が成立する。先取特権者の期待を保護するためである。

（2）旅館の宿泊

　旅館の宿泊の先取特権とは，旅館の宿泊客が負担すべき宿泊料・飲食料の債権につき，その旅館にある，当該宿泊客の手荷物について存在する先取特権をいう（311条2号・317条）。手荷物に対する旅館の期待を保護するものである。手荷物が宿泊客の所有物でない場合でも，旅館が善意無過失であったときは，その手荷物にも先取特権が成立する（319条）。

（3）旅客または荷物の運輸

　旅客または荷物の運輸の先取特権とは，旅客または荷物の運送費および付随費用に関し，運送人の占有する荷物について存在する先取特権をいう（311条3号・318条）。運送人の期待を保護するものである。荷物が旅客または荷送人の所有物でない場合でも，運送人が善意無過失であったときは，その荷物にも先取特権が成立する（319条）。

　運輸の先取特権が及ぶのは，運送人が占有する荷物に対してであるから，旅客が自ら携帯する手荷物には効力が及ばないと解されている。

（4）動産の保存

　動産の保存の先取特権とは，動産につき保存費（修繕費など）を支出したり，動産に関する権利を保存，承認または実行のために費用を支出したりした場合

に，その費用に関し，その動産について存在する先取特権をいう（311条4号・320条）。動産と債権との密接な関係に着目して公平の見地から認められたものである。**権利の保存**とは，盗難から他人の所有権を保存し，また，第三者の取得時効の完成を阻止する行為などである。**権利の承認**とは，第三者に債務者の権利であることを承認させる行為などである。**権利の実行**とは，第三者に目的物を返還させる行為などである。

支出された保存費が各債権者の共同の利益のためになる場合には，この者は，一般の先取特権も取得する（306条1号・307条）。

（5）動産の売買

動産の売買の先取特権とは，動産の代価およびその利息に関し，その動産について存在する先取特権をいう（311条5号・321条）。売買された動産とその代金債権との関係に着目して公平の見地から認められたものである。

（6）種苗または肥料の供給

種苗（植物の種と苗）**または肥料の供給の先取特権**とは，種苗または肥料の代価およびその利息に関し，その種苗または肥料が用いられてから1年以内にこれが用いられた土地より生じた果実（蚕種〔蚕の卵〕または蚕の飼養に供した桑葉の使用によって生じた物を含む。）について存在する先取特権をいう（311条6号・322条）。種苗等の供給と果実等との関係から，供給者を保護するために認められたものである。

（7）農業の労務

農業の労務の先取特権とは，農業労務に従事する者の最後の1年間の賃金に関し，その労務によって生じた果実について存在する先取特権をいう（311条7号・323条）。労務と果実との密接な関係に照らし，従事者の賃金債権を保護するために認められたものである。労務従事者は，請負契約によると雇用契約によるとを問わない。雇用契約による場合には，306条2号・308条の一般の先取特権も有する。

（8）工業の労務

工業の労務の先取特権とは，工業労務に従事する者の最後の3か月間の賃金に関し，その労務によって生じた製作物について存在する先取特権をいう（311条8号・324条）。労務と製作物との間に密接な関係が存在することおよび賃金保護

という社会政策的な配慮に基づく。

13.2.4　不動産の先取特権

不動産の先取特権とは，債務者の財産中特定の不動産の上に存する先取特権である。民法が不動産の先取特権を与えた債権は，以下の3種類の原因に基づく債権である（325条）。

① 不動産の保存
② 不動産の工事
③ 不動産の売買

民法がこれらの先取特権を与えた理由は，基本的には動産の先取特権を与える理由と類似する。以下では，これらの不動産の先取特権について説明していこう。

（1）不動産の保存

不動産の保存の先取特権とは，不動産の保存のために要した費用（修繕費など）または不動産に関する権利を保存，承認もしくは実行するために要した費用に関し，その不動産について存在する先取特権をいう（325条1号・326条）。不動産と債権との密接な関係に着目して公平の見地から認められたものである。

不動産の保存の先取特権は，保存行為の完了後，直ちに登記しないと，その効力を保存することができない（337条）。「直ちに」とは，遅滞なくという意味であるとするのが通説である。登記をした場合には，抵当権に優先する（339条）。なお，「効力を保存する」ということの意味については，争いがある。

A説：効力要件説

保存の登記がなければ，先取特権は発生しない（大判大6・2・9民録23輯244頁参照）。先取特権保存の登記がないと，先取特権の当事者間でも効力を生ぜず，競売の申立ても認められない。

B説：対抗要件説

保存の登記は，対抗要件を意味する。先取特権保存の登記がなくても競売の申立ては認められるが，他の債権者に対する優先権はない。

（2）不動産の工事

不動産の工事の先取特権とは，工事の設計，施工または監理をする者が債務者の不動産に関してした工事の費用に関し，その不動産について存在する先取特権をいう（325 条 2 号・327 条 1 項）。ただし，債権者は，工事によって生じた不動産の価格の増加が現存する場合に限り，その増価額についてのみ存在する（327条 2 項）。工事により不動産の価格が増加した以上，債権者を保護するのが公平だからである。工事によって生じた不動産の増価額は，配当加入の時に，裁判所が選任した鑑定人に評価させなければならない（338 条 2 項）。

不動産の工事の先取特権は，工事の開始前に工事費用の予算額が登記されないと，その効力を保存することができない（同条 1 項前段。大判大 6・2・9 民録23 輯 244 頁）。工事の費用が予算額を超えるときは，その超過額については，先取特権は成立しない（同項後段）。登記をした場合には，抵当権に優先する（339条）。

不動産保存の先取特権（保存後登記をすればよい。）と不動産工事の先取特権（工事前に登記が必要。）は，異なる取り扱いを受けるから，不動産保存か，不動産工事かが問題とされる。事情によって決定される。たとえば，建物の修繕は，保存とされるのに対して，建物の増築・改築は，工事にあたるとされる。

（3）不動産の売買

不動産の売買の先取特権とは，不動産の代価およびその利息に関し，その不動産について存在する先取特権をいう（325 条 3 号・328 条）。売買された不動産とその代金債権との関係に着目して公平の見地から認められたものである。

不動産売買の先取特権は，売買契約と同時に，代価またはその利息が未払である旨を登記しないと，その効力を保存することができない（340 条）。不動産売買の先取特権と抵当権との優劣は，一般原則に従い，登記の前後によって決定される。

13.3　先取特権の順位

【設例 13－1】
　Aに対して，使用人Bが給料債権を有し，Cが建物の賃料債権を有し，Dが自動車の売買代金債権を有している。この場合，B・C・Dの配当の優劣関係はどうなるか。

　民法は，15 種類の先取特権を認めている。そのため，これらの先取特権が競合する場合に，いずれの先取特権が優先するか，すなわち，先取特権の順位が問題となる。【設例 13 - 1】では，B は，A の総財産の上に先取特権を有する。また，C は，建物に備え付けられた家具等に先取特権を有する。D は，売却した自動車の上に先取特権を有する。そのため，先取特権者間の競合が生じ，優劣関係を決する必要がある。

　物権は，おおよそその成立時期の前後によってその優劣が決まるのが原則である。しかし，先取特権の順位を決めるにあたり，民法は，この原則に対して例外を設け，その順位を決めるのに権利発生の時期を基準とせず，担保される債権の性質によってこれを決めた。なぜなら，先取特権は，法律が公益上の理由から特定の債権を保護するために認められたものであるから，その発生の時期の前後によって順位を決めるとすれば，その保護を貫徹することができないからである。

13.3.1　一般の先取特権の競合

　一般の先取特権が互いに競合する場合には，その優先権の順位は，**306 条各号に掲げる順序**，すなわち，以下の順序に従う（329 条 1 項）。

① 　共益費用の先取特権
② 　雇用関係の先取特権
③ 　葬式費用の先取特権
④ 　日用品供給の先取特権

13.3.2　一般の先取特権と特別の先取特権との競合

　一般の先取特権と特別の先取特権とが競合する場合（【設例 13 - 1】の B と C・D）には，**原則として，特別の先取特権が一般の先取特権に優先する**（329 条 2 項本文）。ただし，共益の費用の先取特権は，その利益を受けたすべての債権者に対して優先する効力を有する（同項ただし書）。特別の先取特権は，その目的物である特定の財産と直接関係を有するものであり，一般の先取特権は，それ以外の債務者の総財産という広い範囲で優先権が認められるからである。

13.3.3　動産の先取特権の競合

（1）果実以外の動産

同一の動産につき動産の先取特権が競合する場合には，その優先権の順位は，原則として，以下の順序に従う（330条1項）。

① 　不動産賃貸，旅館の宿泊および運輸の先取特権
② 　動産保存の先取特権。ただし，当該動産に複数の保存者がいるときは，前の保存行為は後の保存行為によって利益を受けるから，後の保存者が前の保存者に優先する。
③ 　動産売買，種苗または肥料の供給，農業労務および工業労務の先取特権

これらの順位は，当事者の意思の推測に基づく先取特権を公平または政策的考慮から優先させようとする趣旨である。

しかし，これには2つの例外がある。

第一に，第一順位の先取特権者が，債権取得の当時，第二順位の先取特権者または第三順位の先取特権者が存在することを知っていた場合には，第一順位の先取特権者は，これらの者に対して，優先権を行使することができない（330条2項前段）。たとえば，家屋の賃借人が備え付けたクーラーが，以前に修理されていたが，まだ修理代金が支払われていないことや，賃借人がまだ買受代金を支払っていないことを家屋の賃貸人が知っていた場合などである。「優先権を行使することができない」とは，順位が後れるという意味である。

第二に，第一順位の先取特権の発生後に目的物に対して保存行為をした者がいる場合には，第一順位の先取特権者は，その者に対して，優先権を行使することができない（同項後段）。たとえば，家屋の賃借人が備え付けたクーラーの上に賃貸人の先取特権が成立した後にそのクーラーを修理した者がいるときは，賃貸人は，その保存者に対して，優先権を行使することができない。

（2）果　　実

土地の賃貸人，種苗または肥料の供給者および農業労務者は，ともに果実の上に先取特権を有する。その競合における優先権の順位は，以下の順序による（330条3項）

① 　農業労務の従事者の先取特権

②　種苗または肥料の供給者の先取特権

③　土地賃貸人の先取特権

農業労務者は，果実の発生に対する貢献度が最も直接的であり，その賃金生活の要保護性も高いこと，種苗肥料の供給者は，土地の賃貸人に比して，果実の発生原因を提供した者であり，かつ，土地の賃貸人は，社会上の地位から見て保護を与えるべき必要性が低いからである。

13.3.4　不動産の先取特権の競合

同一の不動産につき不動産の先取特権が互いに競合する場合には，その優先権の順位は，**325 条各号に掲げる順序**，すなわち，以下の順序に従う（331 条 1 項）。

①　不動産保存の先取特権

②　不動産工事の先取特権

③　不動産売買の先取特権

保存行為によって，工事・売買の先取特権者も，利益を受けるから，これを最優先とし，不動産工事の先取特権によって増価額につき不動産売買の先取特権者が利益を受けるから，不動産工事の先取特権が第二順位とされている。

同一の不動産について売買が順次された場合には，売主相互間における不動産売買の先取特権の優先権の順位は，売買の前後による（同条 2 項）。第一の売買があるために，第二の売買をすることができ，また，不動産売買の先取特権は登記をするから，後の先取特権者は，前の先取特権があることを知ることができるからである。

13.3.5　同一順位の先取特権の競合

同一目的物につき同一順位の先取特権者が数人いる場合においては，各先取特権者は，その債権額の割合に応じて弁済を受ける（332 条）。

13.3.6　先取特権と他の担保物権との競合

（1）先取特権と留置権との競合

留置権は，その権利の性質上，目的物を売却して債権の弁済に充てる効力を有しないから，先取特権と競合するにあたって，その優先権の順位に関する問題を生じない。しかし，留置権者は，被担保債権の弁済を受けるまで目的物の引渡しを拒絶することができるから（民執 188 条・59 条 4 項・190 条），**留置権者は，事実上の優先弁済を受けることができる。**

（2）先取特権と質権との競合

（a）先取特権と不動産質権とが競合する場合

不動産質権と先取特権とが競合する場合には，不動産質権に抵当権の規定が準用されるため（361 条），**抵当権と先取特権との関係に従って順位が定まる。**

（b）先取特権と動産質権とが競合する場合

先取特権と動産質権とが競合する場合には，**動産質権者は，不動産の賃貸，旅館の宿泊および運輸の先取特権者と同一の権利を有する**（334 条）。約定担保物権である質権に，当事者の意思の推測に基づく先取特権と同一順位を認めようという趣旨である。

（3）先取特権と抵当権との競合

（a）不動産先取特権と抵当権とが競合する場合

不動産の先取特権と抵当権とが競合する場合には，**不動産保存および不動産工事の先取特権は，その効力を保存したときは，その登記の前後にかかわらず，抵当権に優先する**（339 条）。不動産の保存行為は，抵当権者その他一般の債権者に利益を与えるものであるから，その先取特権者に登記以前の抵当権に対しても優先させたものである。また，不動産工事の先取特権は，その増価額に対してだけ行使することができるので，これを抵当権に優先させても特に不利益はないからである。

これに対して，**不動産売買の先取特権と抵当権とが競合する場合には，**一般原則に従い，登記の前後によってその優先権の順位が決まる。

（b）一般の先取特権と抵当権とが競合する場合

一般の先取特権と抵当権とが競合する場合には，**一般の先取特権を登記したときは，**一般原則に従い，登記の前後によりその優先順位が決まり，登記をしない

ときは，**抵当権が優先する**（336 条ただし書）。

13.4　先取特権の効力

13.4.1　優先弁済的効力

（1）先取特権者自身による実行

先取特権は，債務者の財産から，他の債権者に先立って自己の債権の弁済を受ける権利であるから（303 条），**先取特権者は，民事執行法の定める手続に従って，自ら先取特権を実行して自己の債権の回収を図ることができる**（民執 180条・181 条・190 条・193 条）。

（2）他の債権者による執行

先取特権者は，他の債権者が行った競売手続の中で，優先順位に従って売却代金から弁済を受けることもできる。

一般債権者による不動産強制競売手続および他の担保権者による不動産競売手続（民執 188 条により 45 条以下の規定が準用される。）においては，不動産について差押えの登記がされる前に登記された先取特権者は，自動的に配当を受けることができる（民執 87 条 1 項 4 号）。登記をしていない一般の先取特権者は，二重差押えをするか（民執 47 条），民事執行法 181 条 1 項各号所定の文章により先取特権を有することを証明して配当要求をすることができる（民執 51 条 1 項）。

一般債権者が強制管理手続を開始し，または，他の担保権者が担保不動産収益執行手続を開始した場合（民執 188 条により 93 条以下の規定が準用される。）には，不動産の先取特権者は，執行裁判所が定める期間内に自らが一般の先取特権の実行としての担保不動産収益執行を申し立てることによって，配当を受けることができ（民執 107 条 4 項 1 号ハ），一般の先取特権者は，民事執行法 181 条 1項各号所定の文章により先取特権を有することを証明して配当要求をするか（民執 105 条 1 項・107 条 4 項 3 号），執行裁判所が定める期間内に自らが一般の先取特権の実行としての担保不動産収益執行を申し立てることによって，配当を受けることができる（民執 107 条 4 項 1 号ロ）。

他の債権者が動産競売手続を開始した場合には，先取特権者は，二重に執行を申し立てるか（民執 192 条による 125 条 2 項・3 項の準用），「その権利を証する文章」を提出して，配当要求をすることができる（民執 133 条）。

他の債権者が債権執行手続を開始した場合には，先取特権者は，二重差押えを

するか（民執 193 条 1 項），文章により先取特権を有することを証明して配当要求をすることができる（民執 154 条 1 項・167 条の 9 第 1 項）。

（3）破産手続等における先取特権の取り扱い

一般の先取特権者は，破産手続においては，破産財団（破産者の財産または相続財産もしくは信託財産であって，破産手続において破産管財人にその管理および処分をする権利が専属するものをいう〔破 2 条 14 項〕。）に属する債権から優先弁済を受け（優先的破産債権[1]）（破 98 条。使用人の給料債権は財団債権となる〔破 149 条〕。），特別の先取特権者は，その目的たる財産について別除権（305頁参照）を有する（破 2 条 9 項・65 条 1 項）。

会社更生手続においては，一般の先取特権は優先権のある更生債権[2]になるにすぎず（会更 168 条 1 項 2 号・3 項。使用人の給料債権は共益債権となる〔会更130 条・132 条〕。），特別の先取特権者は，更生担保権者（305 頁参照）として，更生手続に参加することができる（会更 2 条 10 項）。

民事再生手続においては，一般の先取特権者は，一般優先債権者[3]として再生手続によらないで随時弁済を受けることができ（民再 122 条 1 項・2 項），特別の先取特権者は，その目的たる財産について別除権を有する（民再 53 条）。

（4）一般の先取特権の効力

一般の先取特権は，債務者の総財産に及ぶため，他の債権者を害するおそれがある。そのため，優先弁済を受ける目的物に順序が設けられている。

一般の先取特権者は，まず不動産以外の財産から弁済を受け，なお弁済されない不足分についてのみ，不動産からの弁済が許される（335 条 1 項）。一般の先取特権者が不動産から弁済を受ける場合には，特別担保（不動産先取特権，質権，抵当権）の目的物になっていない不動産から最初に弁済を受けなければならない（同条 2 項）。以上の順序に従う配当加入を怠った一般の先取特権者は，その配当加入をしたならば弁済を受けられた額については，登記をした第三者（一

---

[1] 破産財団に属する財産につき一般の先取特権その他一般の優先権がある破産債権を優先的破産債権という（破 98 条 1 項）。優先的破産債権は，他の破産債権に優先する。
[2] 更生債権とは，更生会社に対し更生手続開始前の原因に基づいて生じた財産上の請求権（更生担保権または共益債権に該当するものを除く。）をいう（会更 2 条 8 項）。
[3] 一般優先債権とは，一般の先取特権その他一般の優先権がある債権（共益債権であるものを除く。）をいう（民再 122 条 1 項）。

般の先取特権者に劣後する抵当権者，質権者，第三取得者など）に対して，先取特権を行使することができない（同条3項）。もっとも，不動産以外の財産の代価に先立って不動産の代価を配当したり，他の不動産の代価に先立って特別担保の目的物である不動産の代価を配当したりするときは，一般の先取特権者は，上記の制約を受けずに配当加入することができる（同条4項）。

　また，一般の先取特権が不動産について登記されていなくても，特別担保を有しない債権者に対して対抗することができる（336条本文）。これは，公示の原則を貫くと，一般の先取特権の実行が困難になること，および被担保債権は僅少であることから，公示の原則を貫かなくても，他の債権者が受ける不利益は少ないという理由による。ただし，登記をした第三者（抵当権者，質権者，第三取得者など）に対しては，対抗することができない（同条ただし書）。

13.4.2　物上代位

（1）物上代位一般

【図4】

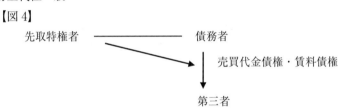

　先取特権は，その目的物の売却，賃貸または滅失・毀損によって債務者が受けるべき金銭その他の物に対しても行使することができる（304条1項本文）。たとえば，債務者が先取特権の目的物を他に売却し，あるいは賃貸した場合には，先取特権者は，債務者が取得する売却代金債権または賃料債権に対して，先取特権を行使することができる。

　また，債務者が先取特権の目的物につき設定した物権（地上権，永小作権，地役権）の対価に対しても，行使することができる（同条2項）。

（2）物上代位権行使の目的物

　先取特権者は，先取特権の目的物の売却，賃貸，滅失または損傷によって債務者が受けるべき金銭その他の物に対して物上代位権を行使することができる（304条1項本文）。

【設例 13－2】
　Aは，Bに甲動産を売却した（代金未払）。Bは，Cからの依頼を受け，甲動産の設置工事を行った。この場合に，Aは，BがCに対して取得した請負代金債権を差し押さえて物上代位権を行使することができるか。

【図5】

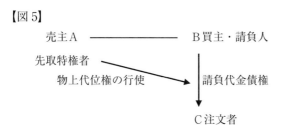

　動産の買主がこの動産を用いて施工した請負工事の報酬代金債権を取得した場合に，動産の売主は，物上代位権の行使として，右請負代金債権を差し押さえることができるだろうか。学説では争いがある。

A説：否定説
　請負代金は，建築工事の完成に要する一切の労務材料等に対する報酬を包含しており，売主が供給した材料のみを直接代表するものとはいえない。

B説：肯定説
　請負代金には実質的に材料代金が含まれているから，肯定することが公平を旨とするこの制度の趣旨に適する。

　判例は，動産の買主がこれを用いて請負工事を行ったことによって取得する請負代金債権は，仕事の完成のために用いられた材料や労力等に対する対価をすべて包含するものであるから，**請負工事に用いられた動産の売主は，原則として，請負人が注文者に対して有する請負代金債権に対して動産売買の先取特権に基づく物上代位権を行使することができないとしたが，請負代金全体に占める当該動産の価額の割合や請負契約における請負人の債務の内容等に照らして請負代金債権の全部または一部を右動産の転売による代金債権と同視するに足りる特段の事情がある場合には，右部分の請負代金債権に対して物上代位権を行使することができる**としている（最判平 10・12・18 民集 52 巻 9 号 2024 頁）。

【参考判例】 最判平 10・12・18 民集 52 巻 9 号 2024 頁

　「動産の買主がこれを他に転売することによって取得した売買代金債権は，当該動産に代わるものとして動産売買の先取特権に基づく物上代位権の行使の対象となる（民法 304 条）。これに対し，動産の買主がこれを用いて請負工事を行ったことによって取得する請負代金債権は，仕事の完成のために用いられた材料や労力等に対する対価をすべて包含するものであるから，当然にはその一部が右動産の転売による代金債権に相当するものということはできない。したがって，<u>請負工事に用いられた動産の売主は，原則として，請負人が注文者に対して有する請負代金債権に対して動産売買の先取特権に基づく物上代位権を行使することができないが，請負代金全体に占める当該動産の価額の割合や請負契約における請負人の債務の内容等に照らして請負代金債権の全部又は一部を右動産の転売による代金債権と同視するに足りる特段の事情がある場合には，右部分の請負代金債権に対して右物上代位権を行使することができる</u>と解するのが相当である。」

（3）差 押 え

　先取特権者が物上代位権を行使するためには，債務者が代金，賃料または賠償金の払渡しまたは引渡しを受ける前に差押えをすることを要する（304 条 1 項ただし書）。

（4）他の制度との競合

（a）先取特権者による物上代位権の行使と一般債権者の差押え

【設例 13 − 3】

　A は，B に動産を売却し（代金未払），B は，その動産をさらに C に転売した。B の債権者 D が，B が C に対して有する転売代金債権を差し押さえた。この場合に，A は，B が C に対して有する右転売代金債権を差し押さえて物上代位権を行使することができるか。

【図 6】

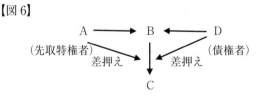

　債務者 B の第三者 C に対する債権を債務者 B の他の債権者 D が差し押さえた

後，先取特権者Aは，物上代位権の行使として，債務者Bの第三者Cに対する債権を差し押さえることができるか。

　判例は，**目的債権について，一般債権者が差押えまたは仮差押えの執行をしたにすぎないときは，その後に先取特権者が目的債権に対し物上代位権を行使することは妨げられないとして，先取特権者による物上代位権の行使を認めている**（最判昭60・7・19民集39巻8号1326頁）。

【参考判例】 最判昭60・7・19民集39巻8号1326頁

　「民法304条1項但書において，先取特権者が物上代位権を行使するためには物上代位の対象となる金銭その他の物の払渡又は引渡前に差押をしなければならないものと規定されている趣旨は，先取特権者のする右差押によって，第三債務者が金銭その他の物を債務者に払い渡し又は引き渡すことを禁止され，他方，債務者が第三債務者から債権を取立又はこれを第三者に譲渡することを禁止される結果，物上代位の目的となる債権（以下「目的債権」という。）の特定性が保持され，これにより，物上代位権の効力を保全せしめるとともに，他面目的債権の弁済をした第三債務者又は目的債権を譲り受け若しくは目的債権につき転付命令を得た第三者等が不測の損害を被ることを防止しようとすることにあるから，目的債権について一般債権者が差押又は仮差押の執行をしたにすぎないときは，その後に先取特権者が目的債権に対し物上代位権を行使することを妨げられるものではないと解すべきである。」

【しっかり理解しよう！】
　抵当権者による物上代位権の行使と一般債権者による差押えが競合した場合に関する最判平10・3・26民集52巻2号483頁との違いを確認しておこう。

（b）先取特権者による物上代位権の行使と債権譲渡

【設例13－4】
　Aは，Bに動産を売却し（代金未払），Bは，その動産をさらにCに転売した。Bは，Cに対して有する転売代金債権をDに譲渡した。この場合に，先取特権者Aは，右転売代金債権を差し押さえて物上代位権を行使することができるか。

【図7】

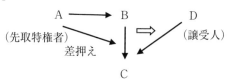

A ──────→ B　　　　D
（先取特権者）　　　　　　　（譲受人）
　　　差押え
　　　　　　　C

　抵当権設定者が第三者に対して有する債権が譲渡された後に，抵当権者が譲渡された債権を差し押さえて物上代位権を行使することができるかという問題について，判例は，抵当権者は，物上代位の目的債権が譲渡され第三者に対する対抗要件が備えられた後においても，自ら目的債権を差し押さえて物上代位権を行使することができるとしている（最判平10・1・30民集52巻1号1頁）。

　それでは，債務者が第三者に対して有する債権が譲渡された後に，先取特権者は，譲渡された債権を差し押さえて物上代位権を行使することができるだろうか。平成10年判決によれば，物上代位権の行使は認められそうである。しかし，判例は，**動産売買の先取特権者は，物上代位の目的債権が譲渡され，第三者に対する対抗要件が備えられた後においては，目的債権を差し押さえて物上代位権を行使することはできない**としている（最判平17・2・22民集59巻2号314頁）。なぜなら，抵当権とは異なって，**公示方法が存在しない動産売買の先取特権については，物上代位の目的債権の譲受人等の第三者の利益を保護する必要がある**からである。

【参考判例】最判平17・2・22民集59巻2号314頁
　「民法304条1項ただし書は，先取特権者が物上代位権を行使するには払渡し又は引渡しの前に差押えをすることを要する旨を規定しているところ，この規定は，抵当権とは異なり公示方法が存在しない動産売買の先取特権については，物上代位の目的債権の譲受人等の第三者の利益を保護する趣旨を含むものというべきである。そうすると，動産売買の先取特権者は，物上代位の目的債権が譲渡され，第三者に対する対抗要件が備えられた後においては，目的債権を差し押さえて物上代位権を行使することはできないものと解するのが相当である。」

【しっかり理解しよう！】
　抵当権者による物上代位権の行使と債権譲渡が競合した場合に関する最判平10・1・30民集52巻1号1頁との結論の違いおよびその理由をきちんと

理解しよう。

（c）破産手続の開始と物上代位権の行使

【設例 13 − 5】
　Ａは，Ｂに動産を売却し（代金未払），Ｂは，その動産をさらにＣに転売した。その後，Ｂにつき破産宣告がされ，破産手続が開始した。この場合に，Ａは，ＢがＣに対して有する転売代金債権を差し押さえて物上代位権を行使することができるか。

【図8】

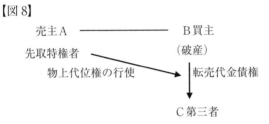

　先取特権者は，債務者につき破産宣告がされ，破産手続が開始された後に，債務者が第三者に対して有する債権を差し押さえて物上代位権を行使することができるか。

　この問題について，判例は，**破産手続開始決定の効果の実質的内容は，破産者の所有財産に対する管理処分権能が剥奪されて破産管財人に帰属せしめられるとともに，破産債権者による個別的な権利行使を禁止されることになるというにとどまり**，これにより破産者の財産の所有権が破産財団または破産管財人に譲渡されたことになるものではなく，これを一般債権者による差押えの場合と区別すべき積極的理由はないとして，**先取特権者は，債務者が破産手続開始決定を受けた後においても，物上代位権を行使することができる**としている（最判昭 59・2・2 民集 38 巻 3 号 431 頁）。

【参考判例】最判昭 59・2・2 民集 38 巻 3 号 431 頁
　「民法 304 条 1 項但書において，先取特権者が物上代位権を行使するためには金銭その他の払渡又は引渡前に差押をしなければならないものと規定されている趣旨は，先取特権者のする右差押によって，第三債務者が金銭その他の目的物を債務者に払渡し又は引渡すことが禁止され，他方，債務者が第三債務者から債権

を取立て又はこれを第三者に譲渡することを禁止される結果，物上代位の対象である債権の特定性が保持され，これにより物上代位権の効力を保全せしめるとともに，他面第三者が不測の損害を被ることを防止しようとすることにあるから，第三債務者による弁済又は債務者による債権の第三者への譲渡の場合とは異なり，単に一般債権者が債務者に対する債務名義をもって目的債権につき差押命令を取得したにとどまる場合には，これによりもはや先取特権者が物上代位権を行使することを妨げられるとすべき理由はないというべきである。そして，債務者が破産宣告決定を受けた場合においても，その効果の実質的内容は，破産者の所有財産に対する管理処分権能が剥奪されて破産管財人に帰属せしめられるとともに，破産債権者による個別的な権利行使を禁止されることになるというにとどまり，これにより破産者の財産の所有権が破産財団又は破産管財人に譲渡されたことになるものではなく，これを前記一般債権者による差押の場合と区別すべき積極的理由はない。したがって，先取特権者は，債務者が破産宣告決定を受けた後においても，物上代位権を行使することができるものと解するのが相当である。」

13.4.3　追　及　力

先取特権の目的物が動産である場合に，債務者がこの動産を第三取得者に引き渡したときは，債権者は，当該動産に対して先取特権を行使することができない（333条）。

【設例13 − 6】

　Aは，Bに甲動産を売却した（代金未払）。その後，Bは，債権者Cのために甲動産に譲渡担保権を設定し，占有改定による引渡しをした。Aが先取特権に基づき甲動産につき競売の申立てをした。そこで，Cが第三者異議の訴え（民執38条）を提起した。Cの訴えは認められるか。

【図9】

330

動産売買先取特権には追及力がないため（333条），譲渡担保権者が333条にいう第三取得者にあたるか否かが問題となる。この問題は，譲渡担保権の法律構成をどのように捉えるかという問題とかかわる（譲渡担保権の法律構成について詳しくは，252頁を参照。）。

A説：所有権的構成

　譲渡担保権者は，占有改定によって動産の引渡しを受けているから，先取特権の効力は及ばない。

B説：担保権的構成

　譲渡担保権者は，所有権を取得しない以上，333条に定める第三取得者にはあたらない。

　判例は，債権者と債務者との間に，集合物を目的とする譲渡担保権設定契約が締結され，債務者がその構成部分である動産の占有を取得したときは債権者が占有改定の方法によってその占有権を取得する旨の合意に基づき，債務者が集合物の構成部分として現に存在する動産の占有を取得した場合には，集合物としての同一性が損なわれない限り，新たにその構成部分となった動産を包含する集合物に譲渡担保権の効力が及び，**動産売買の先取特権の存在する動産が譲渡担保権の目的である集合物の構成部分となったときは，債権者は，右動産についても引渡しを受けたものとして譲渡担保権を主張することができ，当該先取特権者が先取特権に基づいて動産競売の申立てをしたときは，特段の事情のない限り，333条所定の第三取得者に該当するものとして，訴えをもって，動産競売の不許を求めることができる**としている（最判昭62・11・10民集41巻8号1559頁）。

【参考判例】 最判昭62・11・10民集41巻8号1559頁
　「動産売買の先取特権の存在する動産が右譲渡担保権の目的である集合物の構成部分となった場合においては，債権者は，右動産についても引渡を受けたものとして譲渡担保権を主張することができ，当該先取特権者が右先取特権に基づいて動産競売の申立をしたときは，特段の事情のない限り，民法333条所定の第三取得者に該当するものとして，訴えをもって，右動産競売の不許を求めることができるものというべきである。」

13.4.4　抵当権の規定の準用

　先取特権は，目的物の占有を要件としない点で抵当権に類似する。そのため，先取特権の効力については，抵当権に関する規定が準用される（341 条）。その主たるものは，効力の及ぶ目的物の範囲（370 条），被担保債権の範囲（375 条），代価弁済（378 条），抵当権消滅請求（379 条以下）などの規定である。

13.5　先取特権の消滅

　先取特権は，物権であるから，先取特権の目的物の滅失，混同，放棄によって消滅する。もっとも，目的物の滅失の場合には，先取特権は，目的物の滅失によって債務者が受けるべき金銭その他の物の上に存続する（304 条 1 項本文）。また，動産の先取特権においては，債務者が目的物である動産を第三取得者に引き渡した場合に，先取特権は消滅する（333 条）。さらに，不動産の先取特権においては，抵当権に関する規定が準用される結果（341 条），代価弁済（378 条），抵当権消滅請求（379 条以下）によって消滅する。

索　引

〈著者紹介〉

遠 山 純 弘（とおやま じゅんこう）

　　1970 年　東京都生まれ
　　1993 年　北海道大学法学部卒業
　　　　　　北海学園大学法学部助手，講師，
　　　　　　小樽商科大学商学部企業法学科准教授を経て
　　現在　　法政大学大学院法務研究科教授

　　［主な著書］
　　『請求権から考える民法 2』信山社（2020 年）
　　『新民法講義 5 事務管理・不当利得・不法行為法』（共著）成文堂（2011 年）
　　『判例に見る詐害行為取消権・否認権』（共著）新日本法規出版（2015 年）
　　『オリエンテーション民法』（共著）有斐閣（2018 年）
　　『新・マルシェ物権法・担保物権法〔新・マルシェ民法シリーズ II〕』
　　　（共著）嵯峨野書院（2020 年）

請求権から考える民法 3
―― 債 権 担 保 ――

2020（令和 2）年 9 月 30 日　第 1 版第 1 刷発行

5123：P356 ¥3200E-020-0100-020

　著　者　遠 山　純 弘
　発行者　今井 貴・稲葉文子
　発行所　株式会社 信山社
　〒113-0033　東京都文京区本郷 6-2-9-102
　　Tel 03-3818-1019　Fax 03-3818-0344
　　info@shinzansha.co.jp
　笠間才木支店 〒309-1611 茨城県笠間市笠間 515-3
　　Tel 0296-71-9081　Fax 0296-71-9082
　笠間来栖支店 〒309-1625 茨城県笠間市来栖 2345-1
　　Tel 0296-71-0215　Fax 0296-72-5410
　出版契約 No2020-5123-4-01011　Printed in Japan

遠山純弘 著

請求権から考える民法1
－契約に基づく請求権－
近刊

請求権から考える民法2
－契約に基づかない請求権－

請求権から考える民法3
－債権担保－

民商法の課題と展望
―大塚龍児先生古稀記念―
大塚龍児先生古稀記念論文集刊行委員会 編

民法講義Ⅰ 民法総論
民法講義Ⅴ 不法行為法
法の国際化と民法
藤岡康宏 著

信山社